Eric Newby   HÖLLE vor dem Mast

Eric Newby

HÖLLE vor dem Mast

Windjammer ohne Romantik

Deutsche Übersetzung: Siegfried H. Engel

DELIUS KLASING VERLAG

Titel der englischen Originalausgabe
THE LAST GRAIN RACE
© Martin Secker & Warburg Ltd. London W 1

Die deutsche Übersetzung
erschien erstmalig 1968 unter dem Titel
„Das letzte Weizenrennen"

ISBN 3-7688-0532-8

Die Rechte für die deutsche Ausgabe liegen bei
Delius, Klasing & Co., Bielefeld
Printed in Germany 1986
Druck und Bindung: Clausen & Bosse, Leck

Inhaltsverzeichnis

Liste der Illustrationen

27. Auftuchen der Bagien während einer Hagelbö. Ein Mann der Stb.-Wache sitzt auf dem Perd und macht eine Zeising fest.
28. Aufklaren der Bauchgordinge bei Sturm auf dem Mitteldeck.
29. Ein paar Sekunden später: Der Sprung nach dem Strecktau, als eine schwere See an Bord schlägt.
30. Sturm: Die Stb.-Wache birgt das Großsegel.
31. Sturm: Eine riesige See überschwemmt das Mitteldeck und ... die Kamera.
32. Sturm: Festmachen des Obermarssegels am Kreuzmast — Wind WSW, Stärke 9.
33. Orkan im Südlichen Ozean (Stärke 10 bis 11). Das Schiff fährt nur Untermars- und Untersegel am Fockmast. (Aufgenommen von der Rahnock dieses Mastes nach achtern.)
34. Eine gewaltig hohe Wasserwand im Südlichen Ozean.

Lloyd's Wöchentliches Schiffsverzeichnis
5. Mai 1904

Am 18. April lief in Port Glasgow auf der Werft von Messrs. William Hamilton & Co. eine Viermastbark von etwa 3200 BRT von Stapel, das letzte von zwei Schwesterschiffen, die im Auftrag von Messrs. G. H. J. Siemers and Co. in Hamburg für ihren Salpeterhandel gebaut wurden. Das Schiff hat eine Länge von 96 Meter (zw.d.Loten), eine Breite von 14,10 Meter und einen Tiefgang von 8,40 Meter bis zum Hauptdeck. Es ist unter besonderer Aufsicht beim Germanischen Lloyd klassifiziert. Um Arbeitskräfte zu sparen, sind zur Bedienung der Segel zahlreiche Winden an Bord. Auch eine Motorwinsch von 6 PS und eine von 10 PS sind vorhanden. Während des Baues stand das Fahrzeug unter der Aufsicht von Mr. Alexander Craig für den Germanischen Lloyd und von den Kapitänen Opitz und Gerdau für die Eigner.
Die Bark wurde von Mrs. T. W. Hamilton auf den Namen *Kurt* getauft.

Lloyd's Liste und Schiffahrtsnachrichten
5. Mai 1935

Moshulu (ex *Kurt*). Stählerne Viermastbark; 5300 Tonnen Ladefähigkeit, 3116 BRT, im Jahre 1904 in Port Glasgow gebaut. Von der Charles Nelson Company, San Francisco, an Kapitän Gustav Erikson, Mariehamn, verkauft. Wie man hört, erfolgt der Ankauf „vorbehaltlich der Überprüfung".

1. Wurzels Werbeagentur

An dem Tage, als Wurzel die Genußmittelfirma Brekkabitz als Kunden verlor, beschloß ich endgültig, zur See zu gehen. „Du fliegst 'raus", sagte der Pförtner mit düsterem Behagen, als ich kurz nach Arbeitsbeginn das Gebäude der Werbeagentur betrat, bei der ich als Lehrling tätig war. Seine Äußerung überraschte mich keineswegs. Ich war damals achtzehn Jahre alt und lernte schon zwei Jahre bei der Agentur Wurzel. Von der Schule war ich abgegangen, als eine ungewöhnlich schwere finanzielle Krise meiner Eltern ihren Höhepunkt erreicht hatte. Sie kannten Georg Wurzel bereits aus seinen früheren, sorgenfreieren Tagen und hatten mich bei ihm in dem frommen Glauben untergebracht, daß es das Beste für mich sei, möglichst früh geschäftliche Usancen kennenzulernen. Mittlerweile aber regte sich in ihnen die Sorge, diese Annahme sei vielleicht doch ein Irrtum gewesen, und Freund Wurzel war zu einer sehr ähnlichen Ansicht gekommen. Seit ich auf einem Fahrrad im Büro von Miß Phrygian gelandet war, entbehrte die Meinung der Geschäftsleitung über mich weitgehend der wünschenswerten Wärme. Julian Pringle, der rebellischste Texter, den Wurzel je gehabt hatte, wettete eines Tages mit mir, ich könne nicht ohne abzusteigen, durch alle Räume der Firma radeln. Als die Luft rein war und alle Schwingtüren offenstanden, hatte ich schnell bei der Abteilung „Kunst" ein Fahrrad entliehen, das dort für die erste Seite der „Daily Mail" abkonterfeit wurde.

Mein Pech: Julian hatte mir vorher nicht gesagt, daß an dem Rad die Bremsklötze fehlten. Mag sein, daß er sie selbst abmontiert hatte. Jedenfalls gelang es mir nicht, die gefährliche Ecke am Ende des langen Korridors zu umschiffen. So landete ich auf Miß Phrygians Schreibtisch. Die Dame war Chefsekretärin des leitenden Direktors und trug die Last der Firma auf ihren äußerst tüchtigen Schultern. Sie hat mir nie etwas nachgetragen; denn während des Krieges waren ihre inhaltsreichen Zigarettensendungen die einzigen, die mich stets in den vielen Gefangenenlagern erreichten, deren Insasse ich war.

Wie auch immer, derartige Streiche verzieh man allenfalls Angehörigen der Abteilung „Planung und Entwürfe" vom Format eines Julian Pringle.

Diese Männer bewahrten sich nur dadurch ihren gesunden Menschenverstand und ihre Unabhängigkeit, daß sie sich, wann immer einer der Direktoren auftauchte, so ruppig wie möglich benahmen. Es war nichts Ungewöhnliches, daß ein Kunde eilig durch die Planungsabteilung in friedlichere Gefilde geschleust wurde, wo ihm dann ein Scheibenschießen mit Pfeilen vorgeführt wurde. Einmal traf sogar ein mit Tinte getränktes Papierkügelchen einen präsumtiven Kunden genau auf die Nase. Der Übermut, der sich oft in mittleren Schulklassen auszutoben pflegt, war bei den Layoutern noch durchaus lebendig.

Meine bewegte Laufbahn bei Wurzel hatte in der Kontrollabteilung begonnen, als ich sechzehn Jahre alt war. Miß Phrygian hatte mich dorthin gelotst, wobei wir auch an der Höhle des Pförtners vorbeikamen. Darinnen saß ein halbes Dutzend unerfreulich aussehender Laufjungen, die darauf warteten, Klischees in die Fleet Street zu bringen. Einige Stühle waren leer, und mir fiel auf, daß Miß Phrygian gerade sie prüfend musterte. Schon glaubte ich, sie wolle mich diesen Knaben zugesellen. Dann aber hatte sie sich wohl daran erinnert, welch großen Wert mein Vater darauf gelegt hatte, daß ich die geschäftliche Seite der Werbung kennenlernen solle, und wir gingen weiter. In den beengten und schlechtgelüfteten Gewölben, wo dauernd Licht brannte, wühlte ich mich tagein, tagaus durch Zeitungen und Zeitschriften aus aller Welt, um zu prüfen, ob unsere Anzeigen fristgerecht und nicht auf dem Kopf stehend erschienen waren. Dies geschah nämlich gar nicht so selten, und zwar bei einigen anspruchsloseren Zeitungen in rauhen und fernen Ländern des Erdballs. Einige Anzeigen mußte ich dann ausschneiden und in ein Buch kleben. Dazu gehörten regelmäßig diejenigen, die Carters kleine Leberpillen anpriesen, ohne daß ich jemals einen Grund hierfür feststellen konnte. Beim Umblättern der Seiten von vielen tausend Zeitungen erwarb ich mir die Kenntnis der abstrusesten Geschehnisse – Krockett-Wettspiele zwischen Missionaren im Basutoland; Versammlungen von Beerdigungsinstituten in Indiana; große Ausstellungen der Sammler von Fahrscheinen in den Midlands. So breitete sich die ganze Welt vor mir aus.

Wenn ich mir nicht gerade Gedanken über das Gelesene machte, führte ich Ringkämpfe mit Stan aus, einem dunkelhaarigen, stämmigen Burschen, mit dem ich recht gut auskam. Er und Les waren die beiden Angestellten der Abteilung. Sie kürzten meinen Namen immer in „Nuhb" ab. „Heda, Nuhb, wie wär's mit einer Rangelei?" fragte Stan mit seiner krächzenden Stimme. Und dann „rangelten" wir, bis Miß Phrygian wütend an das Milchglas ihrer Bürotür trommelte, um dem Lärm Einhalt zu gebieten.

Les war nicht so ungehobelt wie Stan und ein begeisterter Freund italienischer Opern. Sein ganzes Geld gab er für Eintrittskarten aus. Oft hatte er morgens tiefe Schatten unter den Augen und war noch ganz erschöpft, weil er viele Stunden auf einem Stehplatz in der Covent Garden Oper zugebracht hatte. Dann fiel seine Hand schwer auf meine Schulter, und er begrüßte mich mit den Worten: „Hallo, Nuhb. Hast du gestern abend Dschilji gehört? ... Verdammt schön."

Unser Abteilungsleiter war ein Gnom von einem Mann, der alles wußte, was mit seiner Arbeit zusammenhing. Dank eines fabelhaften Gedächtnisses konnte er einem ohne Zögern sagen, auf welcher Seite einer uralten Regimentszeitschrift eine Reklame für Sherry erschienen war. Natürlich brachte ihn unser Verhalten oft zur Verzweiflung. Dann brüllte er Stan und mich, die gerade wieder einen Ringkampf vorführten, wütend an: „Hört um Himmels willen endlich auf, ihr beiden!"

Ab und an suchten uns die Kontaktleute auf, die persönlich mit Wurzels Kunden verhandelten und außerdem die Anzeigenkonten bearbeiteten. Diese affektierten Burschen standen bei uns herum und blätterten mit frisch manikürten Fingern in prächtigen Magazinen. Es handelte sich um jüngere Leute, die maßgeschneiderte Anzüge trugen und nach exquisiten Haarwässern dufteten. Ihr amouröses Privatleben war ungemein vielseitig und ließ uns die Haare zu Berge stehen. Einer dieser Herren fuhr sogar einen Bentley. Jeder hatte eine Nelke im Knopfloch, nur nicht am Sonnabend. Dann trugen sie Tweedanzüge und fuhren „aufs Land". In ihrer Gegenwart kam ich mir immer wie ein dummer Junge vor. Ein paar Tage nach ihrem Besuch wollte ich vom Rangeln nichts wissen. Beliebter waren die Besuche der Stenotypistinnen. Wurzel ahmte das amerikanische Verfahren nach und beschäftigte eine auserlesene Schar. Zu den beliebtesten gehörten Lettice Rundle und Lilly Reidenfelt. Lilly war fraglos aufregender, aber jeder gab zu, daß Lettice ein Mädchen zum Heiraten und Kinderkriegen sei. Von Miß Reidenfelt stand zu erwarten, daß sie später korpulent würde. Bis dahin aber galt sie als geeignete „Probiermamsell". Betrat Miß Reidenfelt den Raum, dann verstummte Stan, dieser Mann der Tat, schlug die Augen nieder und malte mit der Fußspitze verschämt Kreise in das den Boden bedeckende Papier. Les, der Träumer, zugleich aber auch Gesellschaftsmensch, wußte weit besser, wie so ein Problem anzupacken war. Fast stets gelang es ihm, Lilly zu zwicken. Bei solchen Gelegenheiten schien das bißchen Luft in unserem Gewölbe derart sexgesättigt, daß ich heftige Kopfschmerzen bekam, wie sonst nur bei Gewitterschwüle. War Miß Reidenfelt davongetrippelt, ohne wesentlichen Schaden genommen zu haben, dann stürzte Stan sich auf die in den Regalen gestapelten Zeitungen, trommelte mit den Fäusten auf ihnen herum und stöhnte in tiefer Seelenqual: „Ach, so ein leckeres Häppchen."

Nachdem ich eine mir endlos scheinende Zeit in dieser höchst ungesunden Atmosphäre zugebracht hatte, wurde ich ins Archiv versetzt, wo die Reklame-Entwürfe aufbewahrt wurden. Kam Miß Reidenfelt dorthin, um etwas zu suchen, so hatte ich sie ganz für mich. Freilich war ich viel zu schüchtern, um mir meine sauer verdiente Beförderung zunutze zu machen. Im übrigen stellte ich fest, daß die Jünglinge im großen Hauptbüro, in dem zwanzig Telefone unablässig klingelten, gegenüber Miß Reidenfelt genauso empfanden, wie Les, Stan und ich es in unserer abgeschiedeneren Klause getan hatten. Eines war sicher: In einem primitiveren Zeitalter hätte Miß Lilly Reidenfelt eine Hauptrolle bei einem Fruchtbarkeitsritual gespielt.

Vom Archiv wanderte ich in die Abteilung „Kunst". Von dieser Zeit ist mir nur noch im Gedächtnis geblieben, daß ich einen Arbeitskittel trug, der über und über mit einer Gummilösung bekleckert war, wie man sie zum Flicken von Fahrradschläuchen verwendet. Sie wurde literweise verbraucht. Und noch eine Erinnerung: Stundenlang hatte ich Modell für die Anzeige einer Firma gestanden, die Herrenanzüge „von der Stange" produzierte. Welch eine Überraschung, als dann mein Konterfei einen sonnengebräunten, schnurrbärtigen jungen Mann darstellte, der einen Schlips in den Traditionsfarben eines bekannten Regiments und einen steifen Hut trug. Noch lange Zeit danach wiegte ich mich in der Hoffnung, dieses Bild werde einen ahnungslosen Offizier der Gardegrenadiere in das Geschäft unseres Kunden locken. Dort hätte er dann einen sehr merkwürdigen Anzug bekommen. Eine Zeitlang hatte nämlich ein Exemplar dieser Art neben Julians Schreibtisch gestanden, weil er behauptete, es inspiriere ihn. Das bei der Fertigung verwandte Leinen war so steif, daß sich der Anzug fast mühelos wie eine alte Ritterrüstung aufstellen ließ.

Aus der Kunstabteilung siedelte ich ins Hauptbüro über. Das kostete mich einige steife weiße Kragen und einen Anzug, in dem ich „erwachsener" aussah. Hier hatte mich der Abteilungsleiter, ein Schotte mit Namen McBean, ständig unter Augen. Er war ein Glatzkopf mit Hornbrille, der immer den Eindruck erweckte, er sei beleidigt. Sein Privatbüro hatte Glaswände, so daß er an einen riesigen Steinbutt erinnerte, der in einem Aquarium herumschwamm. Nur die Tatsache, daß keine Blasen aufstiegen, wenn er Miß Rundle diktierte, war ein Beweis, daß McBean die gleiche Luft wie wir atmete. Er besaß die von Fischen und Londoner Taxis geteilte Fähigkeit, ganz unerwartet und blitzschnell kehrtzumachen. Bisweilen glaubte ich mich unbeobachtet, mußte aber feststellen, daß er mich aus seinem Aquarium heraus anstarrte. Er haßte Frivolitäten, und leider war mir mein Ruf in dieser Beziehung vorausgeeilt, als ich in seine Abteilung versetzt wurde.

Nach all diesen Erfahrungen schien mir die Mitteilung des Pförtners durchaus glaubhaft, ich werde hinausgeworfen. Und doch war ich auf meinem Wege ins Hauptbüro merkwürdigerweise durchaus frohgemuter Stimmung. Für gewöhnlich hätte um diese Zeit in dem großen Büro ein wildes

Stimmengewirr geherrscht. Heute aber war die Atmosphäre natürlich ruhig, frostig, fast tragisch. Lettice Rundle heulte, über ihre Schreibmaschine gebeugt, herzzerreißend. Die jungen Leute, welche die Sparte „Genußmittel" bearbeiteten, schaufelten Stapel von Probeabzügen und Stereos in einen Mülleimer oder kramten ihr persönliches Eigentum aus den Schubfächern der Schreibtische. Viele Jahre später wurde ich wiederum Zeuge ganz ähnlicher Szenen. Damals verwandelte sich das „Hauptquartier Mittelost" in Kairo in einen riesigen Scheiterhaufen brennender Dokumente, weil die Deutschen auf das Niltal vormarschierten. Heute aber erlebte ich erstmals eine Evakuierung.

Sofort war mir klar, daß außer mir noch viele andere Angestellte die Firma verließen. Die Zurückbleibenden beschäftigten sich in ganz unnatürlicher Betriebsamkeit mit ihrer Arbeit und blickten die unglücklichen Kollegen möglichst nicht an. Persönliche Dinge brauchte ich nicht zusammenzukramen. Mein Hut hing seit zwei Jahren in der Garderobe, wo ich ihn nur hin und wieder abgestaubt hatte. Mr. McBean pflegte nämlich gelegentlich die Anwesenheit der jüngeren und unzuverlässigeren Mitglieder seiner Belegschaft dadurch nachzuprüfen, daß er den Hutbestand kontrollierte. Auf diese Weise hatte ich stets ein Alibi; denn solange mein Hut in der Garderobe hing, mußte ich irgendwo im Gebäude sein.

An diesem Morgen war Mr. McBean nicht in seinem Büro. Herzlos war er nicht, so mochte ihn die Dezimierung seiner Gruppe sehr mitgenommen haben. Ich ging zu dem munteren und gewitzten Juden Leopold, der in Aussehen und Sprechweise große Ähnlichkeit mit einem bekannten Komiker hatte. Ich habe es erlebt, wie er begeisterten Fans auf der Straße dessen Autogramm gab. Er rauchte gerade eine gewaltige Manilazigarre aus der Produktion eines unserer kleineren Kunden, dessen Konto er bearbeiten half. Ich fragte ihn, was eigentlich los sei.

„Mein lieber Junge, wir haben die Firma Brekkabitz als Kunden verloren."

„Das war wahrscheinlich deine Schuld, Leo. Offengestanden fand ich einige von deinen Werbetexten geradezu ekelhaft."

Er nahm die Zigarre aus dem Mund und blies mir eine dicke Rauchwolke ins Gesicht. Nun verstand ich, weshalb diese Marke aller Verlockung bedurfte, die der Firma Wurzel zu Gebote stand. Dann drang durch den Qualm Leos Stimme zu mir: „... und als dann der liebe Wurzelmann nach Amerika fuhr, bereitete man ihm einen mehr als kühlen Empfang. Kamerad Brekkabitz gefiel es gar nicht, wie wir uns dauernd mit dem Verdauungsvorgang im menschlichen Körper befaßten. Nebenbei gesagt, keinem gefiel das. Niemand mag gern beim Frühstück daran erinnert werden, wieviel Meter Darm er mit sich herumschleppt. Und Wurzel hielt bis zum letzten Zentimeter durch."

„Statistiken zufolge sind es durchschnittlich dreizehn Meter."

„Junge", fiel Leo eifrig ein. „Wie schön, daß du gekommen bist. Hast du wirklich die ganze Serie dieser Anzeigen gelesen?"

„Jawohl. Alle 126. Wohl oder übel mußte ich das ja in der Kontrollabteilung tun. Und sie dann noch in ein Buch einkleben. Es war grauenhaft. Gänsehaut habe ich jedesmal bekommen."

„Dann bist du der einzige Mensch, der das getan hat. Ich fand sie so scheußlich, daß ich sie nur mit geschlossenen Augen betrachten konnte. Jedenfalls war die Sache eine Niete, und nun haben wir den Kladderadatsch. Wir alle gehen, sogar Robbie und Johnny."

„Und was ist mit mir?"

„Wenn du heute morgen zu deinem knusprigen Brekkabitz-Frühstück keinen eingeschriebenen Brief bekommen hast, dann darfst du dich als ‚bleibend' betrachten."

Ich blickte zu Robbie und Johnny hinüber. Sie waren still, etwas unterkühlt und grün um die Nase. Aber das mochte auch dem alljährlichen Betriebsfest zuzuschreiben sein, das gestern abend stattgefunden hatte. Die beiden trafen Abschiedsvorbereitungen.

„Warum denn Robbie und Johnny?" fragte ich. „Weshalb packen sie ein, wo sie doch in der Sparte ‚Fahrräder' arbeiten? Die hat doch mit Brekkabitz wirklich nichts zu tun."

„Mein lieber Junge", sagte Leopold und biß ein langes, feuchtes Stück seiner Zigarre ab, „wenn erst einmal alle Köpfe in diesem Verein gerollt sind, wird's hier aussehen wie ein Feld voller Steckrüben."

„Und wie steht's mit Lettice?"

„Spaßvogel", entgegnete Leopold. „Lettice ist doch nur ein nettes Mädel mit einem guten Herzen. Außerdem tippt sie traumhaft schön. Lettice werden sie niemals rausschmeißen. Aber was wird die Firma ohne mich tun?" Dann fügte er hinzu: „Ein Jammer, daß es gerade nach so einem herrlichen Fest passiert."

Das Betriebsfest hatte in einem ziemlich ordinären Gasthaus stattgefunden. Mit seinem abblätternden Stuck, den zwiebelförmig auslaufenden Türmchen und den leeren Behältern für flüssige Seife in den Waschräumen repräsentierte es für mich im Rückblick die ausgesprochen ratlose Unsicherheit der dreißiger Jahre. Nach einer vorangegangenen Schnitzeljagd in Autos stellten wir fest, daß das ganze Lokal für die Firma reserviert war. Gäste, die dort hatten essen wollen, wurden abgewiesen.

Der Abend war nicht gerade überschäumend fröhlich verlaufen. Sporadischen Auswüchsen infolge von Trunkenheit wurde sehr schnell ein Ende bereitet. Wirklich Spaß hatte der Verlauf nur Leopold gemacht. Er war in einem widerlich schmierigen Kellnerfrack erschienen. Die Bedienung war so langsam und das Essen so schlecht, daß es ihm gelang, dem Direktor ein

Hühnerbein aus Gips zu servieren, ohne daß dieser je erfuhr, wer sich den Scherz erlaubt hatte. Mr. McBean war dankbar, auf seinem Teller endlich eine große Portion geräucherten Lachs zu sehen. Sehr bald freilich erwies es sich, daß dieses Mahl geschickt aus einem Badevorleger aus Schaumgummi hergerichtet war. Auf der Unterseite stand noch in weißen Buchstaben „Willkommen im Bad".

Als die Tische abgeräumt waren, erhob sich der Direktor, ein aalglatter Mann in einem prächtig sitzenden Anzug. Im Dienst war er schroff, nun aber geradezu unerträglich in seiner gekünstelten Freundlichkeit. Er leitete seine Rede mit der Anrede „Jungens und Mädels" ein, worauf ein hörbarer Schauder durch die Anwesenden lief. Dann bedauerte er die Abwesenheit von Mr. Wurzel, der unerwartet abgerufen worden sei. Wohl wäre die Firma im vergangenen Jahre vorangekommen, doch müßten wir möglicherweise zurückstecken und in allernächster Zukunft kürzertreten. Nach endlos scheinendem Geschwafel kam er zum Schluß: „Mir will es immer so vorkommen, als seien wir alle eine einzige große und glückliche Familie." Darauf nahm er unter recht gedämpftem Beifall Platz.

Nun aber war das Fest im grauen Alltag schon wieder vergessen, und die „glückliche Familie" verstreute sich schnell in alle vier Winde. Die Abteilung „Planung und Entwürfe" widmete sich dem Zusammenpacken mit einer Hingabe, die an den Ferienbeginn in der Schule erinnerte. Diesen Eindruck verstärkte noch Julian Pringle, ein Hüne in einem grünen Sakko aus billigem Wollstoff und mit einem grellen Schlips in der Farbe reifer Tomaten. Er hockte auf seinem Tisch und sang lauthals: „Kein Latein mehr, kein Französisch." Gleichzeitig schnürte er ein großes Bündel sozialistischer Literatur. Ihm war seine Entlassung gänzlich gleichgültig. Die Texter führten von jeher das gefährdete Leben von Favoriten eines Monarchen. Wurden sie nicht entlassen, dann wechselten sie oft aus eigenem Antrieb zu einer anderen Agentur über, wobei sie gelegentlich den einen oder anderen Kunden mitlotsten. Heute morgen um halbzehn hatte Julian bereits mit einem bekannten Rivalen der Firma Wurzel Verbindung aufgenommen, der ihn liebend gern einstellte.

Ehe Robbie das Haus verließ, fragte ich ihn, warum ich nicht mit den anderen hinausgeworfen worden sei. Robbie pflegte einen nur dann „Alter Junge" zu nennen, wenn er etwas Unangenehmes zu sagen hatte. Er zögerte mit der Antwort, ehe er meinte: „Sieh mal, alter Junge, sie haben deinen Rausschmiß erwogen, meinten dann aber, dein Gehalt sei ja so minimal, daß es egal sei, ob du bleibst oder gehst."

Ich tobte vor Wut. Also hatte der Pförtner unrecht gehabt, und ich blieb. Dabei war ich vielleicht der einzige in der ganzen Firma, dem das eine bittere Enttäuschung brachte, bedeutete Wurzel doch für mich ein Gefängnis.

Während meiner ganzen Heimfahrt in der Untergrundbahn war ich vor Zorn den Tränen nahe. Zu unbedeutend, um hinausgeworfen zu werden! In Piccadilly war der Zug bereits überfüllt, aber es wurden immer mehr Menschen in die Wagen gepfercht. Auf dem Bahnhof Knightsbridge versuchten zwei Beamte, einen kleinen Mann dadurch hineinzuzwängen, daß sie ihn aus Leibeskräften mit ihren Schultern schoben. Im Wagen begann jemand laut und hysterisch wie ein Schaf zu blöken. Betretenes Schweigen — niemand lachte. Wirklich ähnelten wir alle viel zu sehr Schafen, als daß wir die Situation hätten komisch finden können.

In Hammersmith stieg ich schwitzend und zerknittert aus und stellte entsetzt fest, wie eingepfercht ich gestanden hatte. Mein Nebenmann mußte nämlich mein Taschentuch aus der Brusttasche gezogen, es benutzt und wieder an seinen Platz gesteckt haben, im guten Glauben, es sei sein eigenes.

Ich kaufte mir eine Abendzeitung. Ihre deprimierende Schlagzeile meldete den ergebnislosen Abbruch der Verhandlungen Runcimans mit der tschechischen Regierung in Prag.

Am nächsten Tag fuhr ich nach Salcombe auf Urlaub. Täglich badete ich in der Starehole-Bucht und sah beim Tauchen unter mir das Wrack der Viermastbark *Herzogin Cäcilie*. Ihr Kiel war geborsten, und das Schiff lag schon halb vergraben im Sand.

Auf dem Rückweg nach London mußte ich in Newton Abbot eine Stunde auf einen Anschlußzug warten. Am heißen Nachmittag wanderte ich die leere Hauptstraße entlang, ging in ein Café und schrieb an den Reeder Gustav Erikson in Mariehamn. Ich bat ihn um Anmusterung auf einem seiner Großsegler in der Getreidefahrt.

Bei der Firma Wurzel bin ich niemals wieder gewesen.

2. Mein Mentor Mountstewart

Zur See hatte es mich stets hingezogen. Diese Begeisterung stammte wohl von meinem Vater. Auch er war einmal ausgerissen, um auf ein Schiff zu gehen. In einer Pferdedroschke hatte man ihn zurückgebracht. Wenn er es auch nicht ein zweites Mal versuchte, so war es doch seither mit seiner Ruhe vorbei, wenn eine Schiffssirene heulte oder wenn er in die Nähe eines großen Hafens kam. Er gehörte — und gehört auch heute noch — zu jenen Leuten, die ohne Rücksicht auf Verluste Mitreisenden auf die Zehen treten, um in einem überfüllten Abteil aus dem Fenster sehen zu können, wenn der Zug in Southampton am Hafen entlang fährt, und um auf die dort vertäuten Dampfer einen flüchtigen Blick zu werfen. Wenn er Möwen über einem umgepflügten Feld kreisen sieht, so äußert er unfehlbar: „Auf See muß Sauwetter sein, sonst kämen sie nicht so weit binnenlands."
Mein Interesse für Segelschiffe fand ständig neue Nahrung, wenn ich Mr. Mountstewart besuchte, mit dessen Tochter ich von Kind an befreundet war. Als ich ihn im Alter von sechs oder sieben Jahren kennenlernte, sah er nicht eigentlich alt aus, aber ganz jung kann er schon damals nicht gewesen sein. Er hatte an den Kämpfen gegen die Matabele, am Freibeuterzug des Dr. Jameson und verschiedenen anderen Kolonialkriegen teilgenommen. John Buchan, der berühmte Verfasser von Abenteuerbüchern, hätte ihn ganz gewiß in seinem bekannten Werk „Die 39 Stufen" statt jenes Hannay verewigt, der nach meiner Meinung bei Buchan stets allzusehr vom Glück begünstigt wird. Bei Mountstewart konnte man sich einfach nicht vorstellen, daß ihm Glück oder Zufall zu Hilfe kommen mußten. Er war keineswegs sehr wohlhabend und hätte vermutlich die Möglichkeit, Reichtümer zu erwerben, begrüßt, die der Autor seinen Helden bietet, bevor sie in die Heimat zurückkehren. Als er mir später „Das Rätsel der Sände" von Erskine Childers lieh, wurde mein Freund sofort für mich zum Ebenbild Carruthers, jenes prachtvollen Seemanns und glühenden Patrioten. Es überraschte mich keineswegs, als ich später erfuhr, Mountstewart habe Childers sogar persönlich gekannt. Noch heute bin ich fest überzeugt, daß dieses Original dem britischen Secret Service angehört hat.

Irgendwann gegen Ende der achtziger Jahre war er auf einem Klipper, der über den Royals noch Skysegel fuhr, von Kalkutta nach London gesegelt. Seine Schilderung, wie er im Reitsitz auf der Rah dieses Segels gehockt hatte, die, dünn wie ein Besenstiel, heftig wippte, jagte mir Schauer über den Rücken. Er war als Passagier gefahren, wohnte achtern und hatte Muße zum Lesen und Nachdenken gehabt. Seine Erinnerungen an jene Fahrt erwiesen sich später als ungemein irreführend.

Die Stube, in der er arbeitete, war eine Sehenswürdigkeit. Etwas Ähnliches hat es bestimmt nirgendwo gegeben, ausgenommen im Britischen Museum und in denjenigen Räumen der Königlichen Gesellschaft der Chirurgen, die für die Öffentlichkeit nicht zugänglich sind. An der Wand gegenüber der Tür hing die längste Entenflinte, die ich je gesehen habe, und darunter eine kleinere Ausfertigung. Mr. Mountstewart stammte aus den Marschen und schoß gelegentlich mit diesem Ungetüm von Waffe immer noch aus einem besonders versteiften Boot. Die beiden Flinten hingen dicht unter der Decke, vermutlich weil sie geladen waren. Darunter ragte der Kopf eines Hais mit aufgerissenen Kiefern ins Zimmer hinein. Nebenan lag das Bad. Dort saß bisweilen Mountstewart, wenn ich zu ihm kam, in der Wanne. Die Geräusche, die dann zu mir drangen, hörten sich genauso an, als ob das unsichtbare Hinterteil des Hais munter das Wasser peitschte.

An der Rückseite der Tür hing die spitze Pickelhaube eines Freiwilligenregiments, bei dem sich Mountstewart gemeldet hatte, als irgendwann Not am Mann war, auf der einen Seite vom Fangzahn eines Narwals, auf der anderen vom Schwert eines Schwertfischs eingerahmt. Links von der Tür über dem Kamin hing das Ölgemälde jenes Klippers vor Fu-chau. Seine Pforten waren schwarz-weiß gemalt, wodurch angeblich die Piraten im Chinesischen Meer abgeschreckt werden sollten. Das Bild war das Werk eines chinesischen Künstlers, dessen blühende Phantasie das Schiff mit viel zu vielen Segeln ausgestattet hatte.

Im übrigen enthielt das Zimmer ein unvorstellbares Sammelsurium: Verblichene Fotografien der ersten U-Boote vor Spithead und andere vom ersten Turbinenschiff *Turbina*. An Deck standen ängstlich dreinblickende Herren in steifen Hüten, während das Fahrzeug über eine gedrängt volle Reede brauste. Ferner sah man afrikanische Wurfspeere, Morgensterne, Teufelsmasken und Krummsäbel, Martini-Henry-Stutzen und Gurte mit Weichbleipatronen. In einer Nische stand ein breites Büchergestell. Im obersten Bord hatten Flaschen Platz gefunden, die grauenhafte Dinge in irgendwelchen Flüssigkeiten enthielten, darunter ein Fötus. Nie wagte ich die Frage, welcher Gattung er angehöre. Ich hoffte nur, es handle sich nicht um einen menschlichen. Im zweiten Bord bewahrte er Sprengstoffe und in deren gefährlich naher Nachbarschaft eine elektrische Zündmaschine auf.

Weiter unten standen oder lagen Reisebeschreibungen, Nachschlagewerke, See- und Landkarten. Hier konnte man sich beispielsweise darüber unterrichten, was man in den schwierigsten Lagen zu tun hatte. So fand ich in einem Buch über Erste Hilfe „in extremis" den Bericht eines nordamerikanischen Trappers, der sich nach einem Kampf mit Indianern selbst das Bein unter Zuhilfenahme eines Bowie-Messers amputierte; ferner Anweisungen, wie man ein gebrochenes Schlüsselbein dadurch richten konnte, daß man sich rückwärts von einem Felsen herabfallen ließ.

Dicht am Fenster standen in einer blanken Kartuschhülse Bündel langer Raketen mit Metallstöcken. Sie erfüllten den gleichen dekorativen Zweck wie Büschel von Pampasgras im Blumenfenster des Nachbarhauses. Am 5. November, dem Guy-Fawkes-Tag, war Mr. Mountstewart einmal in unserem Garten nahe der Hammersmith-Brücke aufgetaucht. Er brachte einige dieser Raketen mit, die er nacheinander in Richtung auf die ärmeren und leichter brennbaren Viertel von Fulham abfeuerte. Wie es sich gehörte, waren sie kreischend in die Nacht hinein verschwunden. Sicherlich haben sie großen Schaden angerichtet. Ihr Besitzer behauptete steif und fest, es handle sich um Raketen zur Rettung Schiffbrüchiger; viel wahrscheinlicher aber ist es, daß sie aus der Zeit der napoleonischen Kriege stammten und für rein kriegerische Zwecke bestimmt waren.

Im nächsten Jahr kam er mit einem kugelrunden Gegenstand, den er „Gerbe" nannte und als einen Feuerwerkskörper deklarierte. Die Bombe — denn als solche erwies sich das Ding — wurde in einen dickwandigen eisernen Mörser getan, der tief in die Erde gebettet werden mußte. Unglücklicherweise geschah das nicht tief genug, da der Garten allen Mietern des Hauses, in dem wir wohnten, gemeinsam gehörte und der Rasen deshalb nicht beschädigt werden sollte, was im Endeffekt billiger gewesen wäre. Die erste Explosion richtete die Mündung des Mörsers nach oben. Statt über den Fluß zu fliegen, schoß die „Gerbe" wie ihr modernes Gegenstück, die V 2, senkrecht und mit zunehmender Geschwindigkeit in die Luft. In 24 Meter Höhe hätte sie explodieren müssen. Das aber tat sie keineswegs, sondern begann, mit grausigem Heulen auf uns herabzustürzen. Trotz seines Alters gelang es Mr. Mountstewart, den weitesten Abstand zwischen sich und das „Feuerwerk" zu legen, als es endlich detonierte. Viele Fensterscheiben fielen ihm zum Opfer.

Ich möchte meinen, daß meine Eltern von Mountstewart nicht gerade begeistert gewesen sind. Jedenfalls wurde er von ihnen nie erwähnt, und meine Besuche bei ihm fanden mehr oder weniger heimlich statt. In seiner Wohnung las ich erstmals Slocums Klassiker „Sailing alone around the world" und Shackletons Buch „South", in dem er seine Fahrt im offenen Boot und im arktischen Winter von Elephant Island nach Süd-Georgia und die Fußwanderung über diese Insel beschreibt.

Mich erinnert Mountstewart immer an jene Landratte an Bord eines Schiffes, die der Wasserratte zuredet, alles im Stich zu lassen und zur See zu gehen. Nach einem Jahr bei der Firma Wurzel waren die Pläne, die er für mich hatte, fast schon zur Reife gekommen. Es war ihm nicht nur gelungen, mein Sinnen und Trachten ausschließlich auf Segelschiffe zu lenken, er hatte darüber hinaus in mir die Überzeugung geweckt, daß auch ein schweres Leben, wenn nicht Schlimmeres, meiner augenblicklichen Lage vorzuziehen sei. Wir diskutierten über irgendeine Reise und wieviel Lebensmittel man wohl für sie benötigen würde. Dann kramte er den „South American Pilot", Teil 2, hervor, in dem es von Angaben wie der folgenden wimmelte:

Querab von Kap St. John, der östlichen Spitze von Staten Island, reicht eine heftige Stromkabbelung auf 5 oder 6 sm, bisweilen noch weiter, auf See hinaus. Bei starkem, gegen die Strömung wehendem Wind kommt es zu gewaltigen Sturzseen, die auch großen, gutgebauten Schiffen sehr gefährlich werden können. Seefahrer müssen äußerst vorsichtig sein und dieses gefährliche Gebiet meiden.

Ein schreckliches Bild der Szenerie bei Tierra del Fuego wurde durch folgende Ausführungen unter den Kennworten „Rettungsstationen und Rettungsboote" heraufbeschworen:

Die argentinische Regierung hat in diesem Hafen (St. John) eine Rettungsstation angelegt. Sie besitzt ein Rettungsboot zur Hilfe für Schiffbrüchige. In einem Bericht aus dem Jahre 1911 heißt es, auf Staten Island gebe es nur einen Einwohner, den man allein in Port Cook zurückgelassen hat. Dort bewacht er ein paar Maschinen, mit deren Hilfe Seehundsfett gewonnen werden soll. Der Mann soll dort sechs Jahre bleiben.

Mountstewarts Trumpfkarte in seinem Spiel, mich auf See zu locken, bestand in dem Hinweis, die Zeit werde knapp. Ich dachte dabei an einen Kriegsausbruch, mein Mentor aber sah den Tag nicht mehr fern, an dem die See von Viermastern leergefegt sein würde. Im Jahre 1938 gab es noch dreizehn nur von Segeln getriebene Schiffe, die Weizen von Australien rund Kap Horn nach Europa brachten. Aber sie fanden auch noch andere Ladung: Holz von Finnland nach Ostafrika; Guano von Mauritius und den Seychellen nach Neuseeland und — sehr vereinzelt für die beiden letzten deutschen Barken — Salpeterladung von Tocopilla, Mejillones und anderen chilenischen Häfen rund Kap Horn nach Hamburg. Die Ausreisen von Europa nach Südaustralien ums Kap der Guten Hoffnung und dann über den Südteil des Indischen Ozeans waren größtenteils Fahrten in Ballast. Getreide war in der Regel die Fracht auf der Heimreise. War sie eines Tages nicht mehr zu bekommen, dann würden die meisten der dreizehn Großsegler sehr bald irgendwo auf gottverlassenen Liegeplätzen verrosten.

Daß es vorerst für diesen Handel und damit für die großen Segelschiffe noch Möglichkeiten gab, war mehreren günstigen Umständen zu verdanken: Getreidefracht war von den Jahreszeiten unabhängig und unverderbliche Ware. In den primitiven Häfen am Spencergolf, zu denen das Korn aus dem Hinterland in Säcken gebracht wurde, konnten Dampfer die Ladung nur unter Schwierigkeiten in einer wirtschaftlich vertretbaren Zeit an Bord nehmen. Obwohl es in einigen Häfen meilenlange Kais gab, mußte fast überall das Getreide mit Prähmen längsseits gebracht und dann mit dem Ladegeschirr der Schiffe in den Raum transportiert werden. Das konnte Wochen in Anspruch nehmen, und meistens dauerte es auch so lange. Aber ein Segelschiff, das mit äußerster Sparsamkeit und schlechtbezahlter Besatzung gefahren wurde, konnte 1938 getrost sechs Wochen auf das Laden von 4000 Tonen Weizen verwenden, Falmouth oder Queenstown „für Order" nach 120 Tagen Überfahrt erreichen und trotzdem die Rundreise von etwa 30 000 sm — davon 15 000 für die Anreise in Ballast — gewinnbringend gestalten.

3. Die Ausrüstung eines „Apprentice"

Nach der Rückkehr von meinem Urlaub überstürzten sich die Ereignisse. Nachgerade kam ich mir wie die Hauptfigur in einem Film der zwanziger Jahre vor, wo die Akteure mit blitzartiger Geschwindigkeit in Häuser hinein- und wieder herausjagen. Mit verdächtiger Eile kam ein Schreiben von Gustav Erikson aus Mariehamn. Darin wies mich dieser eisenharte Mann an, mit seinen Londoner Agenten, den Herren Clarkson in Bishopsgate, in Verbindung zu treten.

Kapitän Gustav Erikson oder „Ploddy Gustav"* wie sie ihn — mehr oder weniger liebevoll — Matrosen und Jungen seiner Schiffe nannten, war 1938 Eigner der größten Flotte rahgetakelter, die Meere befahrender Segelschiffe auf der Erde. Die große französische Reederei von Dom Borde Fils in Bordeaux war eingegangen, als in den zwanziger Jahren die Regierungszuschüsse fortfielen. Der großen Firma Laeisz in Hamburg gehörten nur noch *Padua* und *Priwall*. Erikson aber behauptete sich. Er war nicht nur Eigner von zwölf Vier- und Dreimastern, sondern besaß auch eine Anzahl von Drei- und Zweimastschonern, die in der Mehrzahl dem „Onker", dem Holzhandel, in Ost- und Nordsee dienten.

Als ich zur See ging, war dieser Mann 65 Jahre alt. Im Gegensatz zu den meisten Reedern des 20. Jahrhunderts war er selbst Seemann gewesen und besaß große, in der Praxis erworbene Kenntnisse der Seefahrt, bevor er Reeder wurde. Mit neun Jahren fuhr er als Schiffsjunge in der Nordsee. Zehn Jahre danach bekam er sein erstes Kommando in der gleichen Fahrt. Dann war er sechs Jahre lang Offizier auf Hochseeschiffen. Zwischen 1902 und 1913 befehligte er eine Reihe von Klippern.

Darauf stieg er endgültig an Land, um sich ganz auf seine Geschäfte als Reeder zu konzentrieren.

Falls ich mir eingebildet hätte, die Firma Clarkson werde irgendwie beeindruckt sein, daß ich mich bei ihr meldete, wäre es eine Enttäuschung geworden; denn ich gehörte zu einer ganzen Anzahl von Engländern, die sich um eine Heuer in der Weizenflotte bewarben. Freilich konnten Clark-

---

* „Ploddy" verballhornt für „bloody".

sons nicht ahnen, daß ich gleichzeitig zu den letzten gehörte. Von einem kleinen, mahagonigetäfelten Raum aus, dem zahlreiche Bilder von Segelschiffen ein klein wenig Romantik verliehen, wurde das Schicksal fast jedes Seemanns verfolgt, der auf einem Getreideschiff fuhr. Sogar Deutsche wandten sich an Clarkson. Im Jahre 1937 schloß die Firma für die „Kommodore Johnsen" den hohen Frachtsatz von 42 sh 6 d für die Tonne ab. Da die meisten Ladungen nach britischen Häfen bestimmt waren, gehörte das zu Clarksons Obliegenheiten. Erikson war jedenfalls bei seinen Maklern in guten Händen.

Einige dieser Tatsachen erfuhr ich von einem kleinen weißhaarigen Mann. Nach seiner Auskunft konnte ich für die Reise nur als „Apprentice", also als Anwärter, anmustern und hatte ein Lehrgeld von fünfzig Pfund zu bezahlen. Er gab mir nur eins zu bedenken: Vermutlich sei ich besser beraten, wenn ich meine Absicht aufgebe. Ich verließ das Büro mit dem Formular eines Lehrvertrages, der unter anderen folgende Bedingungen enthielt: daß meine Eltern mich der Reederei für achtzehn Monate oder eine Hin- und Rückreise verpflichteten, daß, falls ich in einem fremden Hafen desertierte, das Lehrgeld verfallen sei, daß bei Tod oder Invalidität eine Rückzahlung des Lehrgeldes je nach Dauer gefordert werden könne, daß meine Heuer monatlich 120 Finnmark — das waren damals zehn Schilling — betrüge und daß ich den finnischen Gesetzen und Gebräuchen unterworfen sei. Dieses Dokument unterschrieb mein Vater widerstrebend, nachdem er vergebens versucht hatte, herauszubekommen, was es mit den finnischen Gesetzen und Gebräuchen auf sich hatte. Ich erinnere mich noch genau, daß er vor allem in Erfahrung bringen wollte, ob es in jenem Lande noch die Todesstrafe gebe und wie sie vollstreckt werde. Noch widerwilliger zahlte er die fünfzig Pfund. Dann schickte er die Formulare mit zwei ärztlichen Attesten zurück, die bescheinigten, ich sei körperlich für die Seefahrt geeignet, außerdem das Leumundszeugnis eines Pfarrers über meinen Charakter. Nachgerade kam es mir vor, als bewerbe ich mich um Aufnahme in eine renommierte Schule für Höhere Töchter, nicht aber um die ins Logis eines Vollschiffs.

Währenddessen war Mr. Mountstewart nicht müßig gewesen. Für ihn war nun der Stein ins Rollen gekommen. Auf dieses Ereignis hatte er schon lange gewartet oder, um in der Sprache seiner Zeit zu reden: Nun war der Tag gekommen.

In Erinnerung an lange Mußestunden an Bord jenes Schiffes mit den Skysegeln hatte er sich mit einem ihm bekannten, sehr viel frequentierten Schiffslieferanten in Verbindung gesetzt, der vorwiegend Yachten auf dem Solent ausrüstete. Gemeinsam hatten die beiden auch eine eindrucksvolle Liste von Büchern über Seemannschaft und Navigation aufgestellt, die ich später nach Anweisung des Skippers studieren sollte. Mountstewarts

Freund sah in diesen Einkäufen ein Gottesgeschenk. So zögerte er nicht, mir seinen Kram anzudrehen, darunter auch eine besonders widerliche Seifenmarke, die mit Seewasser verwendbar sein sollte. Ich stolperte mit einem Stapel von Logarithmentafeln, nautischen Almanachen und seemännischen Handbüchern aus seinem Laden zum Taxi. Allen Exemplaren sah man ihr langes Herumliegen an. Sogar einen Sextanten hatte er mir aufschwatzen wollen, aber dieses eine Mal sagte mir eine innere Stimme: mit solchem Instrument werde ich an Bord unüberwindliche Schwierigkeiten haben.

Immerhin hatte ihm sein Gewissen nicht erlaubt, mir auch noch Kleidung und Ölzeug zu empfehlen, wie sie auf Yachten üblich sind. Statt dessen hatte er mir zu einem Gang in die East India Dock Road geraten. Dort könne ich geeigneteres Zeug finden, als er es vorrätig habe. Natürlich sei seine Ware unübertrefflich, nur leider für eine etwas andere Verwendung gedacht. Mag sein, daß er auf Segelschiffen besser Bescheid wußte, als ich annahm. Vielleicht fürchtete er, ich könne ihm nach meiner Heimkehr vorwerfen, mir Ölzeug verkauft zu haben, das bei erster Gelegenheit zerfetzte.

Als der Geschäftsführer in der East India Dock Road hörte, wer mich zu ihm geschickt und was ich vorhatte, entschloß er sich, mich persönlich zu bedienen. Er tat sehr viel hoheitsvoller und selbstbewußter, als ich nach der Gegend, in der sein Laden lag, hätte erwarten dürfen. Die vollständige Neuausrüstung von hundert schiffbrüchigen Laskaren wäre offenbar für ihn eine Kleinigkeit gewesen. Ich war nur ein kleiner Fisch, und dementsprechend wollte er mich behandeln. Im Geschwindschritt ging es die Treppe ins Souterrain hinunter, vorbei an langen Reihen scheußlicher Anzüge für den Landgang der Matrosen. „Also, Sir", begann mein Führer, nachdem er tief und gekonnt Atem geholt hatte, „Sie brauchen Wachmantel, dicke Hosen, zweimal Arbeitszeug, dickes Unterzeug, schwere Seestiefel, Strümpfe, Südwester, langen Ölmantel, Ölhosen, Messer, Marlspieker, Stroh für die Matratze."

An einem sehr heißen Septembertag zog ich nun ein langes dickes Unterhemd und ebensolche Unterhosen an. Wie alle ihresgleichen in England wurden sie auf mysteriöse Weise durch eine Anzahl von Riemen gehalten. Hatte man sie aber verknotet, dann bekam kein Mensch sie wieder auf. Nur Zerschneiden half. Über diese „fundamentalen" Kleidungsstücke zog ich Zeug, das der Jahreszeit womöglich noch weniger angemessen war. Ein dickes Arbeitshemd und eine Hose aus gleichem Stoff, der entsetzlich rauh war; ferner einen Jersey, Strümpfe und Seestiefel. Darüber kamen Ölrock und -hose, die sehr dürftig durch eine einzige Schnur an ihrem Platz gehalten wurde. Auf meinem Kopf saß eine Sturmmütze aus Kunstleder mit einer Astrachan-Imitation besetzt, ganz und gar nicht, was ich mir darunter vorgestellt hatte. Die Ohrenklappen konnten oben auf der Mütze festgebunden werden. Ich sah darin so aus, als wolle ich auf die Pirsch gehen. Die ganze Ausrüstung war häßlicher als unbedingt nötig. Der Verkäufer aber schien von meiner Verwandlung begeistert. „Und nun, Sir", sagte er forsch, „gehen Sie mal ein wenig auf und ab." Ich tat ihm den Gefallen, weil er meinte, dadurch werde ich mich in das Zeug „einfühlen". Prompt rutschte mir die Ölhose auf die Füße. „Einen Koffer brauchen Sie auch", sagte der Mann, und schon rollte ihn einer seiner Gehilfen heran. Aber was für einen! Ein solcher Koffer mochte von einem ungewöhnlich geizigen Mörder dazu verwendet werden, sein Opfer beiseite zu schaffen. Er war mit schreiend gelbem Stoff bezogen, und die Schlösser sollten den Eindruck erwecken, sie seien aus Messing. Das Monstrum stank nach Leim und fühlte sich klebrig an.

„Ich möchte eine Seekiste aus Holz, keinen Koffer haben. Dies Ding löst sich ja in seine Bestandteile auf, wenn es naß wird."

Der Verkäufer grinste hochmütig. Auf solche Einwände schien er gefaßt zu sein. „Seekisten gehören der Vergangenheit an", meinte er. „Glauben Sie denn, daß das Logis unter Wasser steht?"

„Genau das glaube ich."

„Dann allerdings" — das klang beleidigt — „müssen Sie Vorsichtsmaßnahmen treffen, wie Sie sie für richtig halten. Also gut, packen wir das übrige Zeug ein."

Als ich mit dem Bus nach Hammersmith heimfuhr, erspähte ich im Schaufenster eines Ladens, der Fundgegenstände der Eisenbahn veräußerte, einen herrlichen Koffer. Hatte es sich bei dem in der East India Dock Road gewissermaßen um eine Volksausgabe gehandelt, so sah ich hier einen Luxusband. Bei näherer Besichtigung stellte ich fest, daß sich dieses Exemplar tatsächlich wie ein Buch öffnen ließ. Auf der einen Seite eine Reihe von Fächern für Schuhzeug, auf der anderen sehr viel Platz, um Kleidungsstücke hängend aufzubewahren. Der Koffer war noch viel dunkler und imponierender, als ich ihn in der Erinnerung behalten hatte. Ein kleines Schild besagte: „Dieser Koffer von Louis Vuitton ist verkäuflich". Darunter stand etwas dringlicher „Muß geräumt werden". Für vier Pfund erstand ich ihn und hängte meine Landanzüge und meinen Wachmantel, auf den ich damals noch unsagbar stolz war, dorthin, wo früher vermutlich Kleider vom besten Pariser Schneider Platz gefunden hatten. Das kleine weiße Schild „Louis Vuitton — Paris, Nice, Vichy" mit seiner trügerischen Vorspiegelung eines angenehmeren Lebens half mir später durch Zeiten des Heimwehs und der Niedergeschlagenheit.

Etwa zur selben Zeit spielte sich der Handel um den Schlafsack aus Rentierleder ab. Er kostete mich sehr viel Zeit, die ich nutzbringender hätte mit Essen zubringen können. Einen großen Teil meiner Kenntnisse vom

Leben auf Segelschiffen verdankte ich Basil Lubbocks Buch „Rund Kap Horn als Mann vor dem Mast". Lubbock, ein hochgewachsener, eisenharter Zögling Eatons, hatte an der Goldjagd zum Yukon teilgenommen. Auf der Heimkehr von den Goldfeldern hatte er von San Francisco aus auf einer eisernen Bark angeheuert und seine Passage als Mann vor dem Mast abgearbeitet. Zu seinem Hab und Gut gehörte auch ein „Caribou"-Schlafsack aus der Haut des nordamerikanischen Rentiers. Er hatte ihn gegen ein paar Decken eingehandelt, die „ich einem Mann gab, der am Bennet-See auf unserem Weg zum Klondyke neben mir kampierte". Lubbock erzählt, der Schlafsack sei in Neufundland von Indianern aus den Häuten zweier Caribous gefertigt worden, die mit den Sehnen der Tiere zusammengenäht waren. Der dann folgende Abschnitt brachte mich endgültig zu der Überzeugung, daß auch ich unbedingt einen solchen Schlafsack haben mußte. Da hieß es nämlich: „Wie glücklich und behaglich fühlte ich mich, als ich nach der ersten Wache in meinen Schlafsack kroch, der weit wärmer war als ein Dutzend Decken. Beim Horn ist die Luft so feucht, daß klamm gewordene Decken nie mehr ganz trocken werden. Hinzu kommt, daß das eiserne Deck furchtbar schwitzt und ständig tropft. Während alles und jedes bei Kap Horn triefend naß war, kroch ich mit feuchtem Unterzeug und Socken in meinen Sack. Ich behielt mein Zeug an, weil es nur durch meine Körperwärme trocknen konnte. Kroch ich wieder heraus, dann waren die Sachen tatsächlich trocken und meine Füße trotz der nassen Socken brutzelwarm."

Die Nachfrage nach Caribou-Schlafsäcken hatte seit dem Goldrausch des Jahres 1898 nachgelassen. Das mußte ich leider nach dem Besuch von einem halben Dutzend Läden feststellen, die Camping-Ausrüstungen führten. Meistens traf ich auf völliges Unverständnis. In den besseren Geschäften verhielten sich die Verkäufer wie stets, wenn man etwas verlangt, was sie nicht kennen — sie stellten glatt in Abrede, daß es so etwas gebe. Im elegantesten Geschäft in Piccadilly meinte ein befrackter Herr, der einem hochnäsigen Pinguin ähnelte, niemand habe ihn bislang mit einem Caribou bekannt gemacht, und ich zog mit dem Gefühl ab, er habe mich womöglich für die Gestalt aus einem Märchenbuch gehalten.

Mr. Mountstewart schlug vor, ich solle es einmal bei den „Army and Navy Stores" versuchen. Nachgerade nahm ich die Vorschläge meines Mentors mit einiger Vorsicht auf, aber er kramte ein Wunderwerk, den Katalog dieser berühmten Firma, hervor. Das Buch hatte den Umfang des Londoner Telephonbuchs. Zwar standen Schlafsäcke aus Caribouhaut nicht darin, aber es war zu lesen, daß weitere ungewöhnliche Artikel auf Wunsch beschafft würden. Also machte ich mich nach der Victoria Street auf.

In der Camping-Abteilung hörte sich der Verkäufer meinen Wunsch sehr wohlwollend an. Gewiß, er habe schon von einem Caribou gehört und könne keinen Grund sehen, warum man aus dessen Haut nicht einen Schlafsack machen sollte. Dann freilich fuhr er pessimistischer fort: „Wir könnten vielleicht einen beschaffen, müssen uns aber an eine der Niederlassungen an der Hudson-Bay wenden. Es würde sich freilich um ein Tauschgeschäft handeln. Geben Sie uns doch bitte Ihren Namen und Ihre Anschrift."

„Und wann könnte er hier sein?" Ich war etwas besorgt; denn die Zeit wurde knapp.

„Ich denke in zwei Jahren! Es sind scheußliche Dinger. Der letzte Herr, der einen kaufte, bekam einen üblen Ausschlag, nachdem er darin geschlafen hatte."

Ich dankte ihm und gab den Kampf auf. Mir genügte es, daß ich einen Schlafsack aus Cariboufell bekommen konnte, wenn ich ihn haben wollte. Statt dessen erstand ich einen aus echtem Kamelhaar in vier Lagen übereinander, ein Fabrikat der Firma Jaeger. Heute ist Kamelhaar genauso selten wie Caribouhaut und weit teurer. Ich benutzte meinen Schlafsack bis 1942. Dann sprang ein athletisch gebauter Ägypter hinten auf den LKW, mit dem wir aus der Wüste kamen. Er warf drei dicke Rollen Bettzeug herunter, die zwei Offizierkameraden und mir gehörten. Die meine enthielt neben allem, was ich besaß, auch den Schlafsack.

Bei Heimkehr von meinem Einkauf fand ich einen Brief der Agenten Eriksons vor, mit der Aufforderung, mich in Belfast an Bord der *Moshulu* zu melden. Von diesem Vollschiff hatte ich noch nie etwas gehört, und keins der bekannteren Bücher über Segelschiffe enthielt irgendwelche Angaben. Sogar Mr. Mountstewart wußte von der *Moshulu* gar nichts. Aber kurz ehe ich zum Bahnhof Euston fahren wollte, rief er mich an und dröhnte: „Ich höre gerade, daß sie außerordentlich groß ist."

4. Enter auf!

Die Überfahrt machte ich auf dem Nachtdampfer von Heysham. Es war kalt, als wir am frühen Morgen in Belfast einliefen und ich zum ersten Mal Masten und Rahen der *Moshulu* erblickte. Die Gerüste der Werften, wo der Lärm der Niethämmer vom dunklen Rumpf eines Neubaus der Union Castle Linie widerhallte, erschienen mir stark und erdverbunden. Mein Klipper selbst war nicht zu sehen, aber die vier riesig hohen Masten — Fock-, Groß- und Kreuzmast sowie der niedrigere Besan — ragten über die Werftschuppen in den Himmel hinein. Übrigens waren sie nicht weiß, wie ich gedacht hatte, sondern schimmerten gelb in der Oktobersonne.

„Auf das Ding mag rauf, wer will", meinte der piekfeine junge Steward. als er eine Schale mit Oxford-Marmelade auf meinen Tisch stellte. „Ein scheußlich großer Kasten."

Ich war nicht dazu aufgelegt, mit ihm zu streiten. Während des Frühstücks fühlte ich mich wie ein zum Tode Verurteilter. Vor lauter Nervosität zitterten mir dauernd die Knie, so sehr ich dagegen ankämpfte.

Bei der Landung hatte es unter den wartenden Taxifahrern einen edlen Wettstreit um meinen prächtigen Vuitton-Koffer gegeben. „Sie wollen gewiß ins Grand Central Hotel", sagte der schäbige Besitzer des schäbigsten Wagens. Er war schließlich Sieger geblieben. Ich gab die *Moshulu* als Ziel der Fahrt an. Da ihm das offenbar nicht das mindeste zu sagen schien, deutete ich auf die hochragenden Masten. Er murmelte etwas, das wie „der große Segler voll von Chinks" klang. Dann braußten wir in toller Fahrt los, schleuderten in Pfützen, dort wo sich das Kopfsteinpflaster gesenkt hatte, und schlingerten gefährlich über Schienen, auf denen Werftlokomotiven mit Volldampf auf uns zurasten. Aber das alles nahm ich kaum in mich auf; denn der Gedanke, auf jene Masten klettern zu müssen, jagte mir namenloses Entsetzen ein. Sie schienen so schön, so kalt und so fern wie der vereiste Gipfel des Mount Everest. Zum ersten Mal wünschte ich, eine Taxifahrt möge niemals enden. Leider aber waren es bis zu der Stelle, wo das Schiff im York-Dock seine Ladung löschte, nur dreihundert bis vierhundert Meter. Viel zu schnell hielten wir neben ihm. An Bord konnte ich kein Lebenszeichen entdecken. Nur auf dem Mitteldeck waren Schauerleute mit dem Löschen beschäftigt.

Ich überließ es dem Fahrer, meinen Koffer herauszubekommen, der sich zwischen Boden und Verdeck der Taxe festgeklemmt hatte.

Ich wartete auf eine Pause in den Löscharbeiten und erkletterte eine schlüpfrige Planke, die zum Schanzkleid hinaufführte. Von dort sprang ich an Deck. Hier kam mir der Gedanke, der Fahrer habe vielleicht doch recht gehabt und das Schiff sei „voll von Chinesen"; denn ich stand einem recht stämmigen, etwa siebzehnjährigen Jungen mit flachgedrückter Nase gegenüber, der ganz bestimmt vor einem Nomadenzelt in Zentralasien stilechter gewirkt hätte. Unter einem struppigen Haarschopf starrten mich seine Augen unverwandt an. Nur seine schmierigen Arbeitshosen und die Ölkanne in seiner Hand bewiesen, daß er ein Kind der westlichen Welt war.

Schließlich aber beruhigte mich sein Gesichtsausdruck. Sicherlich, so tröstete ich mich, muß hinter einem derart häßlichen Gesicht etwas Gutes stecken. Ich wollte ihm die Hand geben und sagte: „Ich bin Newby, ein neuer Anwärter."

Die Schlitzaugen sahen mich argwöhnisch an; dennoch glaubte ich, etwas wie Interesse darin zu entdecken. Er ergriff meine Hand nicht, sagte aber mit tiefer Stimme, die mich zusammenfahren ließ, „Duhnkie". Da dieses Wort nur eine Version des englischen „donkey" — Esel — sein konnte, und ich annahm, es sei eine auf mich gemünzte Invektive, begann ich, mich auf eine handgreifliche Auseinandersetzung vorzubereiten. Kein Buch, das ich gelesen hatte, enthielt eine Anweisung, wie man sich in einem solchen Fall verhalten mußte. Die Helden in dieser Art Literatur prügelten sich immer erst nach monatelangen Beleidigungen. Zum Glück hatte ich mich geirrt; denn mein Gegenüber deutet auf sich selbst und sagte: „Jansson — Duhnkie — Orlright." Gleichzeitig ergriff er meine Hand, die völlig in seiner verschwand.

Jansson war einer der zwei „Donkey"*-Männer an Bord, jener Leute, die alle Hilfsmaschinen — den Dieselmotor, die Brassen- und Fallwinschen und was es sonst an technischen Anlagen gab — in Ordnung hielten. Trotz seines wüsten Aussehens war Jansson der verträglichste und geduldigste Mensch an Bord, mit dem ich mich auf der ganzen Reise gut vertragen habe.

Ich wies auf meinen auf der Pier stehenden Koffer. Er sagte nochmals „Orlright" und ging mit mir zu der Taxe. Der Fahrer schwenkte Splitter des Verdecks, das beim Herausheben des Koffers beschädigt worden war.

---

* Auch auf deutschen Schiffen ist diese Bezeichnung für alles, was zum Begriff „Hilfsmaschinen" gehört, gebräuchlich. Der Übersetzer.

Er erzählte gerade einem Häuflein ihn umstehender Schauerleute alles, was er über mich wußte. Da dies infolge unserer relativ kurzen Bekanntschaft betrüblich wenig war, nahm er mühelos seine blühende Phantasie zu Hilfe. Es lag mir daran, ihn möglichst schnell loszuwerden, und ich gab ihm ein reichliches Trinkgeld. Das freilich ermutigte ihn nur, auch noch eine beträchtliche Summe für den Schaden an seinem Verdeck zu fordern, für den er mich verantwortlich machte. Die Schauerleute rückten mir bereits als Hilfstellung für ihren Landsmann auf den Leib, aber Jansson machte eine so drohende Geste mit seinem tätowierten Arm, daß sie sich verzogen. Der Fahrer, nunmehr in der Minderzahl, gab den Kampf auf und fuhr davon.

Wir beide wuchteten den Koffer hoch und versuchten mit ihm die Gangway hinaufzukommen. Sie war aber so steil, daß ich mit meinen Ledersohlen immer wieder abrutschte. „Orlright", sagte der Donkeymann, spuckte in die Hände, packte sich den Koffer auf den Rücken und schoß wie eine Bergziege die steile Neigung hinauf. Oben setzte er ihn krachend an Deck. Ich folgte ihm und war nun mitsamt meinem Gepäck endgültig an Bord.

Wir standen an Steuerbordseite des vorderen Decks neben Luke 2. Ein fahrbarer Kran beugte sich wie ein langbeiniger Vogel darüber und pickte eine Menge Säcke auf einmal auf. An Deck lag eine Schmiere aus Öl und zerquetschten Getreidekörnern. Das Öl stammte aus einer diesel-getriebenen Winsch, deren Einzelteile im Augenblick überall verstreut lagen.

„Komm!" Jansson stieß mit dem Fuß eine Tür auf. Wir gingen in den betreffenden Raum und befanden uns im Steuerbordlogis. Ich hatte gedacht, das Schiff sei so gut wie verlassen. Als ich mich jedoch an das Halbdunkel und den dichten Zigarettenqualm, der im Logis lagerte, etwas gewöhnt hatte, konnte ich das halbe Dutzend Männer in Overalls erken-nen, die mich schweigend anstarrten. Sie saßen an einem langen Tisch — „Back" genannt. Ihr Alter schätzte ich auf siebzehn bis zwanzig Jahre. Alle waren muskulös und hatten eine auffallend blasse Gesichtsfarbe.

„Guten Morgen." Schweigend und teilnahmslos blickten sie mich weiter-hin an, bis wie ein Echo, auf das man sehr lange gewartet hat, ein unartiku-liertes Gemurmel antwortete. Zum Glück reichte Jansson mir einen Becher Kaffee, den er aus einer großen weißen Emaillekanne vollgeschenkt hatte. Einer der Männer schob mir eine Dose Kondensmilch, Brot und Margarine hin. So kam ich zu einem zweiten Frühstück. Später machten wir uns bekannt. Munter kauend hört ich, wie sie sich — ohne erkennbare Begei-sterung — über meine Nationalität unterhielten. Gleichzeitig konnte ich das Logis mustern. Es war nicht eben einladend, etwa sechseinhalb Meter lang und nicht ganz vier Meter breit, die stählernen Schotten hellgrau gepönt. An allen vier Seiten befanden sich Kojen, die an die übereinander gestellten Särge auf italienischen Friedhöfen erinnerten. Fast alle unteren hatten selbstgefertigte Vorhänge, die der Besitzer vor dem Einschlafen zuziehen konnte. Im Augenblick war nur eine Koje belegt, aber die halb geöffneten Vorhänge ließen einen Mann erkennen, der regungslos mit dem Gesicht zur Wand lag und ab und zu stöhnte. In der Mitte des Logis nahm die im Deck verschraubte Back den ganzen Raum ein. Ihre Oberfläche war durch Schrubben und Scheuern vieler Generationen von Seeleuten voller Narben. Rings um die Kante der Back lief eine Schlingerleiste, die verhindern sollte, daß das Eßgeschirr bei schwerem Wetter an Deck polterte. Auf beiden Seiten standen klobige, ebenfalls im Deck befestigte Bänke.

Etwas Tageslicht drang durch die Bullaugen in der Bordwand. Zwei oder drei kreisrunde verglaste Öffnungen ließen einen Blick auf das Mitteldeck zu. Das Licht wurde aber fast ganz durch ein Chaos von hölzernen Seekisten, Ölzeug und geheimnisvoll verschnürten Bündeln abgeschirmt, mit denen die oberen Kojen vollgepackt waren. Über mir war ein in Teakholz gefaßtes Deckslicht aus ganz dickem Glas, durch welches das Tageslicht nur widerwillig einsickerte. Künstliche Beleuchtung lieferte eine plumpe Lampe, die gefährlich dicht über der Oberfläche der Back kardanisch aufgehängt war. Hinter mir stand ein Spind mit einem Fach für das Backsgeschirr; ein zweites nahm Brot, Margarine und kondensierte Milch auf. Darunter befand sich ein weißgepönter Wassertank mit Messinghahn.

Die Besatzung hatte gerade ihr Frühstück beendet. Auf der Back sah ich noch die Reste des gräßlichen Mahls. Irgendein undefinierbarer brauner Pamps mit Makkaroni, der schnell zu einer festen Masse erstarrte. Dazu hatte es offenbar, nach dem Berg von Schalen zu urteilen, einer meiner Ansicht nach viel zu große Menge Kartoffeln gegeben. Mitten in diesem Tohuwabohu stand ein vorsintflutliches Grammophon mit Trichter. Jemand drehte an der Kurbel und legte unter erwartungsvollem Seufzen eine Platte auf. Erst kam das einleitende Kratzen, während sich die Nadel ihren Weg in die Rillen suchte, dann dröhnte eine grauenhafte Dissonanz von Tönen in mein Ohr. Nachdem ich mich an den Lärm gewöhnt hatte, konnte ich die Worte unterscheiden:

> Ein holländisch Meisje auf holländschem Hügel,
> Und holländische Sternlein schienen so hell.
> Ein holländscher Bub und sein holländsch Mädel
> Beim Mondschein verliebten sich schnell . . .

Dies war die einzige Platte an Bord der *Moshulu*, und wenn ich auch vermutlich die Melodie nie wieder hören werde, bleibt mit ihr doch die Erinnerung an Belfast und die Tage nach München verbunden.

Die Musik hatte alle durch meine Ankunft verursachten Hemmungen beseitigt. Die Unterhaltung wurde lebhaft und tat schließlich den Ohren so weh wie die Geräusche des Grammophons. Als dieses verstummt war, wandte sich der neben mir sitzende Junge an mich und sagte mit strahlendem Lächeln und glückselig „Mist". Dabei drehte er aber bereits wieder die Kurbel und ließ die holländische Angelegenheit aufs neue ablaufen. Später stellte ich fest, daß dieser Junge ein Litauer mit Namen Vytautas Bagdanavicius war.

Jansson, der mir alles Interessante vorführen wollte, wies auf den Mann in der Koje und zwinkerte vielsagend. „Ist er krank?" fragte ich. „Hundselend", war die Antwort. „Gestern abend zu viel Aquavit." Um seine Behauptung zu untermauern, stieß er mit den Fäusten gegen die Decken in der Koje. Als daraufhin gar nichts erfolgte, begann er, den Schläfer hin und her zu rollen, wie ein Stück Teig auf dem Kuchenbrett. Dazu brüllte er: „Reise, reise!" Jetzt endlich gerieten die Decken in heftige Bewegung. „Perkele, perkele, perkele — Teufel, Teufel, Teufel", kreischte es wütend aus der Koje in einem Crescendo, das an einen Motor erinnert, der auf dem Prüfstand hochgetourt wird. Sogar die abgehärteten Männer im Logis zuckten bei den saftigen, überaus eindeutigen Obszönitäten zusammen, die sich anschlossen und Jansson aufforderten, ihn in Ruhe zu lassen. Das tat er auch, worauf die Stimme, wieder dem Motor ähnlich, an Lautstärke abnahm und schließlich verstummte.

An Deck ertönte eine Trillerpfeife. Nacheinander verließen die Leute das Logis, um ihre Arbeit wieder aufzunehmen. Bald hörte man das Klopfen von Hämmern an der Backbord-Bordwand, wo fast alle beim Rostpicken und Pönen waren.

Weil Vytautas, der Litauer, die ganze Nacht Wache gehabt hatte, blieb er als einziger zurück. Er gab mir den Rat, Arbeitszeug anzuziehen und mich beim Wachhabenden Offizier zu melden.

Vorher half er mir noch, meinen Koffer in einen freien Raum hinter der Tür des Logis zu verstauen. Behutsam zog ich meine blauen Arbeitshosen an. Verglichen mit den verblichenen der anderen Jungen, kamen sie mir allzu neu und wenig zünftig vor. „Laß nichts im Logis rumliegen", riet Vytautas in seinem fast orientalisch anmutenden Singsang. „Die Schauerleute sind Diebe. Auf See ist alles orlright, hier aber . . . alle Spitzbuben."

Ich fragte ihn, ober auch er neu an Bord sei, und erfuhr, daß er zum zweiten Mal ausreiste. *Moshulu* war 1937 in der Holzfahrt von Finnland nach Lorenço Marques in Portugiesisch Ostafrika eingesetzt gewesen, ehe sie nach Australien lief, um eine Weizenladung zu holen. Ich war froh, daß der Junge an Bord blieb und nicht wie viele andere ausstieg. Schon klammerte ich mich an jeden, den ich ein wenig kannte, wie der Ertrinkende an den Strohhalm.

Ich meldete mich beim Zweiten Offizier, da der Erste noch gar nicht an

Bord war. Alles ging ein wenig durcheinander. Einige von der Besatzung musterten ab und kehrten nach Mariehamn zurück, andere ersetzten sie. Der bisherige Kapitän — Boman hieß er — hatte die *Moshulu* geführt, seit sie Erikson gehörte. Jetzt wurde er durch Kapitän Sjögren abgelöst, der von der *Archibald Russel* kam.

Der Zweite, ein schlanker Mann, war offenbar schlechter Laune. Später in See fand ich ihn viel netter. Häfen und das Schiff, wie es zur Zeit aussah, waren ihm verhaßt. Leider änderte daran meine Ankunft gar nichts. Nach einem Anschnauzer, weil ich mich nicht sofort bei ihm gemeldet hatte, stieß er plötzlich die Frage hervor: „Schon mal da oben gewesen?"

„Nein, Sir."

Wir standen mittschiffs neben dem Großmast. Er wies auf dessen Wanten und sagte nichts weiter als „Enter auf!" Ich wollte meinen Ohren nicht trauen, hatte ich doch geglaubt, man werde mir wenigstens ein, zwei Tage Zeit lassen, um das Schiff kennenzulernen und wenigstens eine Ahnung von allem zu bekommen. Jetzt aber erfuhr ich zum ersten Mal, was Disziplin heißt. Ich blickte den Offizier an. Seine Augen funkelten böse. Eins wurde mir klar: vor diesem Mann hatte ich noch größere Angst als vor der Takelage. Im übrigen sagte ich mir, wenn ich sterben sollte, sei es seine, nicht meine Schuld. Viel Trost schöpfte ich freilich aus dieser gewiß zutreffenden Feststellung nicht. Immerhin faßte ich mir ein Herz und fragte, ob ich mir andere Schuhe anziehen dürfe, weil meine Sohlen so glatt seien.

„Andere Schuhe . . .? Enter auf!" Er wurde bereits ungeduldig. Zu jener Zeit war die *Moshulu* das größte in Fahrt befindliche Segelschiff. Der Flaggenknopf des Großmastes stand fast sechzig Meter über dem Kiel. Ich lief auf die Wanten an Steuerbord dicht neben dem Kai zu, aber ein Ruf des Offiziers ließ mich innehalten. „Backbord. Stürzt du ab, dann fällst du wenigstens ins Dock. In See enterst du immer in Luv auf, niemals in Lee. Und wenn ich dir einen Befehl gebe, dann wiederhole ihn gefälligst."

Gehorsam sagte ich „Enter auf" und begann meine Klettertour. Ihr Anfang schien leicht genug. Die den Mast stützenden Unterwanten waren aus starkem Stahldraht und die ersten fünf Webeleinen durch kräftige Eisenstangen ersetzt, die, an vier der Wanten festgelascht, eine Art Leiter bildeten. Mehrere Leute nebeneinander konnten sie benutzen. Dann kamen hölzerne Stangen, die jedoch nur noch an den beiden Mittelwanten befestigt waren. Da diese weiter oben immer näher zusammenliefen, war es in 25 Meter Höhe dicht unter dem Mars für meine großen Füße bereits schwierig, festen Halt zu finden. Aber ehe ich soweit geklettert war, kam ich zur Großrah, einer zu den Nocken hin verjüngten Stahlspiere, die von Nock zu Nock 28½ Meter maß. In der Mitte betrug der Durchmesser mehr als 75 Zentimeter; das Gesamtgewicht mehr als fünf Tonnen. Durch eine eiserne Achse und eine Borgkette war die Spiere mit dem Mast verbunden, so daß sie mit Hilfe von Taljen, die an den Rahnocken angeschlagen waren, in der Horizontalen bewegt werden konnte. Das nannte man brassen.

Über mir war nun der Mars, eine annähernd halbkreisförmige, mit Grätings belegte Plattform, die durch Stahlverstrebungen, den sogenannten Püttingswanten, am Mast befestigt war. Im Mars befand sich eine Öffnung, durch die man hindurchschlüpfen konnte, um auf die Plattform zu gelangen. Aber das galt als unsportlich. Einmal habe ich es doch getan, um es auszuprobieren. Dabei riß ich mir aber bös mein Ohr an einem scharfen Dorn. Vermutlich war er nur zu dem Zweck angebracht, von der Wahl des bequemeren Weges abzuschrecken. Dieses erste Mal kam mir der schwerere Weg wie eine akrobatische Glanzleistung vor. Zunächst klebte ich nämlich wie eine Fliege an der Zimmerdecke in horizontaler Lage, fast parallel zum Deck. Gleichzeitig angelte ich mit einem Fuß nach einer Webeleine aus Hanf. Endlich fühlte ich sie unter meiner Sohle und schwang mich, vor Angst dicht davor, mich zu übergeben, auf die Plattform. Dort hielt ich mit pochendem Herzen einen Augenblick inne, gerade lange genug, um festzustellen, daß Mast und die vom Mars aufwärts strebende Stenge aus einem Stück waren, anders als bei den meisten Segelschiffen. Schon aber drang die gefürchtete Stimme vom Deck zu mir: „Weiter!"

Nun kamen fast fünfzehn Meter hanfene Webeleinen, die an den Marswanten festgezeist waren. Sie führten in fast senkrechtem Anstieg aufwärts und schwankten heftig. Viele der Leinen waren verrottet, und eine riß unter meinem Fuß, als ich auf Höhe der Marsrahen angekommen war. Und wieder die Stimme: „Wenn dir dein Leben lieb ist, halte dich an den Wanten fest und laß die verdammten Webeleinen in Frieden."

Die Untermarsrah hing an einem Eisenbalken, aber die Obermarsrah lief in einer an der Vorderseite der Stenge angebrachten Schiene. Dadurch konnte sie mit Hilfe eines Falls mehr als acht Meter bis zur Höhe der Dwarssaling vorgeheißt werden. Diese bestand aus einem offenen Rahmen aus Stahlträgern in 39 Meter Höhe am Fuß der Bramstenge. Ursprünglich hatte es nur ein Marssegel gegeben, um aber bei der sehr viel kleineren Besatzung das Segelbergen zu erleichtern, hatte man es in zwei Segel unterteilt. Zur Zeit war die Obermarsrah auf die des Untermarssegels gefiert. Die Saling kam mir sehr dünn vor, als ich sie erreicht hatte. Zwei lange Spieren reichten von ihr nach achtern und hielten die Backstage oder Pardunen der Stenge für das alleroberste, das Royalsegel, auseinander. Beklommen stand ich auf dieser glitschigen Angelegenheit. Tief unter mir lag das Panorama von Belfast ausgebreitet. Zwischen meinen Beinen sah ich das Deck, so schmal wie ein Lineal. Mich packte eine solche Angst, daß ich fast abgestürzt wäre.

„Raus auf die Royalrah!" hörte ich, nun schon viel schwächer, die gebieterische Stimme. Noch etwa zwölf Meter eines schwankenden Bramwants, vorbei an den Rahen des Unter- und Oberbramsegels. Diese waren wie die Obermarsrah vor ihren eingefetteten Schienen drehbar. Jetzt wurden die Webeleinen ganz schmal und hörten kurz unterhalb der Royalrah auf. Seelisch und körperlich war ich nahezu am Ende, aber der halb und halb erwartete Zuruf „Raus auf die Rah" ließ mir keine andere Wahl, als mich hinaufzuschwingen. Dabei beschmierte ich mich von oben bis unten mit dem Fett der Schiene, in der sich die Rah auf und ab bewegte. Diese Spiere war ungefähr sechzehn Meter lang und dünner als die unteren. Auch hier lief auf der Oberseite ein Drahtseil entlang, das Jackstag, an dem das Segel angeschlagen wurde. Auf Schulschiffen, nebenbei bemerkt, gab es noch ein zweites, an dem man sich festhalten konnte. Wo sonst sollte man das tun, wenn das Segel am vorderen Jackstag angeschlagen war? *Moshulu* war nicht für die Ausbildung von Kadetten bestimmt, so daß diese Erleichterung fehlte. Da im Augenblick keine Segel angeschlagen waren, erwies sich meine Aufgabe als leicht, ohne daß ich mir freilich über diesen Glücksfall im klaren war. Unterhalb der Rah lief über ihre ganze Länge ein Draht, der auf halbem Wege zwischen Mast und Rahnocken von eisernen Haltern gestützt wurde. Dies war das sogenannte „Pferd" oder „Perd". Sobald ich darauf trat, stellte ich fest, wie schlüpfrig und schlaff das Drahtseil war; denn meine Füße rutschten von einander weg. Ich klammerte mich, gleichsam im Spagat, an das Jackstag.

„Raus! Bis zur Nock!" drang die Stimme des Zweiten noch leiser als zuvor zu mir. Wie ich ihn in diesem Moment haßte! Jedes englische Wort wurde von ihm richtig ausgesprochen, kein Anlaß also, mich diesem bösen Mann gegenüber erhaben zu fühlen. Er sprach ein ausgezeichnetes Englisch. Irgendwie gelangte ich wirklich bis zur Nock. Dort versuchte ich mich mit dem Bauch auf die Spiere zu legen und die Beine auszustrecken. Aber ich war zu lang. An dieser Stelle lief das „Perd" schon sehr dicht unter der Rah, weil es nicht weit davon entfernt an den Block für die Brasse angeschäkelt war. Meine Knie ruhten dort auf der Rah, wo eigentlich mein Bauch hätte sein sollen. Ich hatte das unerfreuliche Gefühl, im nächsten Augenblick kopfüber in die Tiefe zu stürzen. Zum Glück war am Beschlag der Rahnock ein Toppnant angeschäkelt, eine Talje, welche die Rah hielt, wenn sie gefiert war. Daran konnte ich mich festhalten und um mich schauen.

Mir bot sich ein eindrucksvolles, zugleich aber beängstigendes Bild. Mittlerweile hatte ich vergessen, was der Zweite über meinen Sturz ins Dock gesagt hatte. Nun aber war ich am äußersten Ende der Rah an Steuerbordseite, 48 Meter über den Schuppen, in die 62 000 Sack Weizen aus der *Moshulu* gebracht wurden. Die Schuppen hatten Glasdächer, und ich fragte mich, was wohl geschehe, wenn ich wirklich von oben käme. Konnte ich dem Schicksal entgehen, von dem Gewirr der Stahltrossen unter mir zerfetzt zu werden? Oder würde ich an ihnen vorbeisausen und in das Dach ein Riesenloch schlagen, vielleicht aber auch nur eine meinem Körper entsprechende Öffnung? Was machten wohl die Sanitäter mit dem, was von einem Menschen übrigblieb, der aus solcher Höhe abstürzte? Dann versuchte ich, mich von derart trübsinnigen Gedanken freizumachen, aber die Gestalten der Stauer, die wie Käfer über die Pier neben dem Schiff hin und her eilten, flößten mir das Gefühl grenzenloser Einsamkeit ein. Ein Blick in die Ferne war erträglicher, zeigte er mir doch ein gewaltiges Panorama über die Stadt hinweg bis zu den Antrim-Hügeln und über das Lough bis hin zum offenen Meer.

„Orlright", rief der Zweite. „Zurück zum Mast." Diesen Befehl führte ich eiligst aus. Weniger erfreut war ich, als mich der nächste Zuruf aufforderte, zum Flaggenknopf, dem höchsten Punkt des Mastes, zu klettern. Mir war klar, daß ich das mit meinen verfluchten Schuhen an dem glatten Holz niemals fertigbringen würde. Daher zog ich sie und meine Socken aus und klemmte beides unter das Jackstag.

Zwei oder drei sehr morsche Webeleinen waren an den Royal-Backstagen festgezeist. Die unterste riß unter meinem Gewicht, und ich benutzte nur die Backstage, um auf die Höhe des Blocks für das Royalsegel zu klimmen. So weit wurde beim Setzen dieser Leinwand die Royalrah vorgeheißt. Dann kam nichts mehr — nur noch zwei Meter kahles Holz bis zum Flaggenknopf. Mittlerweile war es mir gleichgültig, ob ich abstürzte oder nicht.

Ich nahm Kletterschluß an der Royalstenge und begann zu klettern. Der Wind wehte mir das Haar über die Nase, so daß ich einen Niesreiz spürte. Ich streckte den Arm aus und packte den runden Knopf aus Hartholz, fast sechzig Meter über dem Kiel. Beinahe war ich überrascht, daß er sich nicht abheben ließ, um darunter als Preis ein paar Bonbons zu finden. Der Satanskerl an Deck befahl mir statt dessen, mich darauf zu setzen. Das aber überhörte ich, zumal mir kein Fall denkbar schien, bei dem diese Turnübung notwendig sein konnte. Also glitt ich auf die Royalrah hinunter. „Kannst niederentern", brüllte der Offizier. Ich tat es und fand den Abstieg schlimmer, vor allem aber schmerzhafter, da ich meine Schuhe vorn ins Hemd gesteckt hatte und barfuß war.

„Schön dämlich von dir, die Schuhe auszuziehen", sagte der Zweite. „So, und nun kannst du lernen, die Klosetts zu reinigen."

Seit jenem Tag bin ich viele hundert Male hoch oben der Takelage gewesen, bei jeder Art von Wetter. Aber noch heute habe ich dieses eiskalte Gefühl in der Magengrube, wenn ich an meinen damaligen Morgenspaziergang auf die Royalrah und an die Schuppen tief unter mir denke.

Ein technisches Intermezzo

(Für schnelle Leser: Es endet auf Seite 49)

Am Nachmittag ging ich mit ein paar anderen Neulingen zum finnischen Konsul, um einige Schriftstücke zu unterschreiben. Anschließend führte mich Vytautas durch das Schiff. Der Stärke und den Ausmaßen der stählernen Takelage entsprach der gewaltige stählerne Rumpf. Mehr als 4 800 Tonnen Getreide konnte er aufnehmen. Die *Moshulu* verdrängte 3 116 tons. Beladen betrug der Tiefgang 7,90 Meter, die Länge in der Wasserlinie 102 Meter.

Der Vorsteven war sehr hübsch und schlank; er wollte nicht so recht zu dem eher etwas plumpen Gesamtbild passen. Die kurze, nur sechs Meter lange Poop beeinträchtigte ebenfalls von der Seite her gesehen den Eindruck. Trotzdem blieb er im Endeffekt der eines imposanten Schiffes. Wie die *Archibald Russel* besaß die *Moshulu* Schlingerkiele, die allzu starkem Schlingern entgegenwirkten. Oberhalb der Ladelinie war das Schiff schwarz gepönt, abgesehen von den weißen Mittschiffsaufbauten. Masten und Rahen leuchteten hellgelb. Unter dem Bugspriet sah man keine wunderschöne Galionsfigur, wie sie zum Beispiel die *Killoran* und *Pommern* besaßen. Aber der Schnabel darunter trug eine geschnitzte Verzierung in Gestalt eines gelb-blauen Wappens. Es war das Firmenschild der Reederei Siemers in Hamburg, des ersten Eigners des Schiffes, der es in der Salpeterfahrt eingesetzt hatte.

Die Masten — Fock-, Groß-, Kreuz- und Besanmast — wurden alle durch eine Reihe starker Vor- und Achterstage gestützt, sechs am Fockmast, vier am Groß- und Kreuzmast und drei am Besan. Das Vorstag des Fockmastes war doppelt und mit Spannschrauben steifgesetzt, die auf der Back verankert waren. Das Vorstag der Stenge am Fockmast war ebenfalls doppelt und durch Blöcke an beiden Seiten des Bugspriets geschoren. Auch hier fehlten die Spannschrauben nicht. Der Bugspriet wurde durch zwei Stage gehalten, das äußere und innere Wasserstag. Auf beiden Seiten waren je drei am Steven festgeschäkelte Verspannungen angebracht.

Die drei rahgetakelten Masten wurden durch Wanten aus dicken Stahltrossen abgestützt. Drei Paar Unterwanten führten von der Reling bis zum Mars, dann um den Mast herum zur Reling zurück, drei Wanten, die der Marsstenge Halt gaben, vom Mars bis zur Saling. Endlich stützten zwei Bramwanten die Bramstenge. Wegen der starken und häufigen Beanspruchung der Masten von achtern waren je Mast neun Backstage oder Pardunen vorgesehen. Unterwanten und Pardunen waren am Rumpf verschraubt und wurden mit großen Spannschrauben festgesetzt. Alle Dopplungen waren bekleedet, getrenst und schwarz gepönt, die Zeisinge dagegen weiß. Dies war eins der ganz wenigen Zugeständnisse an den Schönheitssinn. Solange die Masten und Rahen aus Holz waren, gab es nur Hanftauwerk, das mit Hilfe von Taljereeps und dreischeibigen Blöcken, den sogenannten Jungfern, durchgesetzt wurde. Gingen einmal die Masten über Bord, so konnte man zur Not das Tauwerk kappen und damit von den Trümmern der Takelage freikommen. Die Wanten und Pardunen der *Moshulu* aber waren so dick und stark, daß beim Überbordgehen der Masten und dem Herausreißen der Spannschrauben aus ihren Gewinden das lose Gut nur mit großer Mühe freigehackt werden konnte, vorausgesetzt, daß geeignetes Werkzeug gleich zur Hand war.

An jedem der drei vorderen Masten hingen sechs Rahen mit ihren Segeln, insgesamt also achtzehn. Royal, Ober- und Unterbram, Ober- und Untermars, darunter die riesigen Untersegel — Fock, Großsegel und Bagien. *Moshulu* fuhr nicht weniger als dreizehn Schratsegel: Vier Vorsegel an Stagen, die zum Bugspriet führten, ganz vorn der Jager am Bramstag des Fockmastes, der Außen- und Innenklüver und das Vorstengestagsegel, jedes der drei an seinem eigenen Stag. Zwischen den Masten standen noch sechs Stagsegel; sogar am Stag von der Royalstenge zum Bug hätte noch eins gesetzt werden können. Während meiner Zeit auf der *Moshulu* geschah das jedoch nicht. Bei unserer kleinen Besatzung waren die Bramstengestagsegel vollauf genug. Alle Schratsegel hatten Niederholer zum Bergen und Falle zum Setzen. Der Besanmast trug drei Schratsegel: ein dreieckiges Gaffeltoppsegel, einen Ober- und einen großen Unterbesan. Die beiden letzten wurden mit Hilfe von Geitauen unter Kontrolle gehalten. Ihr Auftuchen war sehr schwierig. Es war eine Eigentümlichkeit der ehemals deutschen Nitratfahrer, drei Segel am Besanmast zu fahren. Die meisten Barken besaßen nur zwei. Beim Setzen aller Segel trug *Moshulu* rund 4 200 Quadratmeter Leinwand.

Vytautas lotste mich bis zum Ende des Bugspriets. Dort hielten mehrere Nägel die Überreste einer hornartigen, vertrockneten Substanz fest.

„Haifischflossen", erklärte Vytautas. „Bringt Glück; aber nicht mehr viel übrig." Wir standen uns jetzt auf dem Fußperd gegenüber, und er sagte vergnügt: „Sehr gefährlich hier vorn. Kein Netz unterm Bugspriet. Wenn sie tüchtig einhaut, kann's dich runterspülen. Mußt du den Jager auftuchen, sieh dich vorm Schotblock vor. Der kann dich schnell ins Wasser schmeißen." Dann fügte er etwas nachdenklicher hinzu: „Denk bitte dran. Fällst du von hier runter, dann überrennt dich das Schiff, und ehe es beidreht, ist's schon zu spät, um dich noch zu finden."

Diese Hinweise beeindruckten mich sehr, und ich hatte alle Veranlassung, mich während der Reise oft an sie zu erinnern.

Wir turnten wieder bis zur Back, dem hochgezogenen vorderen Teil des Schiffes, zurück, die eine weißgestrichene Reling hatte. An Backbord und

1. Moshulu *im Belfast Lough. September 1938.*

2. *In Belfast im Trockendock.*

3. Ein blutjunger
   Anwärter...
   Eric Newby.

4. Zwei Mann im Rad. Im Hintergrund der „Erste".

5. *Aufgeien des Großroyals. Der Kapitän blickt nach oben.*

6. *John Sömmarström,*
    Segelmacher.

Steuerbord lagen *Moshulus* schwere Anker, altmodische Dinger mit Stökken, auf Deck festgelascht. Wegen dieser Stöcke konnten sie nicht bis dicht an die Klüsen geholt werden, sondern wurden mit Hilfe eines kleinen Krans an Deck gehievt. Unter dem Kran befand sich eine Nagelbank aus Teakholz mit eisernen Nägeln, an denen wir die Niederholer der Vorsegel belegten; ihre Schoten dagegen wurden zu Nagelbänken auf beiden Seiten der Back eben über der Kuhl geführt. Außerdem stand vorn ein Spill mit vierkanten Öffnungen zur Aufnahme der hölzernen Spaken. In See benutzten wir dieses Spill, um den Hals der Fock durchzusetzen, wenn das Schiff in den Wind schoß. Der Hals konnte aber auch zur Ankerwinde unter der Back verfahren werden. Beiderseits der Back waren starke Klampen zum Belegen von Trossen angebracht.

An der Achterkante des hohen Vordecks befanden sich die Gehäuse für die beiden Positionslaternen, zu denen man durch eine Öffnung in der Decke der Lampenkammern gelangte. Diese lagen unter der Back. Im Hafen waren die kupfernen Hauben über den Halterungen der Laternen vergammelt und mit Grünspan bedeckt. In See aber wurden sie, außer bei sehr schlechtem Wetter, blank geputzt. Zwei Niedergänge führten zur Kuhl hinunter. Zwischen ihnen hing an einer Art Galgen die große bronzene Schiffsglocke mit der Inschrift „Kurt, Hamburg". Diesen Namen hatten ihr die deutschen Eigner gegeben.

Mit dem Fuß an Deck war neben der Glocke der Reserveanker festgelascht. Unmittelbar unter den Laternengehäusen standen die stabil aus Stahl gebauten Schweineställe. Im Augenblick waren sie leer.

Unter der Back lagen Klosetts, Waschräume, Schmiede, Bootsmannshellegat und die beiden Lampenkammern. In diesem Teil des Schiffes zog und stank es immer. Die Klosetts waren eine schauerliche Angelegenheit, nicht verschließbar und ohne Spülung. Gleich am ersten Morgen hatte ich dort eine unvergeßliche halbe Stunde zugebracht, als ich sie mit einer langen Eisenstange und unzähligen Pützen schmutzigen Wassers aus dem Dock säubern mußte. Es war die ekelhafteste Arbeit, die ich jemals im Frieden oder Krieg habe verrichten müssen. Mit den Klosetts der *Moshulu* konnten nicht einmal die Latrinen konkurrieren, welche die Deutschen vorsorglich zu unserer gefälligen Benutzung neben den Eisenbahngeleisen angelegt hatten, als sie uns aus der Tschechoslowakei nach Westen abtransportierten.

Neben den beiden Waschräumen stand das Ankerspill, um das die dicken Ankerketten liefen, und die Salzwasserpumpe, eine ziemlich wacklige Apparatur, von der ein Rohr nach achtern bis zum Hauptdeck führte. Unmittelbar hinter ihr war Luke 1, nicht größer als zweieinhalb Meter im Quadrat. Durch sie gelangte man ins Zwischendeck und auch zur Vorpiek, wo fast alle Kohlen für die Kombüse lagerten. Davor waren die Kettenkasten, zwei senkrechte Schächte, in denen die Ketten, wenn sie über die Pallen des Spills gelaufen waren, in Buchten aufgeschossen wurden. In der Vorpiek lagerten außerdem große Rollen Drahtstropps, Springs zum Vermuren und Schlepptrossen. Bis ins Zwischendeck hinein türmte sich ein Sammelsurium aufgetuchter Segel. Im Grunde handelte es sich beim Zwischendeck um einen höher gelegenen Laderaum, anderthalb Meter hoch, der sich durch das ganze Schiff bis zur achtern Piek unter der Poop erstreckte, die auch notfalls als Lazarett diente. Dieser riesige Raum war von Ladeluken unterbrochen, die in der Größe den Luken im Oberdeck entsprachen. Alle Öffnungen wurden in See verschalkt. Leider gab es in den Laderäumen keinerlei künstliche Beleuchtung, und das sollte sehr bald zu einem bedauerlichen Unglücksfall führen.

Dicht bei Luke 1 wuchs der gewaltige Fockmast durchs Deck, dessen Fuß auf dem Kielschwein des Schiffes stand. Dicht bei diesem Mast war wiederum eine Nagelbank aus Teakholz. An ihr wurden die Falle der Vorsegel und die Schoten der vier Rahsegel über dem Untermarssegel belegt. Untermars- und Fockschoten dagegen gehörten an Klampen vorn am Fockmast. Nicht weit davon standen die Fallwinden zum Vorheißen der Mars- und Bramrahen beim Segelsetzen. Die Falle der Royals liefen durch Blöcke zu den Nagelbänken. Zehn Mann wurden zum Heißen einer Royalrah benötigt. Die Falle aller Rahsegel waren so gerigt, daß sie bei vorgeheißten Rahen zu zusätzlichen Pardunen wurden.

Achtern vom Fockmast lag das Kesselhaus, über das der mit Scharnieren befestigte Schornstein hinausragte. Dort betreuten Jansson und sein noch wüster aussehender Vorgesetzter ihr Pflegekind, das zum Ankerlichten und — in selteneren Fällen — zum Vorheißen der schwereren Segel in Betrieb genommen wurde. Im Kesselhaus verwahrten die Donkeymänner auch ihre Werkzeuge, eine Feldschmiede, Reserveteile für die Winden und, ja nicht zu vergessen, eine Lötlampe, mit deren Hilfe sie unentwegt Kakao kochten. Dadurch waren die beiden Gesellen zu ihrer großen Freude von dem cholerischen Koch unabhängig.

Beiderseits vom Donkeyhaus stand je ein Spill. Zu ihnen wurden auf dem Weg über Rollen im Schanzkleid die Schoten der gewaltig großen Fock geführt. Auch wenn die Segel mit Menschenkraft geheißt wurden, fanden die beiden Spills gelegentlich Verwendung.

Zwischen Donkeyhaus und Brückendeck befand sich mittschiffs Luke 2, neben der zur Zeit Janssons eine in ihre Bestandteile zerlegte Winsch lag. Aus dieser Luke löschten gerade die Belfaster Schauerleute mit einer geradezu rituellen Würde die Ladung. Man dachte unwillkürlich an einen Krönungsfilm, in dem sich die Agierenden im Zeitlupentempo bewegen. An Backbord und Steuerbord fanden sich Nagelbänke für die Brassen der Segel am Fockmast. Mit ihrer Hilfe war ein genaues Trimmen all seiner

Rahen möglich, nachdem sie eine Jarvis-Braßwinsch annähernd in die gewünschte Stellung gebracht hatte. Nur die Rahen der Unter- und Marssegel sämtlicher Masten wurden mit Winden bedient. Die von Hand durchgesetzten Brassen der Bram- und Royalsegel belegten wir weiter achtern an einer am Großmast angebrachten Nagelbank. Ganz dicht daneben stand die Jarvis-Braßwinsch für die Rahen des Fockmastes. Mit ihr konnten vier Mann die Rah der Fock sowie der Ober- und Untermarssegel rundbrassen. Die Brassen aus Stahldraht liefen beim Schricken über eine kegelförmige Trommel auf der einen Seite der Winsch. Die gleiche Vorrichtung auf der anderen Seite diente zum Steifsetzen. Auf der *Moshulu* hatten wir drei Jarvis-Braßwinschen. Sie erleichterten, nein, sie ermöglichten überhaupt erst eine andernfalls schier unmögliche Aufgabe; denn das Schiff war zu groß und die Crew zu klein. Die übrigen Rahen wurden mit Hilfe langer hanfener Brassen rundgebraßt. Aber auch die mit einer Winsch bedienten Spieren mußten stets noch mit Hand genau getrimmt werden.

Die Vorderseite der Brücke war weiß gepönt. In Messing gefaßte Bullaugen ließen etwas Licht in die beiden Mannschaftlogis und die Kombüse einfallen. Dort trieb der Koch, dieser unglückseligste Mann an Bord, in erstickender, dampfgesättigter Luft sein Wesen. Er sah dem bösen Geist in einem Märchen zum Verwechseln ähnlich. Das Brückendeck war neuneinhalb Meter lang und vierzehn Meter breit. Mit Back und Poop war es durch Laufbrücken über Vor- und Hauptdeck verbunden. Dadurch konnten sich die Offiziere bei der Befehlserteilung schneller an den gewünschten Ort begeben. Auf dem Brückendeck stand das sehr massiv gebaute Kartenhaus, in dem Seekarten, Segelanweisungen, Logbuch, Barometer und Navigationsinstrumente aufbewahrt wurden. Ein Niedergang führte zu den Offizierswohnräumen.

Genau mittschiffs standen die zwei handfesten Steuerräder aus Teakholz, die durch gutgeölte Drahtseile mit dem Rudergeschirr achtern verbunden waren. Dorthin wurden die Seile durch Blöcke, die im Deck eingelassen waren, geführt. Bei sehr schwerer See kam es vor, daß sie rissen. Herrschte starker Sturm, so standen außer dem Rudergänger noch drei Mann am Rad auf erhöhtem Podest. Allzu heftige Bewegungen des Rades konnten mit einer in die Flurplatten eingelassenen Fußbremse abgefangen werden. Vor dem Rudergänger stand die hohe Messinghaube des Kompasses, hinter ihm hing eine weitere Schiffsglocke, an der er die Schläge der im Kartenhaus angebrachten Uhr wiederholte. Eine Messingtafel unter der Glocke trug die Inschrift „Wm. Hamilton — Shipbuilders — Port Glasgow".

Unter dem Brückendeck lagen vorn die beiden Logis und dazwischen die Kombüse; ferner der Raum für die Unteroffiziere, in dem der Zimmermann, die beiden Donkeymänner und der Gehilfe des Segelmachers hausten. Sie alle taten für gewöhnlich nur am Tage Dienst. Schließlich hatte hier der Segelmacher seine Koje. Im achteren Teil des Aufbaus war die Unterbringung des Kapitäns — Salon, Schlafraum, Bad usw. — sowie eine Reservekammer für Gäste; ferner Räume für die Offiziere, den Steward und Koch. Wohl wohnten sie und auch der Messejunge achtern, halfen aber bei der Decksarbeit und enterten sogar, wenn Not am Mann war, mit uns auf. Kurze Niedergänge an Backbord und Steuerbord führten auf das nicht ganz vierzig Meter lange Hauptdeck, auf das die Tür der mittschiffs liegenden Kapitänskajüte gegenüber von Luke 3 aufschlug. Neben dem Kreuzmast standen die dritte Jarvis-Winsch für die Brassen des Großmastes, ferner die Winden für die Falle der Kreuzmastsegel und die Hauptlenzpumpen. Beiderseits waren Klampen für das Motorboot und die Gig. Weiter achtern hing an Backbord und Steuerbord je ein Rettungsboot in Davits. Dazwischen stand auf einer Plattform der Regelkompaß höhengleich mit dem Laufsteg und über diesen zu erreichen, sowie ein auf Stützen stehender Hühnerstall. Hier war auch Luke 4, ein Frischwassertank dicht vor der kurzen Poop und der Besanmast mit der Braßwinde des Kreuzmastes. Auf der Poop schließlich hatten die Lotmaschine, ein Spill und der Reserve-Dreganker Platz gefunden.

Unter der Poop gelangte man zur Achterpiek, wo der Proviant lagerte. Über der Falltür befand sich eine mit schweren Vorhangschlössern gesicherte Gräting. Ebenfalls unter der Poop standen Reservesteuerräder, die mit dem Rudergeschirr verbunden werden konnten, falls die Stahlleinen brachen. Natürlich fehlte auch nicht ein Reservekompaß, dessen Rose freilich in die verwunderlichsten Himmelsrichtungen wies. Der Kopf des Rudergängers hinter den Reserverädern ragte zwar über das Deck hinaus, war aber derart von einem gewölbten Gehäuse über und neben sich eingeschlossen, daß der Mann durch das vorn eingesetzte Fenster nur eine äußerst mangelhafte Übersicht hatte. Unter der Poop lagen sechs Kammern. Zwei hatten früher einmal zur Unterbringung von Kadetten gedient, eine benutzte bei schlechtem Wetter der Segelmacher und eine andere diente dem Zimmermann als Werkstatt.

Die Reling der Kuhl und des Hauptdecks war schulterhoch und hatte in regelmäßigen Abständen Öffnungen, die stählerne Klappen verschlossen. Das waren die Lenzpforten. Sie schlugen bei einem Krängen des Schiffs nach außen, so daß unter ihnen hindurch eine an Bord gekommene See wieder ablaufen konnte. Ihr Auf- und Zuschlagen verursachte einen schrecklichen Lärm. Oft wurden auch Leinen von den Belegnägeln gerissen und klemmten sich zwischen den Klappen fest.

Mehrere hundert Nägel gab es an Bord, an denen etwa dreihundert Leinen belegt und alle losen Enden des laufenden Gutes aufgeschossen wurden. Dieses laufende Gut bestand aus Meilen von Hanftauwerk, Stahlleinen und Ketten. Da zur Zeit keine Leinwand angeschlagen war, schien mir die große Zahl dieser Nägel unheimlich und sinnlos.

So lernte ich bei meinem Rundgang mit Vytautas sehr, sehr viel. „Merk dir eine Regel", sagte er, „je höher das Gut, um so weiter nach achtern wird's belegt. Du siehst, alles ganz einfach."

„Das sehe ich keineswegs."

„Kennst du die Namen aller Rahen?"

„Ja." Und ich glaubte es wirklich.

„Kannst du aber auch Bauchgordinge von Nockgordingen und Geitauen unterscheiden, und kennst du den Unterschied zwischen einer Schot und einem Hals? Das mußt du alles wissen, und zwar auf Schwedisch. Und nachts mußt du sie finden können."

„Und wie?"

„Da müssen wir zu Sömmarström gehen. Das ist der Segelmacher und der einzige, der dir helfen kann."

(Ende des technischen Intermezzos)

Am Abend ging ich mit Jansson und Vytautas Bagdanavicius an Land, um einen „lihdel drink" zu genehmigen. Es war zugleich die Abschiedsfeier der Jungens, die nach Mariehamn zurückkehrten. Der typische Nieselregen Ulsters empfing uns an Land. Das Kopfsteinpflaster glänzte im Schein der Bogenlampen.

Es war ein weiter Weg bis zum Haupttor der Werft. Wir gingen an einem hinter der *Moshulu* vertäuten Dampfer vorbei. Er war hell erleuchtet, und wir hörten das Pochen der in seinem Bauch verborgenen Maschinen. Wir sahen niemand an Bord und niemand an Land, nur eine räudige Katze, die in einem Abfallhaufen wühlte. Der Regen planschte in das schmutzige Hafenwasser. Da meine Füße noch von meiner Klettertour schmerzten, kam mir der Weg endlos vor. Endlich gelangten wir ans Werfttor, wo außer dem Wächter zwei stämmige Belfaster Polizisten standen. Sie schienen mir hart wie Nägel, trugen Pistolen und lange Schlagstöcke und schenkten uns nur verächtliche Blicke. Nach Passieren des Tores standen wir auf dem Donegal-Kai, auf dem ich vor undenklich lang scheinender Zeit meinen Koffer in einer Taxe verstaut hatte. Jenseits der Straße war eine wüst und schäbig aussehende Kneipe. Über ihrer Tür stand in blutroten Buchstaben „Rotterdam Bar".

Im Inneren trafen wir fast unsere ganze Besatzung. Viele der Männer hatte ich an Bord noch gar nicht zu Gesicht bekommen. Aber auch die anderen erkannte ich, nun wo sie sich landfein gemacht hatten, nicht wieder. Sie trugen jetzt einreihige blaue Sergeanzüge von ausgesprochen deutschem Schnitt und hellfarbene Mützen. In ihrer Gesellschaft verging mir der Abend wie im Traum. Ich erinnere mich noch, daß ich einen Engländer traf, der Sowerby hieß und gerade eine Rundreise als Passagier der *Moshulu* hinter sich hatte. Im Verlauf des Abends löste der Alkohol die Zungen, und ich gewann den Eindruck, daß die „*Moshulu*" kein sehr glückliches Schiff und der Kapitän nicht sehr beliebt gewesen war.

An sehr viel Bier war ich nicht gewöhnt und nach einigen Gläsern bald betrunken. Ich weiß noch, daß ich auf der Toilette den Kopf an die Wand lehnte, mich übergab und stöhnte: „O Gott ... ich bin ja besoffen. Weshalb bin ich eigentlich hier?"

Die Männer sangen viele traurige nordische Lieder. Nach langer Zeit rief irgend jemand „Polizeistunde". Die Lichter wurden dunkler, und wir schlingerten in die nasse, unfreundliche Nacht hinaus.

Jemand schlug vor, noch irgendwo zu tanzen. Durch eine unglaublich dreckige Straße gelangten wir zu einem Tanzlokal im ersten Stockwerk eines Hauses in der Corporation Street. Wir zahlten pro Kopf einen Shilling. Der Kassierer sah verkommen aus. Jeder Richter eines Polizeigerichts hätte ihn vom Fleck weg als „Sittenstrolch" angesprochen. Dabei waren die Vergnügungen, auf die wir nun ein Anrecht erworben hatten, harmlos genug. In einem großen Raum bewegten sich zur Musik eines Automaten zwei oder drei Paare recht sittsam. Gelegentlich wurde die Musik durch das Kreischen von Elektrischen übertönt, die wie Fliegende Holländer an den geöffneten Fenstern vorbeischossen. An den Wänden des Raums saßen eine Anzahl Mädchen mit reichlich viel Puder im Gesicht. Alle schienen mir jünger zu sein, als es der Staatsanwalt erlaubt. Einige tranken Brauselimonade. Die meisten sahen wie Schulmädchen aus, die nach Erledigung ihrer Hausaufgaben längst hätten im Bett sein müssen. Nicht lange, dann stolperte ich mit einem dicken, nach Schweiß und billigem Parfüm duftenden Rotkopf über das Parkett. Sie hatte sich ausgiebig geschminkt, aber die falsche Tönung erwischt. Ich versuchte eine Unterhaltung, stellte aber erleichtert fest, daß sie keine mir bekannte Sprache beherrschte. Ich war hundemüde.

Fast war ich froh, als zwischen einem Mann unserer Besatzung und einem Einheimischen ein Streit ausbrach. Schon flogen Stühle durch den Raum, die Beleuchtung erlosch und eine Flasche landete auf dem Pflaster der Corporation Street. Meine Partnerin verschwand und ging zur Opposition über. Sehr bald führten wir Leute von der *Moshulu* auf der Treppe ein Rückzugsgefecht. Als wir die Straße erreicht hatten, trillerten bereits die Pfeifen der Polizei.

Der Weg zurück zum Schiff erinnerte an ein von einer alten Jungfer gemaltes Bild „Rückzug von Moskau". Verwundete und Betrunkene wurden gestützt. Den Kameraden Jansson, den man schon eher als „tiefblau" bezeichnen konnte, schleppten Vytautas und ich.

„Die Polizei wird das gar nicht gern haben, und ich mag es auch nicht", meinte Vytautas, der fast nüchtern war.

Auf seinen Vorschlag hin trennten wir uns von den übrigen und gingen zu einem anderen Werfttor. In diesem Augenblick verließen Jansson die ihm noch verbliebenen guten Geister, so daß wir ihn über die Kopfsteine schleifen mußten. Als wir uns dem Tor näherten, sagte Vytautas: „Nun müssen wir ihn senkrecht stellen." Natürlich standen dort wieder die beiden unvermeidlichen Polizisten mit ihren eingeschlagenen Nasenbeinen. Höchst argwöhnisch stürzten sie sich auf uns, als wir den unglückseligen Jansson in eine etwas menschenähnlichere Positur hochreppten.

„Wohin wollen Sie?" fragte der eine Polizist vorwurfsvoll.

„*Moshulu*", entgegnete Vytautas mit entwaffnender Freundlichkeit.

„Was ist mit dem Mann los", wollte der zweite Beamte wissen, indem er seinen großen Gummiknüppel in Richtung auf Jansson schwenkte, dessen Kopf ausgerechnet in diesem Augenblick mit einem hörbaren Ruck vornüber sackte.

„Er hat sich überarbeitet", erklärte ich mit der Unverschämtheit des Betrunkenen und rülpste. Nachgerade war mir alles egal. Zum Glück verstanden die Beamten meinen englischen Akzent nicht. Gleichzeitig ging der Nieselregen in einen Wolkenbruch über, so daß sich die beiden in ihre Wachstube zurückzogen. Ich glaube, andernfalls wären wir festgenommen worden.

So aber setzten wir unseren trostlosen und endlosen Weg fort. Zur *Moshulu* mußten wir drei Seiten des York-Docks umwandern. An einer finsteren Stelle stolperten wir über einen Festmacher und hätten um Haaresbreite Jansson ins Wasser fallen lassen.

An der Stelling empfing uns ein durchnäßter Nachtwächter, der mit einer Pickaxt bewaffnet war. Er nahm uns sehr genau unter die Lupe, bevor er uns an Bord ließ. Erschöpft und quatschnaß taumelten wir ins Logis, zogen Jansson die Schuhe aus, hievten ihn in die Koje und legten uns in die eigenen. Kaum streckte ich mich auf meine Strohmatratze, als sich das Logis wie eine Grammophonplatte zu drehen begann. Ich kroch an Deck, stieß meine Schienbeine an allen möglichen harten Gegenständen, hing den Kopf außenbords und übergab mich zum zweitenmal. Es war furchtbar — und ein sehr, sehr langer Tag gewesen.

5. Außenbords

Nach unserem „lihdel drink" wurden wir um fünf Uhr dreißig dadurch geweckt, daß eine gräßliche Stimme schrie: „Resa upp! Resa upp!" Bei dieser an Hölle und Jüngstes Gericht gemahnenden Aufforderung kam ich mir wie ein Leichnam auf einem Holzschnitt Dürers vor, und diese Vorstellung wurde noch dadurch verstärkt, daß ich beim Aufrichten in meiner sargähnlichen Schlafgelegenheit mit dem Schädel gegen die Kojenbretter über mir stieß.

„Hör' auf!" schimpfte der Mann, der dort hauste. Ich lag still in der beklemmenden Finsternis, bis die Tür des Logis aufgestoßen wurde und der Nachtwächter eintrat. Er hakte eine Laterne an die Decke und knallte eine Kaffeekanne auf die Back. Nacheinander rollten stöhnende Gestalten aus ihren Särgen und angelten nach ihren Schuhen. Von draußen drang das Geräusch des in der Dunkelheit eines allzu frühen Morgens niederprasselnden Regens. Tag für Tag wiederholte sich genau der gleiche Vorgang. Tag für Tag erschien ein ungeduldiger und schlechtgelaunter Wächter, der eine schreckliche Belfaster Nacht an Deck verbracht hatte. An einzelne Tage kann ich mich nicht mehr erinnern, nur an diesen ersten grauenhaften Morgen.

Mit zwei anderen mußte ich Kohlen für die Kombüse aus einem kleinen Bunker nahe der Back holen. Sie wurden in große Ölkanister geschippt, in der unter Deck herrschenden Dunkelheit bis zu einer Luke geschleppt, an Deck gewuchtet und, an einer Spillspake aufgehängt, zur Kombüse transportiert. Das war für meine ungeübten Arme harte Arbeit. Zehnmal machten wir den Weg, bevor der Koch zufriedengestellt war. Anschließend reinigte ich wieder Klosetts.

Um acht Uhr gab es Frühstück, das aus einem Gemisch von gepfefferten Bohnen und scharf gepökeltem Schinken bestand. Darauf erhielt ich Befehl, mir einen Hammer, einen Topf mit Mennige und einen Quast zu besorgen, um außenbords vorn am Bug Rost zu picken. Mit dieser Arbeit waren die seebefahrenen und deshalb bevorzugten Männer der Besatzung bereits seit sechs Uhr beschäftigt. Immer noch regnete es ununterbrochen. Als ich zu meinem Arbeitsplatz kam, hingen bereits einige wacklige Stellinge an der Bordwand, nur einfache Bretter. Die an ihren Enden angeschlagenen Leinen wurden oben an Deck belegt.

Ich glaube nicht, daß man mir absichtlich diejenige Stelling zugewiesen hatte, deren Aufhängung die Arbeit besonders schwierig machte. Sie schaukelte nämlich genau vor dem Bug und nur einen halben Meter über der Wasseroberfläche. Mit grimmiger Entschlossenheit rutschte ich die sechs Meter zu meinem Brett hinunter und stellte fest, daß es genau unter dem von mir soeben gesäuberten Klosett hing. Hätte ich doch für diese Arbeit ein paar Eimer Wasser mehr verwendet! Nun bekam ich eine heilsame Lehre: Mach deine Arbeit gründlich; denn auf See wirst du nur zu oft das Opfer der eigenen Fehler. Ich hatte jedoch nicht die Kraft, noch einmal an Deck zu klettern und mir eine erfreulichere Stelle auszusuchen.

Zunächst klopfte ich, gefährlich dicht über dem dreckigen Wasser, von einer großen, unregelmäßigen Fläche der Bordwand den Rost ab und bestrich sie dann mit Mennige aus dem vor mir an einer dünnen Leine baumelnden Topf. Seitwärts konnte man die Stelling durch eine entsprechende Anordnung der Leinen verschieben. Als ich das versuchte, um an eine neue und verlockendere Stelle zu gelangen, löste ich aus Versehen einen Webeleinstek. Er hatte meine Stelling etwa einen Meter weiter links festgehalten, als sie eigentlich hätte hängen müssen. Nun schwang sie um dieses Stück nach rechts und stieß gegen die benachbarte Stelling. Dort arbeitete derselbe Mann, der „Hör auf!" gebrüllt hatte, als ich morgens mit meinem Schädel seine Kojenbretter gerammt hatte. Er hieß Sedelquist und war Vollmatrose. Im Augenblick war er infolge der Ereignisse der letzten Nacht noch schlechterer Laune als sonst. Durch den Stoß beim Zusammenprall fiel mein Hammer ins Wasser, der Topf mit der Mennige kippte um und ergoß seinen Inhalt über Sedelquists Arbeitszeug. Seinen Quast ließ er fallen. Abgesehen davon bekam er einen furchtbaren Schreck. Ich ahnte nicht, daß er Englisch konnte, da wir bislang noch kein Wort gewechselt hatten. Jetzt aber nannte er mich prompt in meiner Muttersprache einen „beschissenen Bastard" und enterte zum Deck auf. Sehr bald kam er in Begleitung des Offiziers zurück, der mich am Vortage hatte aufentern lassen.

„Was zum Teufel denkst du dir eigentlich?" brüllte er mich an.

„Es tut mir schrecklich leid", stotterte ich. Aber dieses Musterbeispiel englischer Höflichkeit machte ihm nicht den geringsten Eindruck. Im Gegenteil, er wurde nur noch wütender.

„Und mir tut's leid, daß du hier an Bord bist. Wo ist dein Hammer?"

„Ich fürchte, der ist weg", entgegnete ich verschüchtert.

„Allmächtiger", stöhnte der Offizier. „Du denkst wohl, nur weil du Engländer bist, darfst du meinen Hammer in den Bach schmeißen. Na warte. Der wird dir von der Heuer abgezogen."

Als ich Monate später in Australien einen ganz kleinen Teil meines Lohns in die Hand bekam, fand ich unter allerlei Abzügen für Zigaretten und andere Kleinigkeiten auch meinen Hammer.

„Dir tut's leid, mir tut's leid", meinte Sedelquist, als der Zweite fortgegangen war. Dabei betrachtete er seine schönen, mit Mennige bekleckesten Hosen.

Mein Lebensmut, der seit der Ankunft in Belfast ständig gesunken war, erreichte einen neuen Tiefstand. Immerhin lernte ich dauernd dazu. Ich schwor, daß mir auf diesem Schiff nie wieder etwas leid tun sollte. Abgesehen von ein paar Ausrutschern habe ich den Schwur auch gehalten. Ich war empört, daß Sedelquist zum Zweiten gelaufen war. Nach den Erfahrungen meiner Schulzeit, die nun zum Glück weit hinter mir lag, konnte er nur „gepetzt" haben. Dafür wäre er auf meiner Schule „in Verschiß" getan worden. Hier an Bord war anscheinend die Gefahr größer, daß *mir* dieses Los zuteil wurde.

Nachdem ich ein paar Stunden auf eisiger Stelling über diese Probleme gebrütet und dabei wutentbrannt auf die Bordwand getrommelt hatte, trillerte eine Pfeife. Das bedeutete Essenszeit. Mit affenartiger Geschwindigkeit enterte Sedelquist die Leine hinauf. Mein Stolz verbot es mir, ihn um Hilfe zu bitten. Klettern war auf der Schule nie meine starke Seite, und den gewandten, kräftigen Turnlehrer, der sich mit Vorliebe an herrlich dicken Tauen in der Turnhalle austobte, hatte ich gehaßt. Vor meiner Nase aber baumelte jetzt eine nur zwei Zoll starke Manilaleine, die noch dazu ölbeschmiert war. Mit viel Mühe schaffte ich zwei bis drei Meter, um dann enttäuscht wieder hinunterzurutschen. Wohl gelangte ich beim zweiten Versuch höher, sah aber keine Möglichkeit, den ausladenden Bug zu bewältigen. Bis auf einige Zentimeter kam ich schließlich an die unterste Relingstange heran, aber schon war ich wieder, den Tränen nahe, auf meiner Stelling. Ich überlegte, ob ich nicht ins Wasser springen, schwimmend eine Treppe erreichen oder laut rufen sollte, doch keiner dieser Auswege lockte mich allzusehr.

Schließlich turnte ich von Stelling zu Stelling, bis ich auf der übernächsten stand. Hier stellte ich den Fuß in eine Klüse und kam mühelos an Deck.

Das Essen war bereits vorüber, und unsere einzige Platte kreiste wieder. Meine Ankunft wurde mit spöttischem Gelächter begrüßt. Wieder eine Lehre: Komm' nie zu spät zum Essen.

„Dir tut's leid, und ein Schlappschwanz bist du auch", sagte Sedelquist.

Darauf konnte ich nichts antworten. Statt dessen schlang ich die kaltgewordenen Essensreste hinunter. Ich hatte sie mir beim Koch erbettelt, und sie schmeckten mir unerklärlicherweise gut.

Meine Beliebtheit war fast auf dem Nullpunkt angekommen, bekam aber am folgenden Tage gewaltigen Auftrieb. Es war mein dritter Tag an Bord, gewiß eine kurze Zeit, mir aber wollte sie wie eine Ewigkeit vorkommen. Der Kohlenvorrat war nur noch gering, und wir ergänzten ihn von Land. Deshalb war ich noch schmutziger als gewöhnlich und freute mich auf ein Bad im Heim der Heilsarmee. Das schätzte ich sehr, hatte ich doch eins bereits am Abend zuvor für ganz wenig Geld genommen. Ich stand gerade an der Verschanzung, als ein luxuriöses Auto sehr schnell herankam und vor dem Schiff hielt. Der Rock bauschte sich, als die Insassin ausstieg, und von ferne tauchte die Vision zweier Beine von unbeschreiblicher Eleganz auf. Dann kam eine Dame, die ihren einmalig unpraktischen Hut krampfhaft festhielt, die Gangway hinauf. Natürlich hörte an Bord schlagartig alle Arbeit auf. Die Besatzung schwelgte in einer Orgie von Vermutungen. Eine kurze Pause, dann erschien der Besuch beim Großmast. Zwei Offiziere rahmten ihn ein; denn der Erste war gerade an Bord gekommen. Beide benahmen sich wie richtige Kavaliere und trugen Uniformmützen, die sie mit verblüffender Geschwindigkeit aufgesetzt hatten. Wollte man Sedelquist glauben, so hingen diese Kopfbedeckungen stets griffbereit für derartige „Notfälle" auf der Offizierstoilette. Der Zweite war mir in der Rolle des Salonlöwen ganz neu, wohl aber hatte ich mittlerweile die Besucherin erkannt und war keineswegs so überrascht wie die Besatzung, als ich nach achtern gerufen wurde.

Die junge Dame, eine gute Freundin meiner Eltern mit Namen Lucy, verehrte ich seit langem von ferne. Bei jeder Gelegenheit nannte ich sie „meine Tante in Irland". Freilich empfahl sich das nur, wenn sie selbst nicht zugegen war, und gegenüber Leuten, die sie nicht kannten. Jeden anderen Anspruch verbot mir meine große Jugend. Und nun stand sie auf dem Deck der *Moshulu* in ihrem schwarzen Kostüm, die eleganteste Frau in ganz Irland. Ich muß reichlich jammervoll ausgesehen haben; denn ihre ersten Worte waren: „Aber Eric, komm' doch nach Hause. Deine Mutter weint sich die Augen aus."

Tapfer log ich: „Ich fürchte, Lucy, ich kann nicht. Es ist hier auch wirklich riesig nett, und so schmutzig bin ich nicht immer."

„Kann er mit mir nach Haus kommen?" wandte sie sich an den Ersten, dem fast die Augen aus dem Kopf fielen.

„Am Sonnabend ist um zwölf Uhr Arbeitsschluß. Am Montag um sechs Uhr muß er wieder an Bord sein." Ich glaubte, er werde ersticken, schien er doch diese Worte aus seinen Stiefeln herauszuklauben.

„Wie reizend von Ihnen." Lucy schenkte ihm ein bezauberndes Lächeln. „Ich werde ihn hier abholen. Darf er mir jetzt einmal das Schiff zeigen?"

Damit konnte nach meiner Meinung nicht einmal Lucy Erfolg haben. Aber sie hatte ihn; denn sie fügte ergänzend hinzu: „Vielleicht könnten Sie uns begleiten. Eric weiß gewiß noch nicht sehr viel."

Beide Offiziere brachten sie bei der Abfahrt bis an den Wagen. Im York-

Dock mag es Herbst gewesen sein, aber über dem Deck der *Moshulu* hing der köstliche Duft des Frühlings.

Die Jungen drängten sich um mich. Fast war es wie früher in der Schule. Sedelquist führte die Befragung durch.

„Wer ist der?"

„Sie heißt Lucy."

„Er ist prima. Er ist dein Freund?"

„Sie ist ganz in Ordnung", parierte ich. Aber Sedelquist gab sich nicht zufrieden. „Er ist deine Freundin?" Nun mußte ich eine Weile überlegen, zumal ich mich wunderte, weshalb er diesmal nicht „Freund" gesagt hatte. Dann kam mir mein gesunkenes Ansehen in den Sinn. Ich dachte an alle Fehler, die ich in drei kurzen Tagen gemacht hatte. Versegelten wir nicht bald, so würde ich zum Gespött des Schiffs werden. Ich ahnte, daß Sedelquist mich dasselbe noch einmal fragen wollte. „Er . . ."

„Ja, so 'ne Art Freundin. 'ne Art Tante von mir."

Was auch immer die skandinavische Deutung des Begriffs „Tante" sein mochte, alle gaben sich damit zufrieden. Ich war zwar ein „Schlappschwanz", aber Lucy war immerhin meine Tante. In den kommenden düsteren Tagen, ehe ich mich in einen „Kraftprotz" verwandelt hatte und mir nichts mehr gefallen ließ, war es die meiner „Tante" gezollte Hochachtung, die mir die Mehrzahl der Kameraden beispringen ließ, was für wilde Schlachten ich auch mit einzelnen schlagen mußte.

6. Sömmarström und seine Segel

Zu meiner Freude waren am Montagmorgen zwei weitere „Ausländer" an Bord gekommen und dem Steuerbordlogis zugeteilt worden. Der hochgewachsene, schlanke Bursche aus Massachusetts hieß George White; der junge Holländer Jack Kroner sprach fließend Englisch. Beide hatten als Anwärter angemustert, aber der bereits seebefahrene Jack war schlau genug gewesen, jenen Betrag nicht zu bezahlen, den mein Vater für mich hatte hinterlegen müssen. Er war einfach ohne vorherige Anmeldung aufs Schiff gegangen und hatte dort angemustert.

Abends pflegten wir drei und Vytautas an Land zu gehen, um irgendwo noch ein Glas Bier zu trinken. Belfast war nach Einbruch der Dunkelheit eine unheimliche Stadt. Fast kam sie einem wie ein Filmatelier vor, in dem bereits die Kulissen für einen Hitchcock-Thriller aufgebaut waren. Sie schien auch genauso menschenleer. Der Regen blinkerte auf dem Kopfsteinpflaster und der Wind heulte durch düstere Seitenstraßen. Die Verglasungen der Gaslaternen zu unseren Häupten klapperten. Wir trafen niemand, sobald die Hauptstraßen hinter uns lagen, außer Halbstarken, die vor Kneipen aus dem Halbschatten auf uns zutraten und Geld verlangten. Bekamen sie es nicht, so begannen sie in den gemeinsten Worten zu schimpfen. Einer unserer Finnländer, der in seine Heimat fahren wollte, wurde über ihre Zudringlichkeit so wütend, daß er einen der Burschen beim Kragen packte und ihn kurz entschlossen in die nächste Schaufensterscheibe warf. Dadurch konnte er erst einige Tage später abreisen, entging jedoch ernsteren Auswirkungen seiner Handlungsweise, weil er kein Englisch konnte und sein Anwalt schlauerweise die Beteuerung vorbrachte, sein Mandant habe der Belästigung ein anderes Motiv unterlegt. Wir vier wiesen die Betteleien ohne Gewissensbisse ab, weil wir selbst so gut wie kein Geld besaßen.

An einem dieser harmlosen Abende in einer ganz behaglichen Kneipe schlossen wir, um das zeitgemäße Vokabular zu gebrauchen, einen multilateralen Pakt, uns gegenseitig gegen jene Finnländer und Schweden beizustehen, die bereits aggressiv zu werden drohten. Vytautas trat der Vereinbarung deswegen nicht bei, weil er bereits eine Rundreise auf der

Moshulu gemacht und sich durchgesetzt hatte. Außerdem gehörte er zu den glücklichen Naturen, die man in Ruhe ließ. Wie andere Pakte auf wesentlich höheren Ebenen, um die wir uns zum Glück herzlich wenig kümmerten, wurde auch der unsere dadurch wertlos, daß einer der Unterzeichner buchstäblich „ausfiel". Die zwei Verbleibenden aber wurden so voneinander isoliert, daß sie sich beim besten Willen nicht beispringen konnten. Meistens kreisten unsere Gedanken um die Reise. Manchmal, wenn wir den Dreck um uns herum mehr als satt hatten, kam es uns vor, als ob wir niemals versegeln würden. Dann war es Vytautas, der bei weitem Sanguinischste, der uns mit seinen Erinnerungen an das Leben in der Zone der Passate oder in höheren Breiten zu der Überzeugung brachte, unsere augenblicklichen Kümmernisse seien im Grunde doch erträglich.

Als der Rest der Ladung gelöscht war, wurde das Schiff an einen gottverlassenen Kai verwarpt, um dort Ballast für die Reise nach Australien an Bord zu nehmen. Zunächst einmal kehrten wir Hunderte von eben geborenen, noch blinden Mäusen von den Spanten der Laderäume, säuberten die Bilgen, die mit verfaultem Getreide und stinkendem Wasser gefüllt waren, und begannen das Zwischendeck zu fegen. Und dabei geschah das Unglück. Wir hatten scheußliches Wetter gehabt und deshalb die offenen Luken mit Persennigen zugedeckt. Infolgedessen war es im Zwischendeck überall pechrabenschwarz, wo nicht der Schein zweier Laternen hindrang. Im Lichtkreis der einen fegte Freund George begeistert von vorn nach achtern und war sehr schnell aus dem Lichtkreis heraus. Da er das Zwischendeck noch nicht kannte, trat er ahnungslos in die Öffnung unter der Luke 3 und stürzte in den leeren Laderaum, wo er sechs Meter tiefer hart auf dem Kielschwein aufschlug. Als wir neben ihm knieten, war er besinnungslos, atmete aber noch. Er wurde auf einer Trage aus dem Laderaum gebracht und kam dabei wieder zum Bewußtsein, hatte aber starke Schmerzen. Im Krankenwagen sagte er: „Mir scheint, ihr müßt ohne mich fertig werden."

Er hatte ein Bein und allerhand sonst noch gebrochen und blieb bis Dezember, zwei Monate nach unserem Versegeln, im Krankenhaus. Das war für George eine bittere Enttäuschung; denn anders als man sich in Europa einen Amerikaner vorstellt, war er kein wohlhabender junger Mann. Er hatte sich seine Passage nach England erarbeitet und fast seine gesamten Ersparnisse darauf verwandt, unter Segel fahren zu können. Auch ich war niedergeschlagen, weilte ich nun doch lange genug auf dem Schiff, um mir darüber klar zu sein, daß das enge Zusammenleben in See höchst unerfreulich werden konnte.

Am nächsten Tag fiel Vytautas vom Donkeyhaus und brach sich den Arm. Die *Moshulu* war wirklich für unachtsame Leute recht gefährlich. Unser Ballast bestand aus 1500 Tonnen grobem, dunklem Kies, riesigen

Pflastersteinen, Granitblöcken und dem größten Teil der Wände eines kleinen Hauses. Die Schauerleute hatten noch etwas anderes beigepackt. Das aber entdeckten wir erst im Januar in Australien — also im heißesten Monat.

John Sömmarström, Segelmacher und Bootsmann der *Moshulu*, war auf Eriksons Schiffen eine allbekannte Persönlichkeit. Wenn je ein Mann die Bezeichnung „oller, ehrlicher Seemann" verdiente, dann war er es. Er war damals 58 Jahre alt und 43 davon zur See gefahren, immer unter Segel und fast immer auf Rahseglern. Zu Anfang des Jahrhunderts hatte er auf schottischen Schiffen wie der *Loch Vennachar* gedient, war eine Zeitlang zwischen Par in Cornwall und anderen westenglischen Häfen mit Porzellanerde als Ladung gefahren. Späterhin wurde er auf der Barkentine *Mozart* Segelmacher — er bezeichnete das Schiff als „Kuh" —, fuhr vier Jahre auf dem Eriksonschen Viermaster *L'Avenir* und ein Jahr auf der *Archibald Russell*.

Als ich in seine Segelkoje kam, machte er auf mich den Eindruck eines zuverlässigen, untersetzten Mannes, dessen Brille auf einer ziemlich dicken Nase in einem Gesicht voll grauer Stoppeln saß. Er las gerade in Hemdsärmeln „Die Sieben Säulen der Weisheit" von T. E. Lawrence. Im Mund hielt er eine längst kaltgewordene Pfeife und auf seinem Kopf thronte ein einzigartiger Hut. Im Grunde war es ein ganz gewöhnlicher grauer Filzhut mit scharfem Kniff, aber von einer Anzahl Löcher durchbohrt, als seien Kugeln hindurchgepfiffen. Sie sollten, wie er mir sagte, eine Luftzirkulation sicherstellen. An den kurzen Fingern fielen mir die sehr schön geformten Nägel auf. Ein herrlicher Geruch von Hanf und Teer ging von ihm aus.

Ich war sehr überrascht, daß er fließend Englisch, besser gesagt Schottisch sprach, so wie die Leute vom Clyde reden. Vielleicht hatte er es auf der *Loch Vennachar* gelernt. Ich brachte meine Bitte vor.

„Ist doch komisch", brummte er, „daß auf Schiffen wie dieses meistens Engländer zu Tode kommen. ‚Limeys' nannten wir sie immer. Limeys, Quadratschädel und Dagos waren an Bord*. Du bist ein Limey, also halt' dich ja fest."

„Wenn du's willst, werde ich dir etwas von Rahsegeln erzählen", fuhr er fort. „Zunächst einmal sind sie nicht viereckig, wohl aber vierseitig und am Kopf rechteckig. Der Fuß des Segels ist dagegen bogenförmig und heißt ‚Fußgilling'. Dadurch wird erreicht, daß die Segel beim Setzen von Vorstagen und Pardunen klarkommen. Die meisten Leute glauben, daß ein

---

* „Limeys" hießen die englischen Schiffe und ihre Besatzungen deswegen, weil auf ihnen zuerst „lime juice", also Limonensaft, als wirksame Medizin gegen Skorbut verausgabt wurde. „Squareheads", also Quadratschädel, war die Bezeichnung für Deutsche und Skandinavier und „Dagos" wurden die Angehörigen romanischer bzw. südamerikanischer Nationen genannt. Der Übersetzer.

Segel aus einem einzigen Stück Leinwand besteht. In Wirklichkeit wird Bahn neben Bahn, besser gesagt: Kleid neben Kleid genäht. Wie breit ein Segel sein muß, weiß ich deswegen, weil alle an der Oberkante bis auf 45 Zentimeter an den Beschlag der Rahnock heranreichen. Die Höhe hängt von der des Mastes und von dem Abstand der Rahen ab."

Sömmarström wies mit der Pfeife auf einen dicken Ballen Leinwand: „Da liegt das Material. ‚Webster 24‘ — Standard-Flachs-Leinwand, das Beste, was es überhaupt gibt, und entsprechend teuer."

„Wieviel würde wohl ein vollständiges neues Stellsegel für unser Schiff kosten?"

Er sah mich böse an. „Etwa 2500 Pfund. Aber hör' mir gefälligst zu. Dich geht's doch wohl nichts an, was der Kram kostet? Ich erzähle dir lieber etwas Wichtigeres." Ich bot ihm schüchtern etwas von meinem Tabak an, fürchtete nur, meine Mischung werde ihm nicht stark genug sein. Und wirklich muffelte er zunächst ein wenig, schien dann aber besänftigt. „Wo war ich stehengeblieben?" Das war zum Glück eine rein rhetorische Frage, auf die ich nicht zu antworten brauchte.

„Ich hab' dir erzählt, daß das Segel Bahn für Bahn geschnitten wird. Mit dem Zuschneiden beginne ich erst, wenn ich die Anzahl der Bahnen nach der Breite des Segels berechnet habe. Dabei muß ich alle Nähte, den Einschlag an den Lieks und die Lose berücksichtigen. Liek nennt man die senkrecht verlaufenden Kanten, und Lose gebrauche ich für das Annähen der Liekleinen, sonst kann nämlich die Leinwand reißen, wenn sich die Leinen infolge Beanspruchung recken."

„Was versteht man unter Einschlag?"

„Das ist ein breiter Saum an der Kante des Segels. Den bekommt man, wenn man die Kante einschlägt und dann festnäht. Auf diese Weise verstärkt man die Leinwand dort, wo die Lieks angenäht werden." Hier unterbrach er sich. „Frag' nur ruhig, wenn du etwas nicht verstehst. Wild werde ich nur, wenn du blödsinnige Fragen wie ein verdammter Reporter stellst." Und nun ging es weiter: „Auch am Kopf und Fuß muß ich den Einschlag berücksichtigen. Und dann gibt es beim Segel am Ende der Bahn noch dreieckige Keile, um Höhe und Breite zu vergrößern."

„Erbarmen", murmelte ich, tief beeindruckt, daß der Segelmacher mit Fachausdrücken, oft in veraltetem Englisch, genauso vertraut war wie mit denen in seiner Muttersprache. Nun erklärte er mir, wie die Meterzahl der benötigten Leinwand berechnet wurde. Ich weiß noch, wie erstaunt ich damals gewesen bin, als er das Gewicht eines Untersegels, also des größten an jedem Mast, mit mehr als einer Tonne angab. Bei nasser Leinwand aber sei es natürlich noch viel größer.

„Wenn's dich interessiert, erzähle ich dir noch etwas über die Segelmacherei. Dies also ist meine Segelkoje." Mit einer Kreisbewegung seiner Hand wies er auf seinen spartanisch eingerichteten und reichlich beengten Arbeitsraum. „Und hier siehst du mein Werkzeug: Handschutz, Nadeln, Segelhaken." Er hob einen kleinen Eisenhaken mit angepleißter Schlaufe in die Höhe. „Den brauche ich, um die Leinwand straff zu halten. Dann Marlpfrieme zum Freilegen der Kardeele eines Taus, wenn ich spleißen will. Dazu brauche ich auch noch ein Spleißhorn, einen sogenannten ‚Pinker‘ eine andere Art von Marlpfriem, nur nicht gebogen, und eine Spannkeule." Das war eine Art Hammer mit kleinem zylindrischem Kopf, den er als Hebel benötigte, wenn es galt, die Kreuzstiche beim Annähen der Liekleinen aus Segel fest anzuziehen.

„Was versteht man eigentlich unter Liekleinen?" Diese Frage hatte ich schon lange stellen wollen. „Das ist Tauwerk an den Kanten der Segel, damit sie nicht einreißen können. Heutzutage nimmt man dazu meistens Draht, früher aber waren es Hanfleinen. Am Kopf, also an der Oberkante des Segels, sind Legel oder Kauschen, Öffnungen, durch welche die Bändsel geführt werden, mit denen die Leinwand am Jackstag der Rah befestigt wird. Auch am Fuß, also unten, sind solche Legel für die Bauchgordinge, mit denen das Segel zum Auftuchen an die Rah herangeholt wird."

„Und was ist das hier?" Ich nahm einen anderen Hammer mit eingekerbtem Kopf in die Hand. „Ist das eine andere Art Spannkeule?"

„Nein. Das ist eine Kleedkeule. Sieh mal, so bekleide ich ein Schothorn, also den unteren Zipfel des Segels, an dem die Schot angeschlagen wird." Am Liek des Segels, an dem er gerade arbeitete, war eine Kausch, ein kreisrunder, mit Segelgarn umwickelter Eisenring, den er an ein Schott hakte. Darauf setzte er das Liek mittels einer Talje bis zu der Stelle steif, wo das Schothorn hinkommen sollte, nahm ein Knäuel Segelgarn und wickelte zwei oder drei Törns um die Liekleine. Dann setzte er die Kleedkeule auf die Leine und führte das Garn um Leine, Kleedkeule und deren Griff. „Halt mal", befahl er und drückte mir das Knäuel in die Hand. Während er die Keule drehte, wickelte sich das Garn um die Liekleine. Es lag auf diese Weise ganz fest um sie herum.

„Was wir jetzt gemacht haben", erklärte Sömmarström, „nennt man ‚Trensen‘, und wie du siehst, ist dadurch die Oberfläche der Leine ganz glatt geworden. Nun müssen wir noch eine sogenannte Schwarting, das ist eine Hülle aus geteerter Leinwand, herumlegen. Dann erst beginnt das eigentliche Bekleeden." Allzu optimistisch fuhr der Alte fort: „So, nun weißt du, wie ein Segel entsteht. Außerdem mußt du aber auch wissen, wie das Schiff gesegelt wird. Kennst du überhaupt schon die ganze Rahtaklung?"

Ich mußte bekennen, daß ich nur herzlich wenig davon wußte. „Puh", schnaubte er verächtlich. „Verdammt nochmal, dann wach langsam auf und lern’ was."

Nun folgte eine lange, aber verständliche Erläuterung der Theorie des Rahsegelns sowie der Einwirkung des Wassers auf das Ruder. Die Quintessenz war diese: die Besegelung mußte man je nach Windrichtung und -stärke so bemessen, daß eine ganz kleine Bewegung des Rades, und damit des Ruders, ausreiche, um das Schiff auf Kurs zu halten.

„Nimm einmal an, die *Moshulu* segelt. Der Wind kommt dwars von Steuerbord, also im rechten Winkel zum gesteuerten Kurs. Sie führt Segel nur am Fockmast. Die Rahen sind so gebraßt, daß die Leinwand voll steht. Was geschieht dann?" Ehe ich auch nur den Mund aufmachen konnte, fuhr er fort: „Ich werd's dir sagen: der Bug fällt ab und das Heck schießt in den Wind. Warum? Weil sich das Schiff, vorausgesetzt, daß es richtig getrimmt ist, auf einem Punkt dreht, der etwas vor dem Großmast liegt, genau wie eine Kanone auf ihrem Pivot. Sind Segel nur am Kreuzmast gesetzt, dann schießt der Bug in den Wind. Mit Segeln nur am Großmast macht *Moshulu* Fahrt voraus. Sind aber die Rahen so gebraßt, daß der Wind von vorn in die Segel einfällt, dann macht sie Fahrt achteraus."

So ging es eine Stunde weiter, und ich verstand nur die Hälfte von seinen Erklärungen. Endlich stand er auf und sagte: „Ich muß jetzt zum Konsul. Laß mir die Liste mit den englischen Bezeichnungen hier. Ich schreibe dir die schwedischen dazu."

Was meinte er bloß? Er war sichtlich unruhig und kramte in einer Kiste. „Zu welchem Konsul?" fragte ich, weil ich mir nicht erklären konnte, weshalb er plötzlich an einem nassen Oktobernachmittag einen benötigte.

„Zu dem unter der Back an Backbordseite", knurrte er erleichtert; denn endlich hatte er ein Exemplar der Zeitung „New Statesman and Nation" gefunden, das für die ihm zugedachte Verwendung genügte. So enteilte er zu seinem dringenden Geschäft.

Am folgenden Morgen herrschte ein tolles Durcheinander, obwohl lange Konsultationen zwischen den Offizieren und Sömmarström vorangegangen waren. Für den Winter im Nordatlantik benötigten wir ein vollständiges Stell von nicht weniger als 31 Sturmsegeln. Einige lagen in der Segelkoje, aber die übrigen kunterbunt im Zwischendeck zwischen Tropenbesegelung und alten sturmzerfetzten Lappen, die ein Flicken nicht mehr lohnten. Niemand schien zu wissen, welche Segel eigentlich gebraucht wurden oder wo sie zu finden waren. Die Leinwand lag drei- oder vierfach gestapelt in völliger Finsternis, außerdem war sie schwer und unhandlich wie Blei. Die Offiziere suchten mit Hilfe von Stablaternen nach den Unterlieks, auf die die Bezeichnung des Segels und die Anfangsbuchstaben des Lieferanten gestempelt waren. Zwischen neueren lagen uralte Segel. Ein paar aus amerikanischer Baumwolle mußten für die *Moshulu* gefertigt worden sein, bevor sie im Anschluß an eine Reise nach Melbourne im Jahre 1927 aufgelegt waren. Andere stammten von der wohlbekannten „Star of

England". Ein Großsegel mit Reffnitzeln daran hatte einmal zur Besegelung der *Herzogin Cäcilie* gehört. Sehr wahrscheinlich war es lange vor 1914 gefertigt worden, als dieses Schiff noch für den Norddeutschen Lloyd Kadetten ausbildete.

Manche Segel trugen schwedische, manche englische, wieder andere deutsche Bezeichnungen. Da aber jeder Segelmacher seine eigene Markierung benutzte, verhedderten sich unsere Offiziere in dreisprachigen Problemen. Nach halbstündigem Schwitzen und Fluchen ließen sie den Segelmacher kommen. Er taperte in der Dunkelheit herum und sagte jedesmal vernehmlich „Schiet!", wenn er über irgend etwas stolperte. Gelegentlich ließ er sich eine Laterne geben und zog eine schmuddlige Liste zu Rate, die kaum noch zu entziffern war. Bald darauf wuchteten wir die in Frage kommenden Segel an Deck, lange wurstförmige Bündel, die uns in die Schultern schnitten, als wir sie über die Laufbrücke mannten.

Das erste Segel, an dessen Heißen und Anschlagen ich mich beteiligte, war das Untermarssegel des Großmastes. Zuvor wurde es an Deck ausgebreitet. Die Nockbändsel, mit denen das Oberliek längs der Rah ausgeholt wurde, knoteten wir in ihre Kauschen. Darauf wurden die Anschlagbändsel aus Schiemannsgarn, mit denen das Segel am Jackstag angeschlagen wurde, in jedes Gattchen am Kopf eingefädelt. Als nächstes legte man Kopf und Fuß der Leinwand aufeinander und schor ein Jolltau durch einen Block an der Mastspitze. Das eine Ende wurde in der Mitte des Segels angeschlagen, das nun mit dem Donkey aufgeheißt wurde. Diesen Luxus durften wir uns auf See nicht leisten, weil er zuviel Kohlen und Wasser kostete. Jedes Segel wurde dann nur mit dem Handspill geheißt.

Bei der Rah lagen Geitaue, Bauchgordinge und Schotketten zum Anschlagen am Untermarssegel bereit. Es schwang an seinem Jollentau über der Rah hin und her. Die Schoten waren von den Klampen am Großmast losgeworfen und ausreichend Lose hinaufgeholt worden, um sie am Schothorn anzuschäkeln. Das gleiche geschah mit den Geitauen, und die Gordinge wurden durch die auf der Vorderseite der Leinwand angebrachten Kauschen geführt und mit einem Pahlstek, der sich nicht bekneifen konnte, an den Legeln im Fuß des Segels befestigt. Damit war alles zum Heranbringen des Segels an die Rah vorbereitet. Die Gordinge wurden von den Männern an Deck durchgeholt, und die auf der Rah holten den Kopf des Segels, wobei je ein Mann im Reitsitz auf den Rahnocken saß, um das Nockbändsel durch Stropps an der Rah zu scheren und das Oberliek auf sich zuzuholen, damit das Segel ganz vierkant hing. Als letztes wurde der Kopf mit den Anschlagbändseln am Jackstag befestigt.

Nunmehr war das Untermarssegel angeschlagen. Die Schothörner an seinen unteren Ecken waren mit Hilfe der Geitaue ganz dicht an die Rahnocken geholt, wie auch der Bauch mit Hilfe der Gordinge an die Rah. Jetzt galt es noch, die Leinwand aufzutuchen; denn sie sollte, wie es sich im Hafen gehört, schön säuberlich gerollt werden. Dazu mußten zuerst das Luvliek eingeschlagen und die schweren Gewichte der Schot und des Nockhorns möglichst dicht an den Mast gebracht werden. Dann wurde der Bauch des Segels hinaufgewuchtet und zu einer säuberlichen Rolle oben auf der Rah aufgetucht. Um sie und die Rah nahmen wir die Beschlagzeisinge und machten sie fest.

Sollte dasselbe Segel gesetzt werden, so wurde ein Mann nach oben geschickt, um die Zeisinge loszuwerfen, sowie Gordinge und Geitaue zu überholen, damit sie Lose hatten. Erst wurde die Lee, dann die Luvschot durchgeholt. Handelte es sich wie bei der des Untermarssegels um eine auf und ab bewegliche Rah, so wurde diese mittels der Marssegelfallwinsch von den Männern an Deck vorgeheißt. Dem Mann, der aufgeentert war, blieb als letzte Arbeit, die Gordinge durchzuholen und die Zeisinge säuberlich oben auf der Rah aufzuschießen und am Jackstag beizubändseln.

Das alles war für mich zunächst noch höchst geheimnisvoll. Wohl hatte ich allerhand darüber gelesen und mit Hilfe der Liste des Segelmachers versucht, mir die schwedischen Worte für Gordinge, Geitaue und andere Leinen einzuprägen. Oben am Mast aber sah alles ganz anders aus. Wohl mochte ich im Logis wissen, daß die Außengording des Obermarssegels an Backbordseite „babords övre märs yttre bukgårding" hieß. Kam aber die rauhe Wirklichkeit, dann war all mein Wissen „vom Winde verweht".

Schon bei totaler Windstille in der Werft war es höllisch schwer, sich festzuklammern und gleichzeitig ein Segel aufzutuchen. Allein der Gedanke, solche Heldentaten im Atlantik vollbringen zu müssen, ließ meine Knie zittern.

7. *Steuerbordwache mit dem „Zweiten" auf dem Vordeck an den Geitauen.
Die zwei Bullaugen links gehören zur Kombüse, die rechts zum Backbordlogis.*

8. Anschlagen eines Schönwetter-Großsegels im NO-Passat, 9° Nord vom Äquator.

9. Arbeit am Spill. Aufheißen eines Royals.

10. Anschlagen eines Großsegels im SO-Passat.

11. 12. Arbeit an der Takelage: Zwei Stadien beim Anschlagen eines Royals.
(Zu Nr. 12: die beiden Jungen liegen bäuchlings auf der Rah.)

13. *Im Passat.*

7. In der Irischen See geht's wild zu

Am Dienstag, dem 18. Oktober 1938, versegelten wir von Belfast. Unser Bestimmungshafen war Port Lincoln „for orders". Einschließlich des Kapitäns war eine Besatzung von 28 Mann an Bord. Der Skipper, ein wahrer Hüne, hieß Mikael Sjögren und war von Eriksons Viermastbark *Archibald Russel* zu uns gekommen. Dann kamen die drei Offiziere — „Förste Styrman", „Andre Styrman" und „Tredje Styrman" auf Schwedisch, welches die Befehlssprache an Bord war. Der Segelmacher, zugleich Bootsmann; die beiden Maschinisten oder „Donkeymänner", kurz „Duhnkies" genannt; der Zimmermann oder „Timmerman"; der Steward und Messejunge; der Koch oder „Kock". Ich allein fand diese Bezeichnung drollig, weil ja das Wort „cock" im Englischen noch eine ganz andere Bedeutung hat. Alle bisher genannten lebten bis auf den Segelmacher, Zimmermann und die Duhnkies achtern. Diese drei aßen im mittleren Logis und gingen in der Regel keine Wache. Jansson, der zweite „Duhnkie", wurde als einziger dazu herangeholt.

An Bord waren achtzehn Männer vor dem Mast, auf jeder Wache neun. Zwei „Matros", also Vollmatrosen; sieben „Lättmatros" oder Leichtmatrosen, zu denen auch Jansson zählte; fünf „Jungmän", also Schiffsjungen, und vier Anwärter. Die Jungmän der *Moshulu* waren entweder reinblütige Finnen aus dem Mutterland oder solche mit schwedischem Einschlag von den Åland-Inseln. Im Rang standen sie den Anwärtern oder Kadetten gleich. Zwei von ihnen waren Dänen, einer war Holländer und ich Engländer.

Diese achtzehn „Hände" und einige kümmerliche Hennen in einem Hühnerstall bedeuteten wirklich keine allzu reichliche Bemannung für eine so große Bark wie die *Moshulu*, aber es war die übliche.

Um halb vier Uhr nachmittags war das Schiff seeklar. An Proviant hatten wir vier Tonnen Kartoffeln als Hauptverpflegung und eine große Zahl von Fässern mit gepökeltem Rind- oder Schweinefleisch an Bord. Das stellte eine nicht abreißende Folge von unerfreulichen Menüs in Aussicht. Da in unserem Bestimmungshafen Trinkwasser fünf Pfund die Tonne kostete, hatten wir sechzig Tonnen übergenommen, die für die Rundreise von 30 000 Seemeilen reichen sollten. Zum Glück war unser Steward ausgezeichnet; denn er hatte gerade einen gewissenlosen Lieferanten gezwungen, mehrere Säcke voll verdorbener Kartoffeln wieder mitzunehmen. Dieser Edelmann war einer der letzten gewesen, die das Schiff verließen. Kurz danach folgten ihm die Frau und das Söhnchen des Kapitäns. Der Fünfjährige trug winzig kleine Seemannshosen — „too long and too loose" — und hielt sich trotz verweinter Augen wacker. Gleichzeitig war der Lotse an Bord gekommen; fürwahr, jeder Zoll ein Lotse. Nun schritt er mit dem Käpten mittschiffs auf und ab.

Nach einer weiteren Viertelstunde war das Dock endlich randvoll, der es abschließende Ponton wurde abgeschleppt und Männer, die an großen Spills wuchteten, warpten uns auf den Strom hinaus. Bald würden sie sich daheim in warmer Stube zum Abendessen niedersetzen. So also gingen wir auf unsere Fahrt von 15 000 Seemeilen: keine Musikkapelle, keine Menschenmenge, keine Hochrufe — nur ein paar gänzlich gleichgültig dreinblickende Schleusenarbeiter im sanft rieselnden Regen.

In der vorangegangenen Nacht hatte ich Wache gehabt und deshalb etwas länger Freizeit. Unser lautloses Auslaufen hatte etwas Gespenstisches. Ich stand neben Vytautas, dessen Arm immer noch in Gips lag, und blickte die Männer an Land genauso unverwandt an wie sie mich. Irgend jemand rief „Viel Glück", aber ich konnte nicht feststellen, woher die Stimme kam. Es konnte ebensogut der fromme Wunsch eines Mannes an Bord gewesen sein. Im Grunde war ich froh, die meilenlangen, grauen Straßen der Stadt, ihren Schmutz und Dreck hinter mir zu lassen, die das Schiff während der wochenlangen Liegezeit wie mit einer Kruste überzogen hatten. Meiner Mutter hatte ich in Lucys Haus Lebewohl gesagt. Ich wünschte mir nicht, in meinem Entschluß durch Szenen viktorianischer Rührseligkeit auf der Pier wankend zu werden. Damals wie heute bin ich der Ansicht, daß Tränen einer glücklichen Heimkehr vorbehalten bleiben müssen. Alles war viel zu neu und interessant, um etwas zu bereuen.

Fast die ganze Besatzung wuselte augenblicklich an Deck durcheinander und kämpfte mit langen Schlangen von Festmachern, wobei sie von den auf der Laufbrücke stehenden Offizieren zur Eile angetrieben wurde. Der Segelmacher, ein Turm in der Schlacht, war aus seiner Segelkoje herausgekommen. Er trug seinen durchlöcherten Hut und eine bemerkenswerte Hose mit einem riesigen, rechteckigen Flicken auf der voluminösen Sitzfläche.

Ein energischer kleiner Schlepper mit rot-schwarzem Schornstein nahm uns auf den Haken, und bald waren wir im tiefen Fahrwasser, das durch schwarze Spierentonnen an Backbord und rote Faßtonnen an Steuerbord gekennzeichnet war. Die schwarzen trugen Zahlen, die roten aber Buchstaben von H bis A. Die Tonne D war gerade querab. Auf ihr saß ein Vogel mit langem Schnabel, an den ich mich noch genau erinnere, so kurze Zeit ich ihn auch nur sah. Rings um uns strudelte und zischte das Wasser. Achteraus lag Belfast in gelben Rauch gehüllt; dahinter sah man, nebel- und regengesättigt, die Antrim-Hügel.

„Belfast, der Arsch der Welt", brummte der Segelmacher, spuckte fein säuberlich über Bord und zog sich den Hut tief in die Stirn. Drei Monate später, als wir endlich beim Kap der Katastrophen unseren Landfall gemacht hatten, machte er genau dieselbe Bemerkung über die Halbinsel Eyre. In beiden Fällen konnte ich ihm nur aus tiefer Überzeugung zustimmen.

Es wurde bereits dunkel, als ich den Befehl erhielt, mich zum Aufentern bereitzuhalten. Ich zwängte mich also in meinen Ölmantel, von dem ich fast einen halben Meter abgeschnitten hatte, um ihn denen der Kameraden anzugleichen, hatte mich doch Sedelquist schon gefragt, ob ich glaube, der „Kihng of Englant" zu sein. Die Ölhosen, die mir damals beim Kauf in der East India Dock Road auf die Stiefel gesackt waren, taten das weiterhin. Ich hatte gehofft, ihnen diese Untugend durch das Annähen vieler Knöpfe für den Hosenträger abzugewöhnen. Da dieser aber leider keinen Gummi besaß, rissen alle während der ersten Nacht in der Irischen See ab, und der Hosenträger fiel über Bord. Auf den Kopf stülpte ich einen brandneuen Südwester. Erst hatte ich ihn gar nicht aufsetzen wollen, weil ich darin so albern aussah. Da aber alle anderen ihn auch trugen und genauso albern aussahen, fand ich mich damit ab.

Ich konnte schon das Leuchtfeuer auf Black Head Backbord querab sehen — alle drei Sekunden ein Blitz — und an Steuerbord das auf Mew Island — alle dreißig Sekunden vier Blitze. Irgendwo dort drüben an Land tranken jetzt wohl meine Mutter und Lucy gerade Tee. Ein Puff in den Rücken und die Aufforderung „Enter auf" schreckten mich hoch. So kletterte ich die Wanten hinauf, um ein Untermarssegel loszumachen. Unablässig hörte ich das Wort „Schneller!" hinter mir, weil mir gewitztere Männer auf den Fersen folgten und fürchteten, ich könne ihnen auf die Finger treten. Auf der Rah warfen wir die Zeisinge los, die das aufgetuchte Segel hielten. Jetzt bauschte es sich im Fallen, und seine Schoten wurden von den Leuten an Deck durchgesetzt. Ich selbst blieb oben, um die Gordinge durchzuholen. Das war stets die Aufgabe eines Anwärters. Um ein Schamfilen dieser Leinen an der Vorderseite der Leinwand zu verhindern, mußte er genügend Lose durch die Blöcke holen. Damit die Leine nicht wieder zurückgleiten konnte, mußte sie mit Bändseln aus Segelgarn an den Blöcken befestigt werden.

Nun, da am Groß- und Kreuzmast Marssegel standen, nahm *Moshulu* Fahrt auf und kam dem Schlepper näher. Die Schlepptroß wurde von den Pollern losgeworfen und verschwand mit schwirrendem Geräusch durch die Klüse. Einen Augenblick lang sah ich noch den kleinen Schlepper im brodelnden Wasser und dunkle Gestalten, welche die Trosse Hand über Hand hastig einholten. Dann drehte er ab, sagte uns mit langgezogenen Tönen der Sirene ein letztes Lebewohl und verschwand in der Düsternis achteraus.

Über uns bauschten sich unbeschreiblich schön die Segel, und mir schien es, als machten wir schon recht schnelle Fahrt durchs Wasser. Aber als ich Kroner fragte, auf wieviel er sie schätze, meinte er, es seien nur etwa vier Knoten. Ich war enttäuscht.

Zwischen sechs Uhr und Mitternacht wendeten wir wohl dreimal. Jedenfalls glaubte ich das. Es war ja stockdunkel, und ich hatte keine Ahnung, welchen Kurs wir steuerten. Der Befehl zum Wenden lautete „Stagvända", was so viel hieß, daß das Schiff durch den Wind auf den anderen Bug gelegt werden mußte. Das war nachts und mit einer unbefahrenen Crew eine vertrackte Sache. So ahnungslos, wie ich war, können wir aber ebensogut gehalst, das heißt eine „Kovända" gemacht haben. Bei diesem Manöver wird der Bug des Schiffes vom Winde fortgedreht, bis er einen fast vollständigen Kreis beschrieben hat und wieder auf Kurs liegt. Dazu gehört freilich weit mehr Seeraum. In dieser ersten Nacht war es Kroner und mir herzlich gleichgültig, ob wir wendeten oder halsten, denn wir beide verstanden doch keinen Befehl. Obwohl Kroner schon unter Segeln gefahren war, mußten unsere Empfindungen sehr ähnlich gewesen sein. Leinen wurden mir in die Hand gedrückt, und ich holte sie durch. Nicht eben sanft wurde ich an die Braßwinschen geschubst und drehte fast unablässig irgendwelche Kurbeln. Dann kam das Durchsetzen der hanfenen Brassen, und bald war an meinen gut gepflegten Händen kaum noch heile Haut. In der Vorhand stand Janssons unmittelbarer Vorgesetzter, der Erste Maschinist, ein wüst aussehender Geselle mit einer Schiebermütze auf dem Kopf. „Duhnkie" ermunterte die sechs oder sieben Mann, die hinter ihm standen, mit den verwunderlichsten Lauten: „Hoa wee . . . uuh . . . Han oa Han . . . Iii-ah . . . kurm up." Wir Neulinge versuchten, es ihm gleichzutun. Anfangs kam ich mir wirklich wie ein Esel vor, wenn ich mit größter Lungenkraft „Iii-ah" brüllte. Bald aber machte es mir nur noch Spaß.

„Uuuh . . . Iii-ah . . . uuuh . . . Iii-ah!" gröhlte Duhnkie wie ein richtiger Esel, dem himmelangst ist. Und „Iii-ah" echoten wir begeistert. Nun aber mußte die Brasse belegt werden. Zu diesem Zweck sagte unser Vorhandsmann fast im Plauderton „Slack oop". Alle außer mir ließen darauf die Leine los, als sei sie glühend heiß. Duhnkie gab ihr einen gewaltigen Ruck, worauf ich in hohem Bogen in den Wassergang flog und mit dem Kopf gegen eine harte Schütte aus Eichenholz schlug.

„Zum Teufel", schimpfte Duhnkie, „Aufkommen hab ich gesagt." Dabei nahm er schon mehrere Törns der Leine um einen Belegnagel.

Das Wendemanöver nahm immer eine Stunde in Anspruch, da alle Leinen sauber auf den Belegnägeln aufgeschossen werden und die Brassen klarliegen mußten. Die Vielzahl des laufenden Gutes brachte mich zur Verzweiflung. Oben am Mast war alles einfacher. Jedes Segel hatte vier Gordinge und zwei Geitaue, um das Unterliek an die Rah zu holen; dazu noch die zu den Schothörnern führenden Schoten. Dann gab es die Fallé zum Vorheißen gewisser Rahen, die Brassen zur Regulierung des Winkels zwischen Mast und Rah, schließlich Niederholer sowie Fallé und Schoten der Schratsegel. Wahrhaftig, an Deck hatte man seine liebe Not. Alle Leinen liefen durch Blöcke und waren an den langen Nagelbänken unter dem Schanzkleid belegt, an einigen Nägeln sogar zwei Leinen übereinander. Einem so ahnungslosen Neuling wie mir konnte es sehr leicht passieren, daß er in der Dunkelheit aus Versehen ein Royalfall loswarf. Dann krachte die Rah herunter und dadurch konnte sogar der Mast über Bord gehen.

Es wehte mittlerweile härter. „Bräck bukgårdingarna på fock övre bram“, befahl der Erste, ein Männlein in hohen Stiefeln. An Hand der Liste des Segelmachers hatte ich in langen Stunden der Nachtwache die Namen der Segel auswendig gelernt. „Fock övre bram“ — das war ein Oberbramsegel am Fockmast, aber was um alles in der Welt waren die „bukgårdingarna“ und weshalb sollten wir sie „ausbrechen“? Diese Probleme wälzte ich, als wir den Niedergang vom Hauptdeck hinaufstürzten, um über das Brückendeck wieder hinunter auf die Kuhl und dort zu den Fockwanten zu laufen. Plötzlich fiel mir ein, daß ich ja beim Setzen des Marssegels die Bauchgordinge hatte durchholen müssen. Also waren die „bukgårdingarna“ die Bauchgordinge, und wir sollten die Stopper aus Schiemannsgarn „ausreißen“, die ein Zurückgleiten der Gordinge durch die Blöcke verhinderten, so daß vor dem Bauch des Segels genug Lose blieb und die Gordinge nicht an der Leinwand scheuern konnten.

Aus Leibeskräften rissen wir — ohne jeden Erfolg. Schließlich enterte Jansson auf und stellte fest, daß alle Leinen mit unzerreißbarem Segelgarn festgezeist worden waren. Ein übereifriger „Jungmann“ hatte es statt des dünnen Schiemannsgarns genommen.

„Verdammt nochmal. Reißt die Dinger aus!“ rief der Offizier, gerade als Jansson die Ursache des Kummers entdeckt und alle Stopper durchgeschnitten hatte. Fünf Mann hingen an Deck an der Gording, als plötzlich die Lose auf uns herabrauschte. Sie purzelten übereinander, und der Erste lag ganz obenauf.

„Orlright“, sagte er, nachdem wir uns hochgerappelt hatten. „Tag i gigtåget.“ „Gigtåget“ erwiesen sich als die Geitaue, und sie, wie auch die Gordinge holten wir, bis der Bauch des Segels und seine Schothörner dicht unter der Rah waren.

„Orlright. Toblocks. Mikelsonn, Newby, Taanila enter auf, etwas schnell.“

Oben war es sehr dunkel und naß. Als wir die Rah erreicht hatten, konnte ich gerade noch erkennen, daß das Luvschothorn beängstigend hin- und herschlug.

„Verdammt dreckiger Job für drei Mann", murrte Mikelsonn, ein gutmütiger dänischer Anwärter, der bereits als Kadett auf dem Schulschiff *Danmark* gefahren war. Dort waren freilich derartige Arbeiten exerziermäßig von vielen Jungen ausgeführt worden. „Längre ut på nock", brüllte er und wies Taanila und mich zur Rahnock in Luv. Dann noch einmal dringlicher: „Ut, ut!"

Also krochen wir zwei die Rah entlang. Taanila, ein winziger Finnländer von sechzehn Jahren, der genau wie ich kein Schwedisch verstand, befand sich dort, wo in diesem Augenblick besser der seebefahrene Mikelsonn gewesen wäre ... auf der Rahnock in Luv. Nicht lange, dann wurde er seekrank, und Mikelsonn und ich bekamen es zu spüren.

„Satan, Satan", rief Mikelsonn, der gerade mit beiden Armen so viel Leinwand an sich gezogen hatte, wie er packen konnte.

„Satan" war das beliebteste schwedische Füllwort.

„Perkele, Perkele", schluchzte Taanila und benutzte damit das finnische Äquivalent. Ich hingegen bediente mich eines mir in der Schulzeit zur Gewohnheit gewordenen, einsilbigen Wortes. Weit waren wir mit unserer Arbeit noch nicht gekommen. Wir hatten uns noch nicht an das Fußpferd gewöhnt, das wild unter unseren Füßen bockte. Außerdem war es wegen der sprachlichen Hindernisse schwierig, „viribus unitis" zu arbeiten. Das größte Abschreckungsmittel aber war die Tatsache, daß Taanila einen weiteren, randvoll gefüllten Magen in Betrieb genommen zu haben schien. Zu allem Unglück wurde er auch noch rabiat. Vielleicht hatte er einfach Angst. Ich jedenfalls hatte sie. Ich sah, wie Mikelsonn wieder zum Mast hangelte, und bald darauf hörte ich, wie er nach weiteren Leuten schrie. In Wirklichkeit aber hätten wir einen Dolmetscher gebraucht. In Wortfetzen drang die Antwort des Ersten zu uns hinauf und klang so schreckerregend, daß es mir besser schien, allein mit der Arbeit fertig zu werden. Schließlich glückte es uns, die Zeisinge um die furchtbar unseemännisch gestaute Wurst des Segels zu nehmen, die wir oben auf die Rah gepackt hatten.

Um Mitternacht glaste der Rudergänger achtmal, und der Ausguck wiederholte die Schläge vorn mit der großen Schiffsglocke. Wir traten zur Musterung an und die Wachen wurden eingeteilt. Zu meiner Bestürzung kam ich zur Backbordwache des Ersten Offiziers, zu der auch Sedelquist gehörte, außerdem alle jüngeren und unkameradschaftlichen Finnländer, darunter der schwächliche, aber geradezu diabolisch bösartige Taanila. Ich hatte gehofft, ich könne mit meinen Freunden Vytautas und Kroner und den beiden dänischen Anwärtern bei der Steuerbordwache des Zweiten bleiben, den ich mittlerweile ganz gern mochte. Mit Ausnahme von Sedelquist, dessen Interessen sich in unüberbietbarer Einseitigkeit auf ein gewisses Thema beschränkten, sprach im Backbordlogis kaum einer Englisch. Hinzu kam das Problem, meinen Vuitton-Koffer in einen anderen Raum zu schaffen. Inzwischen barst er fast von allen Lebensmitteln, die mir meine Mutter und Lucy mitgegeben hatten.

„Orlright", sagte der Zweite. „Rudergänger und Ausguck ablösen. Freiwache wegtreten." Der „utkik" — „ütschick" ausgesprochen — meldete dem Wachhabenden „Laternen brennen", und die Backbordwache ging ins Logis. Bis vier Uhr morgens hatte sie frei, jedoch Befehl, sich klarzuhalten. Das bedeutete, angetan mit Ölzeug und Seestiefeln, gewissermaßen in vollem Ornat, an Deck oder in der Koje zu schlafen. Was die Koje angeht, so mußte ich notgedrungen, weil keine andere frei war, eine nehmen, die querschiffs stand und in der nicht einmal eine Matratze lag. Ein Häuflein Unglück kroch hinein und — schlief schon im nächsten Augenblick fest auf den blanken Brettern.

Mir kam es vor, es seien nur wenige Minuten gewesen, als mich der unerbittlich wiederholte Ruf „Reise, reise" weckte. Gerade sah ich noch, wie der letzte Mann meiner Wache durch die Tür verschwand. Obwohl ich fror, war ich in Schweiß gebadet. Mit bohrenden Kopfschmerzen wartete ich, bis uns der Offizier gezählt hatte. „Orlright." Die kellertiefe, körperlose Stimme, die zu uns sprach, klang wie die Jehovas zu den Kindern Israels. „Lösa av ror och utkik. In frivakt." Die Steuerbordwache stürmte ins Logis und in die Kojen. Wir von der Backbordwache hatten den Vorzug, zwei Offizieren zu unterstehen — dem Ersten und dem Dritten, der kurz „Tria" genannt wurde. Er war ein hochgewachsener, schlanker Mann mit vergnügten mongolischen Schlitzaugen und einer erschreckend tiefen Stimme. Er hatte gerade beim Wachwechsel die Rolle Jehovas gespielt. Seine vierkantigen Schultern schienen sich zum Armansatz hin zu heben. Um fünf Uhr, als es fast dämmerte, unterwies er mich in meinen Pflichten als Ausguck auf der Back.

„Zweimal glasen — Schiff an Backbord; dreimal — Schiff rechts voraus; einmal — Schiff an Steuerbord." Fast klang es, als sei er selbst eine Glocke, die man anschlug. Dann verschwand er über den Laufsteg in die Dunkelheit. Bald darauf spürte ich die Wirkungen von Müdigkeit und Übelkeit. *Moshulu* stampfte in einer kurzen See und lief etwa sieben Knoten. Auf der Back empfand man die sägende Bewegung besonders deutlich. Ich gähnte zweimal und dachte an Taanila hoch oben auf der Rah, wie er als allegorisches Füllhorn seine Gaben reichlich ausgeschüttet hatte.

„Das ist alles gar nicht schön, aber es dauert ja nicht mehr lange", sagte ich laut vor mich hin.

Ich sah die Lichter eines Dampfers an Steuerbord und schlug sehr bedachtsam die Schiffsglocke zweimal an. Damit hatte ich die einem Schiff an
Backbord vorbehaltene Warnung gegeben. Ich war so entsetzt, daß ich
all meine Übelkeit vergaß und den Horizont an Backbord absuchte, ob
ich nicht vielleicht ein Alibi fände. Wahrhaftig — ein winziges Lichtlein
Backbord querab. Schon kam Tria angetrabt. Als ich nach Backbord wies,
dröhnte er: „Orlright, aber du hättest auch einmal für das andere Schiff
an Steuerbord anschlagen müssen. Das kommt sehr schnell näher." Beide
Offiziere waren nicht ohne Grund nervös. Im Jahre 1938 konnte eine
große Bark in der Irischen See, da sie ja nur die beiden Positionslaternen
— rot und grün — an Backbord beziehungsweise Steuerbord führte, vom
Ausguck eines Dampfers sehr leicht übersehen werden; denn er erwartete
in erster Linie andere Dampfer, die an ihrer weißen Dampferlaterne leichter auszumachen waren.
Um sechs Uhr schlug der Rudergänger vier Glasen, und ich wiederholte
fälschlicherweise fünf. Dann ging ich nach achtern, um „Laternen brennen"
zu melden. Dabei bekam ich den ersten Anpfiff vom Kapitän, der mich
fragte, ob englische Jungen nicht einmal bis zehn zählen lernten.
Die Dämmerung kam. Es versprach ein herrlicher Morgen zu werden. Die
See schimmerte in einem kalten Violett, hob sich und rollte faul heran. Die
Luft war eisig kalt. Belfast schien bereits auf einem anderen Stern, nicht
aber eben hinter dem Horizont zu liegen. Ich blickte über das weite Wasser und überlegte mir, wie schön und passend doch die Worte im 107.
Psalm seien: „. . . die mit Schiffen auf dem Meer fuhren und trieben ihren
Handel in großen Wassern . . ."
Um sechs Uhr dreißig hatten wir die Isle of Man querab. Ihre hohen Gipfel
verschwanden in dicken Wolken. Um sieben Uhr passierten wir den Süd-
zipfel der Calf of Man mit den beiden nicht mehr in Betrieb befindlichen
Leuchttürmen auf den hohen Klippen. Das Feuer von Chicken Rock
blitzte am östlichen Himmel. In Meereshöhe herrschte ungewöhnlich gute
Sicht. Obwohl der Tag bereits angebrochen war, sandte der Leuchtturm
immer noch seine Blitze — heller als die junge Sonne.
Unsere Wache barg den Binnenklüver. Dazu wurde sein Fall losgeworfen;
wir besetzten den Niederholer auf der Back und fanden dort Taanila,
der mich als Ausguck abgelöst hatte. Er lag gegen das Spill gelehnt, und
das Gesicht war genauso hellgelb wie sein Ölzeug. Sedelquist erbot sich
boshaft, ihm aus der Kombüse allerlei höchst unschmackhafte Dinge zu
holen, und behauptete, sie würden dort extra für den kleinen Taanila
zubereitet. Kein Wunder, daß dieser sich sehr schnell wieder übergab.
Mittlerweile war heller Sonnenschein, und hoch oben am Mast, wo ich
wieder einmal die Gordinge überholen mußte, wollte es mir scheinen,
es sei noch einmal Frühling auf dieser Erde geworden. In dieser Stimmung

war ich sogar bereit, mich mit dem Backbordlogis abzufinden. Bei der Firma Wurzel hätte ich um eine Versetzung gebeten, aber hier an Bord genügte der Gedanke an die vernichtenden Folgen, die eine solche Bitte haben würde, um mich in stoischer Ruhe in die Gegebenheiten zu fügen. Jedenfalls kam ich ganz munter um acht Uhr ins Logis.

„Was für ein Glück haben wir, daß es gebratene Heringe gibt", sagte ich vergnügt zu Sedelquist.

„Is nich Fiisch", entgegnete dieser. „Iis Schinken. Stinkt wie englisches Mädchen."

Bei näherem Zusehen stellte ich fest, daß er mit den ersten Feststellungen recht hatte. Ein scheußliches, offenbar bereits angefaultes Zeug, das ganz und gar unenglisch roch. Beim Versuch es zu essen, erwies es sich als so salzig, daß mir die Gaumen weh taten. Ich warf es über Bord. Eine Möwe pickte es auf, ließ es jedoch prompt wieder fallen. Ich sah noch, wie es versank. Es war das letzte Mal, daß ich etwas außenbords warf. Dann ging ich ins Logis, um meinen Magen mit Brot und Margarine zu füllen.

Als Freiwache schliefen wir bis zwölf Uhr dreißig, also bis zum Mittagessen. Diesmal gab es Frischfleisch aus einem Sack, aus dem Blut auf das Deck getropft war. Sein Inhalt schwand weit schneller dahin, als mir lieb war. Als wir die Nachmittagswache übernahmen, war die Küste von Wales in Sicht. Anglesey lag als kaum erkennbare Insel querab, dahinter erhob sich, über den Wolken sichtbar, das Massiv des Snowdon. Wir segelten ganz dicht beim Wind. Bald tauchte Backbord voraus die Halbinsel Lleyn auf, wo es eine Ausbildungsstätte für Rahschiffmatrosen gab. Dann hob sich Bardsey wie ein riesiger grasbewachsener Walfisch aus der See. An der Westseite sahen wir mehrere Dörfer und Farmen sowie an der Südspitze einen weißen Leuchtturm mit zwei roten Ringen.

Wir mußten wohl oder übel wenden. Auch wenn wir an Bardsey vorbeikamen, würden wir in die Cardigan-Bucht versetzt werden, wo unsere Bewegungsfreiheit durch den St.-Patrick-Damm und die Cynfelin-Untiefen eingeengt sein würde. Falls es aufbriste, konnte es eine Katastrophe werden; denn ohnehin stand der Wind genau in die Irische See hinein, und nahe bei diesen Untiefen hatten wir nicht genug Raum zum Wenden.

Der Kapitän kam im Ledermantel mit einer Schiffermütze auf dem Kopf an Deck und gab Befehl „Stagvända". Der Erste trillerte dreimal mit der Pfeife und schrie „Alle man på däck!" Darauf kam die Steuerbordwache, die gerade mit dem Mittagessen fertig war, unlustig an Deck.

Mit dichtgeholten Schoten und Steuerbordhalsen lag die *Moshulu* auf Bardsey zu, das heißt: Sämtliche Rahen waren rundgebraßt und lagen gegen die Backbordpardunen, während die Steuerbordrahnocken fast genau in die Windrichtung zeigten. Die Rahen der drei Untersegel waren so hart wie möglich gebraßt, aber die darüberliegenden, je nach der Höhe am Mast, immer etwas weniger. Beobachtete der Rudergänger das Luvliek des Royals und sah, daß es zu killen begann, so war dies ein Zeichen, daß er zu dicht am Wind steuerte. Es bestand die Gefahr, daß die Segel „back" kamen, weil der Wind von vorn einfiel. Dadurch wurden die wenigen Vorstage zu stark beansprucht und konnten brechen, was bei starkem Wind unter Umständen zur Entmastung führte.

Die ganze Besatzung war an Deck, sogar Koch, Steward und Messejunge, alle drei weißgekleidet, blaß und der frischen Luft entwöhnt. Der Zimmermann stand bei den Klüverschoten, der Skipper neben dem Kompaß und der erfahrene Sedelquist am Ruder.

Die Backbordwache hielt sich auf dem Hauptdeck an den Jarvis-Winschen bereit, der Erste an den Leebrassen, die klar zum Auslaufen an Deck aufgeschossen lagen, und zwar in sogenannten „Flämischen Buchten". Die Steuerbordwache hatte die Brassen des Kreuzmastes zu bedienen. Das riesige Großsegel und das Bagiensegel waren bereits lose aufgegeit, aber nicht aufgetucht, um beim Wenden Arbeit zu ersparen.

„Bidevind och fulla segel", befahl der Kapitän dem Rudergänger, der also die Leinwand voll und das Schiff am Wind halten sollte, um genügend Fahrt für eine fixe Wende zu haben. „Klart att vända! Ned med rodret!" Sedelquist wirbelte das Rad nach Steuerbord in Hartlage. Der Besan, das große Schratsegel am Besanmast, war bereits nach Steuerbord geschotet, um die Drehung des Hecks aus dem Wind heraus zu unterstützen. Der Koch fierte die Fockschot.

Nun begann *Moshulu* in den Wind zu schießen; die Leinwand knallte, und die Blöcke schlugen. Auf der Back verfuhr der Zimmermann die Klüverschoten über die Vorstage.

„Großrahen!" übertönte des Skippers Stimme den Tumult. Die Offiziere warfen die Leebrassen am Groß- und Kreuzmast von den Belegnägeln, der Wind faßte die Luvlieks und warf die Rahen herum, so daß die Männer an den beiden Braßwinschen notgedrungen wie die Teufel kurbeln mußten, um die Lose durchzuholen. Die übrigen taten ein Gleiches mit der Lose von Bram- und Royalbrassen, was mit der Hand zu geschehen hatte.

Der Bug war bereits durch den Wind, und die Vorsegelschoten an Steuerbord konnten steifgesetzt werden. Als der Wind vier Strich von Backbord einfiel, konnte das Manöver als gelungen gelten. Beide Wachen gingen voraus, um die sechs Rahen des Fockmastes rundzubrassen, zunächst mit den Jarvis-Winschen und dann mit den Taubrassen. *Moshulu* lag über Steuerbordbug.

Jetzt galt es nur noch, die Schoten der Stengestagsegel über die Stage zu nehmen und steifzusetzen, Großsegel und Bagien erneut auszuschütten und mit Braßtaljen die Rahen so zu trimmen.

Endlich war es geschafft. „Orlright. Freiwache wegtreten", sagte er, worauf die Steuerbordwache nach dem Verlust von einer Stunde ihrer Freizeit im Logis verschwand. Wir von der Backbordwache mußten die Decks aufklaren, Falle und andere Leinen aufschießen und einen „Jungmann" oder Anwärter in die Masten zum Durchholen der Gordinge schicken. Das war für ihn schwere Arbeit, weil siebenundzwanzig bis dreißig Meter Stahlleine unter den Blöcken hing. An jedem der drei Untersegel waren in die Kauschen an den unteren Ecken zwei Stahlleinen geschäkelt — der Hals und die Schot. Lief das Schiff dicht am Wind, so wurde der Hals der Luvecke durch einen Klappblock zu einem Spill geführt und steifgesetzt, während die Schot lose herunter hing. Mit der Lee-Ecke war es umgekehrt. Hier wurde die Schot durchgesetzt und der Hals hing lose. Kam der Wind aber achterlicher als dwars ein, so wurde überhaupt kein Hals bedient, da dann beide Schoten trugen, weil Rahen und Mast genau oder nahezu in rechtem Winkel zueinander standen.

Tagelang manövrierten wir in der Irischen See. Bald steuerten wir die Küste von Wicklow an, dann über den anderen Bug das Feuer von South Stack oder Bardsey. Niemals vorher oder nachher bin ich so hundemüde gewesen, viel zu ausgepumpt, um die herrlichen Pyramiden der Segel hoch über mir bewundern zu können. Während der Freiwache schlief ich so tief, daß ich während der ersten Stunde an Deck wie ein Schlafwandler herumstolperte, leider ohne dessen beneidenswerte Fähigkeit, allen Hindernissen aus dem Wege zu gehen. Unentwegt kollidierte ich mit Ringbolzen im Deck, Pollern und natürlich mit der Ruderleitung. Jeder an Bord, dem noch keine Seebeine gewachsen sind, fällt dauernd hin. Sogar unser Segelmacher — nach englischem Brauch nannte ich ihn schon einfach „Sails" — war einmal, als er auf den Allemannspfiff herausstürzte, in einen Ölfleck getreten, den eine von Duhnkies Ladewinschen hinterlassen hatte. Er beschrieb eine bildschöne Parabel, ehe er mit einem Krach, der das Deck erzittern ließ, auf dem blauen Flicken über seinem Gesäß landete und sein Gleichgewicht wiederfand.

„Au! Dieser verdammte Duhnkie!" hatte Sails gebrüllt und war zornig davongestampft, um aus der Kombüse eine Schaufel voll Asche zu holen, die er auf den „Ort der Tat" streute.

Das Leben im Backbordlogis konnte man beim besten Willen nicht sehr unterhaltsam nennen. Die Sprachschwierigkeiten waren schier unüberwindlich, was so wenig die Schuld der anderen wie die meine war, eher schien mir die ihre geringer; denn immerhin kannten einige ein paar englische Brocken, während ich immer noch in geistiger Finsternis wandelte und verzweifelt versuchte, mir ins Gedächtnis zurückzurufen, daß „övre märs gigtåg" das Obermarssegelgeitau bedeutete. Damals schien mir diese Kenntnis wichtiger als Konversation zu machen, würde ich doch durch

Unkenntnis auf diesem Gebiet bei Kapitän und Offizieren sehr wahrscheinlich dumm auffallen. Kein Wunder also, daß die Gespräche in den ersten Tagen von langem, unheilkündendem Schweigen unterbrochen wurden.

Nach dem Mittagessen saß ich an der Back einem Matrosen von den Åland-Inseln gegenüber. Er hieß Alvar, war 23 Jahre alt und kaute gerade Brot. Alle anderen schliefen. Um eine Unterhaltung in Gang zu bringen, schob ich ihm einen Topf Marmelade hin, die meine Mutter eingekocht hatte. Ich kam mir wie ein Schachspieler vor, der seinen ersten Stein zieht. Als er sich bedient hatte, ging ich zum Angriff über:

„Alvar, bist du schon früher auf einer Bark gefahren?"

„Drei Uhr", antwortete Alvar mit vollem Mund.

„Alvar, hast du schon eine Reise mit der *Moshulu* gemacht?"

„Kaffee halb vier", entgegnete Alvar mit der triumphierenden Miene eines Spielers, der den Gegner mattgesetzt hat.

„Schlafen is' bessär", tönte es zornig aus einer der Kojen.

„Halt's Maul", parierte Alvar. „Kaffee is' halb vier, dann schlafen."

Wenn ich mich nicht mit derart geschwätzigem Bemühen abstrapazierte, peinigte mich ein älterer Bewohner des Logis, der sich ein recht ekelerregendes Leiden zugezogen hatte. Als er feststellte, daß ich davon am liebsten nichts hören wollte, hielt er sich dadurch bei Laune, daß er mir eine Spritze und eine große Flasche mit irgendeiner Mixtur unter die Nase hielt. Beim Essen bot er mir Tabletten aus einer dunkelgrünen Flasche an, auf der „Gift" stand. Da ich jung und unerfahren war, hatte ich Angst, Leinen anzufassen, die er in der Hand gehalten hatte. Die Witze, über die wir bei Wurzel hinter den Aktenregalen gekichert hatten, kamen mir jetzt gar nicht mehr komisch vor. Von Anfang an hatte ich es mir angewöhnt, auf der Klosettbrille zu stehen, was bei kurzen, steilen Seen ein halsbrecherisches Vorhaben war. Jetzt wurde ich noch vorsichtiger, aber irgendwie kam es Sedelquist zur Kenntnis. Wie in Gefängnissen, Irrenhäusern und manchen Schulen waren die Türen der Klosetts nicht verschließbar, und eines Morgens erwischte er mich. Er riß die Tür auf und brüllte: „Du englischer Scheißkerl. Zieh deine Stiefel aus." Er war der Älteste im Logis und glaubte, daß mein Verhalten ein Angriff auf seine Autorität sei. Ob mit oder ohne Stiefel gelang es mir jedenfalls, meine Gewohnheit bis zum Schluß der Reise durchzuhalten, indem ich den bewußten Ort nachts aufsuchte, oder wenn Sedelquist am Ruder stand.

Die Wacheinteilung auf der *Moshulu* war ausgezeichnet, denn kein Mann der Besatzung hatte an zwei aufeinanderfolgenden Tagen zur gleichen Zeit Wache. Der Arbeitsdienst — pönen, Rost picken, Farbe waschen usw. — begann um sechs Uhr früh und endete um achtzehn Uhr. Ständig aber mußten Segel und Brassen bedient und das Schiff gesteuert werden.

Zu jeder Tageszeit konnte die Wache, die Arbeitsdienst machte, zu Allemann-Manövern abgerufen werden. In dringenden Fällen oder zum Wenden wurde stets die Freiwache gepurrt. Das Signal dafür waren drei Pfiffe mit der Trillpfeife des Wachhabenden, allgemein als „tre vissel"* bezeichnet.

Hatte die Backbordwache von Mitternacht bis vier Uhr Dienst, so kam die Steuerbordwache von vier bis acht Uhr an die Reihe. Um sechs Uhr begann für sie der Arbeitsdienst, und auch die Freiwächter — Zimmermann, Donkeymänner, Segelmacher und sein Gehilfe — fingen zu dieser Zeit mit der Arbeit an. Um fünf Uhr dreißig bekam die Wache Kaffee und um sieben Uhr dreißig die Freiwache Frühstück. Um acht Uhr erfolgte der Wachwechsel. Die dann aufziehende Backbordwache blieb nun fünf Stunden an Deck, während die andere ins Logis ging, frühstückte, schlief, Kleiderwäsche oder Selbstreinigung machte. Mittagessen bekam sie um zwölf Uhr dreißig, worauf um dreizehn Uhr die Ablösung erfolgte. Von da ab dauerte ihr Dienst bis neunzehn Uhr. Um fünfzehn Uhr dreißig gab es für beide Wachen Kaffee, was eine viertelstündige, sehnlich erwartete Pause für die Männer bedeutete, die Arbeitsdienst machten. Um achtzehn Uhr war allgemeiner Dienstschluß. Auch die Freiwächter gingen um diese Zeit unter Deck. Um achtzehn Uhr dreißig wurde die Backbordwache gepurrt und löste von neunzehn Uhr bis Mitternacht die Steuerbordwache ab. Darauf begann die gleiche Zeiteinteilung aufs neue, nur daß jetzt von Mitternacht bis vier Uhr die Steuerbordwache an Deck war.

Im Verlauf von zwei Tagen hatte also das Backbordlogis insgesamt vierundzwanzig Stunden Wache, davon zwölf Stunden Arbeitsdienst — fünf Stunden am ersten und sieben Stunden am zweiten Tag. Bei schlechtem Wetter konnte dieser Stundenplan nicht immer eingehalten werden. Galt es, sehr viele Segel oder auch nur das Großsegel und die Bagien zu bergen, so mußte die Freiwache an Deck bleiben, bis die anfallende Arbeit getan war. Das bedeutete bisweilen ein paar Stunden. Alles in allem war aber die Wachregelung vernünftig und gerecht.

Jeweils drei Mann taten Dienst im Interesse der Schiffsführung. Es handelte sich um Rudergänger, Ausguckposten und „Polizist" oder „Påpass"**, was „Porpuß" ausgesprochen wurde.

Ausguck hatte ich bereits gespielt. Der Påpass war Melder und Läufer für den Wachhabenden Offizier. Ein Pfiff von diesem rief ihn an Deck, zwei Pfiffe bedeuteten, er solle die Wache purren. Ferner mußte er die Ablösung für den Rudergänger wecken. Alles in allem war er ein nützliches Glied unserer Gemeinschaft, als er für vieles den Sündenbock abgeben konnte.

---

* Vom englischen „to whistle" = pfeifen. Der Übersetzer.
** Das schwedische „Passa på" bedeutet „aufpassen", „sich bereithalten". Der Übersetzer.

Am Sonnabend gab der Kapitän den Versuch auf, den Atlantik durch unentwegtes Kreuzen zu erreichen, und lief zum Nordkanal zurück.

Abends war es mit den frischen Nahrungsmitteln bereits vorbei, abgesehen von ein paar Kohlblättern um die Fleischklöße. Die Besatzung hatte sich mittlerweile um zwei Rotkehlchen und eine Drossel vermehrt, die schon am Mittwoch völlig erschöpft an Bord geflogen waren. Jetzt wurden sie bereits frech und stahlen den Küken, die total demoralisiert waren, das Futter.

In dieser Nacht ging ich meine erste Wache von zehn bis elf Uhr am Ruder, freilich nur die ersten drei Minuten allein. Als ich das Rad übernahm, murmelte der Skipper unverständliche Berechnungen vor sich hin, während der Erste besorgt nach den zahlreichen Lichtern von Fahrzeugen Ausschau hielt, die uns einzukreisen schienen. Die Nacht war regnerisch und diesig. Eine nicht greifbare Sorge lastete auf allen. Es war ja auch wirklich keine beneidenswerte Lage für ein großes Segelschiff, nahe der Clyde-Mündung eingeklemmt zu sein.

„Nordost zu Ost", befahl der Kapitän, viel zu beschäftigt, um zu bemerken, daß sein unerfahrenster Anwärter am Ruder stand.

„Nordost zu Ost", tremolierte ich und drehte das Rad so, wie ich hoffte, die *Moshulu* auf den richtigen Kurs zu bringen. Unter meiner schweren Verantwortung schier verzagend, blickte ich auf die beleuchtete Kompaßrose. Die Nase des Schiffes begann zu drehen. Einen kurzen Augenblick erschien tatsächlich Nordost zu Ost. Dann aber raste die Rose davon. Wie ein um den Verstand gekommener Spieler den Tanz der Kugel im Roulette verfolgt, beobachtete ich, daß die *Moshulu* über Nordost auf Nordnordost drehte, bis... Ein unvorstellbarer Lärm von Leinwand, Blöcken, Kettenschoten, als das Schiff in den Wind schoß.

Vom Schreck über meine Untat war ich wie gelähmt. Der Skipper fluchte — prächtige angelsächsische Flüche — und warf sich ins Rad. Dabei schnauzte er den Ersten furchtbar an, daß er mich in einer so dunklen Nacht allein ans Ruder gelassen habe. Der Offizier trillerte, der Påpass erschien und bald auch ein dem Schlaf entrissener und dementsprechend wütender Sedelquist, der mich ablöste. Es schien wirklich das Schicksal dieses Mannes zu sein, alle meine Demütigungen mitzuerleben. Die nächsten 75 Minuten durchlebte ich in Lee des Rades. Immerhin lernte ich von Sedelquist, niemals zu viel Ruder zu legen und der Neigung des Schiffes, in den Wind zu schießen, dadurch zu begegnen, daß ich rechtzeitig das Ruder gegenan legte.

Am frühen Sonntagmorgen hatte es aufgehört zu regnen, doch war es ungewöhnlich kalt. Taanila, der mittlerweile nach sechs Tagen Seekrankheit zu einem nervlichen und physischen Wrack geworden war, mußte mit mir aufentern, um das Großroyal aufzutuchen. Nach einer halben Stunde

gelang es uns, den großen Packen Leinwand auf die Rah zu wuchten. Aber gerade als ich die Zeisinge um Segel und Rah nehmen wollte, wurde der Junge erneut seekrank und ließ das Segel los. Der Spektakel auf der Brücke ließ keinen Zweifel daran, daß den Offizieren und dem Rudergänger nicht entgangen war, was sich zu ihren Häupten abspielte. Der Besitzer der Spritze kam uns nach, und Taanila enterte nieder. Als wir endlich mit der Arbeit fertig waren, verzogen sich die dunklen Nachtwolken, der Himmel war tiefblau, und der Morgenstern blinkte strahlend hell. „Sehr schön", sagte mein Kamerad. „Heute morgen ist mir bessär."
„Das höre ich gern", entgegnete ich und meinte es ehrlich.

Nicht lange, dann stieg eine orangefarbene Sonne hinter den niedrigen Wolkenbänken empor und beschien ein wunderbar friedliches Bild. Die Bark war an drei Seiten vom Land eingeschlossen und geisterte unter Bramsegeln dahin. Alle Leinwand schien im Glanz der Sonne lichterloh zu brennen. Die steilen Klippen von Rudha Dubh schimmerten wie bräunierter Stahl. Im Westen lag der Mull of Oa, dessen Hügel mit hellgrünem Gras und purpurner Heide bedeckt waren. So stellte ich mir ein Fleckchen Erde vor, wo man gern den Nachmittag eines langen Sommertages schlafend und faulenzend verbringt. Im Süden lag Rathlin Island, dessen Leuchtturm hoch über der See auf einem Felsplateau stand; dahinter erblickte man die Klippen von Fairhead auf dem irischen Festland, im Südosten die einsame Landzunge des Mull of Kintyre, wo sich im 18. Jahrhundert die letzten britischen Kannibalen aus schutzlosen Reisenden ein Mahl bereitet hatten.

Am Sonntag war kein Dienst, und nach dem Frühstück wurde das Grammophon durch ein Überfallkommando aus dem Steuerbordlogis entführt. Aber in unserem Raum gab es den Geist auf und weigerte sich, eine unserer beiden Platten zu spielen. Vytautas hatte nämlich in Belfast noch den „Posthorn-Galopp" gekauft.

Nach zwei Stunden, in denen jeder von uns Rat, Hilfe oder beides beigesteuert hatte, funktionierte der Apparat immer noch nicht, sondern lag, in seine Bestandteile zerlegt, auf der Back. Auch nach dem Zusammenbauen war das Ergebnis enttäuschend; denn nur alle dreißig Sekunden gab der Kasten einen Ton von sich. Schließlich wurde Jansson geweckt und verkündet, der Regulator sei kaputt. Immerhin lief das Grammophon bald darauf, und die schauerlichen Töne des „Posthorn-Galopps" kreischten über die stillen Wasser des Nordkanals, auf dem wir völlig bekalmt schwammen. Nur die Strömung versetzte uns nach Südosten. Kroner und ich lagen auf Lukendeckeln und ließen uns von der Oktobersonne wärmen. Zweimal mußte ich mit der Backbordwache antreten, einmal um die Untersegel aufzugeien, weil sie flappten und knallten, dann um die Rahen zu brassen.

Gegen Abend sprang eine Brise auf, das glatte Wasser wurde unruhig, und das Schiff begann sich in der langen Atlantikdünung zu wiegen. Sogleich wurden die Schoten der Untersegel durchgeholt. Bei einbrechender Dämmerung ließen wir den Nordkanal hinter uns. Rathlin Island versank achteraus. Um Mitternacht lief *Moshulu* dreizehn Knoten, da während der Nacht der Südwestwind auffrischte. Das Schiff warf auf beiden Seiten eine achtzehn Meter hohe Bugsee auf. An Deck nach der Luvseite zu gelangen, bedeutete eine steile Klettertour, während man schnell genug in den Leewassergang hinabschlitterte. Beim Abendbrot knallten alle aus schierer Freude die Kummen auf die Back und sangen dazu. Beim Wachwechsel wurden die Oberbramsegel geborgen, weil das Schiff zu topplastig war.

Während der ganzen Nacht jagte uns der Südwest in den Atlantik hinaus. Von oben kam ein lautes Brausen, das ich zum ersten Mal hörte und vielleicht nie wieder hören werde — das Brausen starken Windes in der Takelage eines guten Schiffes!

8. Die Freiwache

Der Atlantik verschlang *Moshulu* und ihre Besatzung. Von jetzt ab erhielten wir keine verbürgten Nachrichten mehr. Der Zweite sollte angeblich ein Radio besitzen. Mir war es, als höre ich gelegentlich unzusammenhängende Fetzen Tanzmusik aus den Offizierkammern, von denen wir durch stählerne Schotten und das Bordritual getrennt waren. Dann aber kam ich zu dem Schluß, es müsse sich um eine Sinnestäuschung handeln, wie wenn man das Ohr an eine Muschel hält und Brandungsrauschen hört. Viel später erst bekamen wir das Radio zu sehen. Ich glaube aber nicht, daß der Besitzer, der Zweite, viel Zeit hatte, ihm zu lauschen. Er fertigte nämlich ein Modell der *Moshulu* an von 1,20 Meter Länge mit allem laufenden Gut und Braßwinden, die sich drehten. Das vorhergehende Modell hatte er in Belfast für 60 Pfund verkauft und diesmal für die neue Arbeit überraschend viel Holz an Bord gebracht.

Auf Freiwache streifte er bereits über Deck und forschte mit seinen gelblichen Augen in der Takelage, um die Höhe der Masten und die richtigen Größenverhältnisse der Rahen zu schätzen. Für nichts sonst hatte er im Augenblick Interesse. In Form von Gerüchten gelangten Nachrichten zu uns. Rückschauend erwiesen sie sich als so unglaubwürdig, daß ich den Eindruck habe, nur Fetzen der Sendung seien damals empfangen worden, nur ab und an sei irgendeine Örtlichkeit, der Name irgendeiner Persönlichkeit erwähnt worden, um die sich dann ein unerfreuliches Gerücht gerankt hatte. Schon sehr bald wurde es mir zur Gewißheit, daß der Apparat — sofern überhaupt einer an Bord war — nur deutsche Sender empfing, die im Jahre 1938 auf allen Wellenlängen Greuelmärchen verbreiteten. Im übrigen waren wir durchaus nicht auf Nachrichten erpicht; denn im Laufe der Zeit fraß uns das Schiff mit Haut und Haaren. Schließlich gehörte ihm unser Leben ganz allein. Hundertmal am Tage blickte jeder von uns zu den himmelanstrebenden Leinwandpyramiden empor, sah die herrlich geschwungenen Kurven an den Gillingen und die straffen Schoten der riesigen Untersegel, lauschte dem tiefen Brummen des Windes, der bis zu den Mastspitzen hinaufstieg, dem Pochen und Rattern des Rudergeschirrs, während das Schiff vorwärts stürmte, hörte das

Glasen des Rudergängers, das Wachwechsel oder Essenszeiten ankündigte. Wir waren in eine so eisern innegehaltene Routine eingespannt, das alles, was nicht das Schiff betraf, für uns ganz unwirklich wurde.

Gingen wir übers Mitteldeck am Kapitän — immer in Lee — vorbei, so legten wir als Gruß die Hand an die Stirnhaare. Einfach unfaßbar, daß so etwas im 20. Jahrhundert geschah. Bekamen wir Befehl aufzuentern, um eine Zeising um das Royal zu nehmen, und zwar schleunigst, dann fühlten wir uns um hundert Jahre zurückversetzt. Lagen wir mit allem Zeug in der Koje, horchten auf das Brausen des Windes und die Schritte des Wachhabenden über unseren Häuptern, so wußten wir, wenn das Schiff besonders hart überlag, daß wir in spätestens drei Minuten zum Segelbergen gereppt werden würden. Schließlich wurde *Moshulu* so sehr ein Stück von uns selbst, daß sie unser ein und alles zu sein schien. Wir wünschten uns keineswegs sehnlich, möglichst bald in unseren Bestimmungshafen zu kommen; denn wir wußten ja, daß er noch fern und sein Klima ungesund sei. Leider wußten wir aber auch, daß wir dort kein Geld haben würden. Nein, es war wirklich nicht leicht, auch nur mit bescheidenster Begeisterung an die Zukunft zu denken. Daher klammerten wir uns an die Gegenwart.

Montagnachmittag, dem siebenten Tag unserer Reise, standen wir etwa hundert Seemeilen WNW von Tory Island und liefen SzW, also annähernd parallel zur irischen Küste. Der Überschwang des vorhergehenden Abends, als das Schiff aus dem Nordkanal ins Meer hinausstürmte, war verflogen. Das Stadium, in dem wir die Kummen auf die Back knallten, war vorbei. Es hatte seit dem Morgen abgeflaut, und der Wind war auf Nord umgesprungen. In einer durcheinanderlaufenden schweren Dünung dümpelte die *Moshulu* kläglich. Gleichzeitig bekam sie ausgesprochene Schlagseite nach Backbord, ein Beweis, daß der Ballast getrimmt werden mußte. Unter einem kalten, grauen Himmel braßten wir die Rahen nach dem Wind und setzten aufs neue die Royals.

Als ich am Großmast Gordinge überholte, blickte ich auf eine See, die genauso farblos und kalt wie der Himmel war. Plötzlich schoß ein Zug Delphine aus dem geneigten Hang eines Wellenberges hervor, schwebte einen Augenblick über dem Wellental und tauchte, prachtvoll ausgerichtet, in die folgende Wasserwand, wobei der Gischt aufstäubte. Dann erschienen die Tiere, nun in aufgelöster Ordnung, aufs neue und spielten eine halbe Stunde rings um das Schiff. Sie scheuerten sich am Steven, schubsten sich, schnauften und stöhnten in wunschloser Seligkeit. Ihr fröhliches Spiel ließ auf einmal alles erträglicher erscheinen. Die Delphine begleiteten uns, bis Duhnkie mit einer Harpune an Deck kam, an der eine Leine von zwanzig bis fünfundzwanzig Meter Länge hing. Dann erst stoben sie mit Höchstgeschwindigkeit nach Westen davon, und wir sahen sie nicht wieder.

Am nächsten Morgen ging ich voll Stolz meine erste selbständige Ruder-
wache, wegen der Kälte warm eingepackt, während der Erste Offizier
nur ein dünnes Baumwollhemd und Khakihosen anhatte. Sorgenvoll und
zähneklappernd umkreiste er den Kompaß. An seiner Nase hing ein großer
Tropfen. Von Zeit zu Zeit beugte er den Oberkörper in die Kursrichtung
und rief mit zuckersüßer Stimme, in der die ganze Angst lag, womöglich
seinen unzuverlässigen Rudergänger, den er am liebsten umgebracht hätte,
aus der Fassung zu bringen: „Nur wenig... nur wenig... nur etwas
mehr." Der Skipper trat aus dem Kartenhaus. Er trug seinen Ledermantel
und auf dem Kopf eine altmodische Autokappe mit Ohrenschützern, an
den Füßen ausgelatschte Pantoffeln. Er hatte weit weniger Hemmungen.
Eine Zeitlang sah er aus rotgeränderten Augen auf die unruhige See. Ich
merkte sofort, daß er im Grunde gar nicht wußte, worüber er sich eigentlich ärgerte. Dann sah er mich, wie ich durch die Speichen des Rades auf
den Kompaß starrte. Endlich war ein Grund für seine Gereiztheit gefunden, und er raunzte saugrob:
„Kurs steuern, Mann. Halt' gefälligst Kurs!"
„Kurs steuern", wiederholte ich; denn ich dachte an die Belehrung des
Zweiten bezüglich der Wiederholung erteilter Befehle.
Wütend sah mich der Kapitän an, und ich versuchte mich hinter dem Rad
zu verkriechen. Dann ging er über das schwankende Deck nach Luv und
starrte verdrossen aufs Meer.
„Das hättest du nicht sagen dürfen", raunte der Erste. „Das gehört sich
nicht. — Jetzt ganz wenig mehr."
Nach einer Stunde, die mir sehr lang vorkam, wurde ich von Sedelquist
abgelöst. Er wiederholte den ihm vor mir angegebenen Kurs in über-
legenem Ton, wuchtete mit aller Kraft an den Speichen und betätigte die
Fußbremse derart geräuschvoll, daß der Eindruck entstehen mußte, ich
habe bisher einen um 180 Grad falschen Kurz gesteuert.
Da der Skipper immer noch zornig nach Luv blickte, meldete ich mich
beim Ersten ab. Als ich zum Logis hinuntergehen wollte, hievten gerade
Taanila und Jansson einen großen, aber ziemlich morschen Sack voll Kartoffeln den Niedergang hinauf. Taanila stand oben und zog; Jansson
schob von unten nach. Es lief starke Dühnung, und das Schiff dümpelte
wild hin und her. Taanilas Gesicht war grünlich und seine Backen auf-
gebläht, als lutsche er ein großes Bonbon. Als der Kapitän das grüne
Gesicht sah, gab er dem Jungen einen dringend nötigen Befehl. Darauf
ließ Taanila den Sack los und stürzte an die Reling. Ein gedämpfter Auf-
schrei von Jansson, als anderthalb Zentner Kartoffeln ihn den Niedergang
hinunter fegten. Dann barst der Sack, und Jansson lag unter einem Berg
von Kartoffeln begraben an Deck.
Taanila hatte tatsächlich nur den Befehl seines Kapitäns ausgeführt und

hing über der Reling, wie es sich gehörte. Unglücklicherweise faßte eine launische Bö alles, was er von sich gab, und jagte es als geballte Ladung aufwärts gegen das Großsegel, wo es flach gepreßt wurde, um im hohen Bogen zur Luvreling hin zu fliegen. Fasziniert hatten Skipper und Erster diese Evolutionen mit den Blicken verfolgt. Aber als nun der ganze Segen wie ein Bumerang auf sie zukam, nahmen sie volle Deckung — der Kapitän hinter dem Kartenhaus, der Erste hinter dem Großmast. Mir machte es einen diebischen Spaß zu beobachten, wie die beiden aus ihren Verstecken hervorlugten. Ich dachte an das bekannte Bild, auf dem Winston Churchill und ein Polizeikommissar kriegerisch, aber auch vorsichtig die Aushebung einer Verbrecherbande von ferne verfolgten. Die beiden Offiziere traf so gut wie nichts, dafür aber bekam der tapfer weiter steuernde Sedelquist fast alles an sein Luvohr.

Es entstand ein großes Durcheinander. Ich mußte wieder ans Rad und seine Speichen mit viel Einfühlung drehen, um das Schiff auf den richtigen Kurs zu bringen, von dem es verständlicherweise abgewichen war. Im Logis verprügelte Sedelquist unterdessen Taanila, was gewiß keine Heldentat war. Darauf ging Taanila mit dem Messer auf den Gegner los, konnte ihn aber nur beißen, weil ihm Sandell das Messer entwunden hatte. Zehn weitere Minuten verbrachte ich am Rad, weil Taanila erst noch das Deck säubern mußte.

Nach dem Mittagessen schaufelte die Steuerbordwache Ballast im Laderaum. Wir von der Freiwache beschäftigten uns mit einem schwierigen Puzzlespiel. Es zeigte Napoleon, der vom Achterdeck der *Bellerophon* düster aufs Meer starrt, während sich im Hintergrund sein Gefolge ängstlich unterhält. Alle beteiligten sich am Legen außer Taanila, der von der Seekrankheit und seinem Mordversuch erschöpft in der Koje schlief, und Sedelquist, der ganz für sich allein saß und einem lasterhaften Apollo glich.

Mit Sedelquist hätte man sich sehr gut unterhalten können. Er war an Bord der *Herzogin* gewesen, als diese im Jahre 1936 an der Küste von Devonshire strandete. Aber seine hemmungslose Leidenschaft waren Frauen, ob alt oder jung. Besonders jetzt, wo er ihr nicht frönen konnte, wurde es zur Qual, ihm zuzuhören.

In jener beschämenden Nacht in der Irischen See, als er mich am Ruder ablösen mußte, hatte er mir die haarsträubendsten Erlebnisse zugeraunt. Eins davon hatte ich wenigstens ganz amüsant gefunden, und sei es nur, weil er stets die Geschlechter durcheinander brachte.

„Kennst du Donegall Square?"

„Ja."

„Och, dann kennst du Schulmädchen ... strammes Schulmädchen?" Nun verlor er sich in eine eingehende Beschreibung jener gräßlichen Uniform, wie sie Schülerinnen höherer Mädchenschulen in England trugen. Nach seiner Schilderung war das betreffende Mädchen dieser Tracht an allen kurvenreichen Körperpartien völlig entwachsen.

„Ich saß in Tram hinter ihm", fuhr er fort. „Und dann stieg er aus. Ich hinter ihm her. Ich sprach mit ihm."

„Na, und was geschah dann?"

„Er kreischte", antwortete Sedelquist trocken.

Neben Sedelquist saß Sandell, ein älterer Seemann mit einem langen rabenschwarzen Spitzbart. Er war ein ganz anderer Typ als der nordische Sedelquist, hatte einen Italiener zum Vater und eine Finnländerin zur Mutter. Mit sechzehn Jahren hatte er an der Arktis-Expedition von Martini Nordlund teilgenommen, war dann auf Schonern in der Ostsee gefahren und auf der *Moshulu* eingestiegen, nachdem er bei gutem Verdienst unter Island Fischfang getrieben hatte, Sandell, im Backbordlogis der einzige Verheiratete, zeigte mir gerade den mürrisch dreinblickenden Napoleon auf dem Deckel des Puzzles. Er brach in wieherndes Gelächter aus und brüllte: „F . . . mich. Genau wie Sedelquist. Verdammt böse." Dabei schlug er sich mit der schwarzbehaarten Hand auf den Schenkel.

Dieses eine Mal schwieg sein Nachbar. Erstens war Sandell wie auch er Vollmatrose, zweitens drei Jahre älter, und drittens hatte die Heringsfischerei aus ihm einen eisenharten Mann gemacht, der Sedelquist mühelos hätte zusammenschlagen können, wenn ihm einmal danach zumute gewesen wäre.

„Doch . . . genau wie Sedelquist", wiederholte der Schwarze strahlend; denn er hatte sich darüber geärgert, daß der andere Taanila verprügelt hatte. Man hätte ihn getrost der Bestrafung durch einen Jungmann oder Anwärter überlassen sollen, war er doch im Grunde nur ein Kind, wenn auch ein bösartiges. Wie beiläufig griff Sandell in seine Hosentasche und wandte sich mir zu. „He du, Kossuri." Kossuri war bereits mein Spitzname geworden und bedeutete im Finnischen etwa „Großgrundbesitzer". Ich verdankte ihn meinem vornehmen Vuitton-Koffer. „He, Kossuri. Friß mal 'ne Apfelsine. Is' gut für den kleinen Mann."

Auf der anderen Seite der Back saß Alvar, mit dem ich jene angeregte Unterhaltung über das Thema „Kaffee um halb vier" geführt hatte. Er fuhr seit etwa einem Jahr zur See und war vorher Bäckergeselle gewesen. Vielleicht hatte ihn irgendein Verstoß gegen die guten Sitten dieses Gewerbes veranlaßt, das Bäckerhandwerk gegen die Seefahrt zu vertauschen; denn in Toilettenfragen war Alvar alles andere als bewandert. Um in der unteren der beiden Querschiffskojen, die ich bewohnte, überhaupt etwas sehen zu können, mußte ich eine kleine Petroleumlampe benutzen. Alvar schlief über mir und beschwerte sich mit vollem Recht, daß er einen langsamen Erstickungstod sterbe. Da ihm im monotonen Gleichmaß eines

Nebelhorns „hinterlistige" Geräusche entwichen, drehte ich den Docht meiner Lampe nur ungern herunter. So machten wir uns viele Wochen das Leben möglichst schwer, bis ich endlich eine andere Koje erhielt.

Neben Alvar saß Yonny, als „Yonny Valker"* bekannt. Yonny hatte hellblondes Haar, aber keinerlei Andeutung von einem Kinn. Zwei riesige Eckzähne ragten bis über seine Oberlippe, so daß er mit diesen „Hauern" einem „Dugong" sehr ähnlich sah, jenem großen, pflanzenfressenden Säugetier des Indischen Ozeans, das auch Seekuh heißt. Er war der älteste Jungmann unserer Wache. Ob das Leben schwer oder angenehm war, ließ ihn völlig kalt. Wäre er Infanterist gewesen, dann hätte Yonny beseligt auch in einer tiefen Pfütze geschlafen, in der er zufällig beim Kommando „Halt" stehengeblieben war. Yonny und Alvar hatten leider höchst unerfreuliche Tischmanieren. Sie spuckten große Fleischstücke auf die Back und beugten sich so dicht über ihre Teller, daß sie beim Ende einer Mahlzeit hinter Bergen von Kartoffelschalen so gut wie ganz verschwunden waren.

Im Augenblick aß Yonny freilich nicht, sondern bohrte in der Nase, stierte in die Gegend und wälzte vermutlich das Problem, womit er uns künftig ärgern könne.

Zur Linken von ihm saß Bäckmann, ein siebzehnjähriger junger Mann, blaß und von großem Heimweh geplagt. Dann kam Hermansonn, der dritte Jungmann, auch er siebzehn Jahre. Schon neigte er zur Korpulenz, war aber mit seinem Stiernacken und muskelbepackten Armen ein Mann, mit dem man rechnen mußte. Er war ein Freund von handfesten Späßen. Ging man vor ihm einen Niedergang hinauf, so wurde man ganz gewiß in den Hintern gekniffen. Wo Hermansonn weilte, fiel bestimmt eine Pütze voll Wasser von der Oberkante der Tür auf einen herab. Betrüblicher aber war es, daß er jeden, der seine Muttersprache Finnisch nicht beherrschte, für einen Halbirren hielt und als Zielscheibe der Veralberung benutzte. In dieser Beziehung ähnelte er eher einem Engländer. Weit besser hätte er sich dafür geeignet, im Golfclub einer englischen Vorstadt den Ton anzugeben. Als ich dies Vytautas sagte, meinte er: „Nicht besser im Golfclub — besser in der Steinzeit." Mir schien wirklich, im Logis sei für Hermansonn und mich kein Raum. Er bedeutete nun einmal für meinen Seelenfrieden ein physisches Hindernis, das ich früher oder später aus dem Wege räumen mußte. Leider hatte der Bursche Riesenkräfte, und da ich mich ihm vorerst nicht gewachsen fühlte, mußte ich ihn notgedrungen ertragen.

Wir legten das Puzzle fertig, aber es fehlten Napoleons Füße und ein Teil des Decks, auf dem er stand. Infolgedessen sah er wie der König der Unterwelt in einer Pantomime aus, der aus einer Öffnung in der Bühne

---

* Nach der bekannten Whisky-Marke.

auftaucht. Während der Kaffeepause ging ich ins Steuerbordlogis, wo die Männer ebenfalls mit einem Legespiel beschäftigt waren, ehe sie wieder in den Laderaum hinunter mußten. Es war einfacher als das unsere. Ich sah sofort, daß es sich um eins handelte, das ich als Junge besonders gern gelegt hatte — eine Lokomotive der Great Western Railway. Mit verbundenen Augen hätte ich es zusammensetzen können. Es waren im Augenblick noch fünfzehn Stücke übrig, aber ein wichtiges, mit dem Schornstein darauf fehlte. Das Spiel machte offensichtlich Karma am meisten Spaß. Er war ein Finnländer aus einer so weltfernen Gegend, daß seine Sprache kaum einer an Bord verstand. Taanila hatte mir erzählt, er sei mächtig stark, wobei er durch eindrucksvolle Gesten einen Ringkampf angedeutet hatte. Viel mehr wußte keiner von ihm. Mag sein, daß er zum ersten Mal in seinem Leben ein Puzzle legte. Jedenfalls plapperte er vergnügt vor sich hin, während er mit seinen breiten Daumen ein Stück nach dem anderen an die ihm zukommende Stelle drückte. Zunächst konnte er es einfach nicht fassen, daß der Schornstein fehlte. Er suchte nach ihm unter der Back, betastete seine Kameraden, ob sie das Stück vielleicht versteckt hatten. Dann aber sprang er mit einem Wutgebrüll auf, packte die Illustrierte, die dem Bild als Unterlage gedient hatte, stürzte, bevor ihn jemand daran hindern konnte, an Deck und schleuderte Spiel samt Zeitschrift über Bord. Darauf warf er sich auf seine Koje, zog die Decke übers Gesicht und lag mucksmäuschenstill, wie ein Irrer, der Mordgedanken wälzt.

„Ich finde, Finnen sind Halbwilde", meinte Kroner. „Warum sperren sie nicht alle in ein Logis oder noch besser auf ein Schiff. Außerdem war das unsere letzte Illustrierte."

„Du verstehst ihn falsch", entgegnete Vytautas Bagdanavicius. „Er ist ja nicht auf uns wütend, sondern auf das Puzzle. Er ist sehr primitiv."

Und doch hatte Kroner alle Veranlassung, böse zu sein. Von den Stapeln Lektüre, die uns die Seemannsmission in Belfast an Bord geschickt hatte, war fast nichts mehr vorhanden. Zunächst verschwanden alle Nummern der Jagdzeitschrift „Field". Das tat mir im Grunde nicht leid; denn ihr Inhalt hatte zu höchst vertrackten Fragen Veranlassung gegeben, für deren Beantwortung ich nicht kompetent genug war. Hilbert von der Steuerbordwache war der wißbegierigste Leser gewesen.

„Was bedeutet ‚Polymelus of chick'?", fragte er und wies auf die recht deprimierende Fotografie eines jungen Fasanen, bei dem irgend etwas offenbar nicht stimmte. Unangenehmer aber war es, daß er lange über den Bildern aufgeschnittener Mägen von Birkhühnern brütete. „Sieh mal, was die in dem sein' Magen gefunden haben", worauf er eine Aufzählung vorlas, die mir jeden Appetit verdarb.

Der „Tatler" war schon eher etwas für die Männer. Sogar Sedelquist

wurde bei der Lektüre guter Laune, fand doch dabei sein Vorurteil gegenüber den Engländern reiche Nahrung.

„Englisches Roßbief, richtige Kuh", sagte er bei Betrachtung einer Fotografie von Cynthia, der Tochter eines verabschiedeten Generalmajors, die
in rosa Tüll kokett posierte und deutlich ihre Impfnarben auf einem Ober-
arm zur Schau trug, der so stramm wie derjenige Hermansonns war. Es
fiel mir in diesem Fall schwer, Sedelquist nicht recht zu geben.

Der Verschleiß von guten Illustrierten war so gewaltig, daß bald nur noch
ein paar Exemplare von „Sunday at Home" vorhanden waren. Dazu ein
paar scheußlich langweilige Geistesprodukte wie der „Bericht der Hafen-
behörden von San Francisco aus den Jahren 1935/36" und einige völlig
unverständliche theologische Werke. Eins davon behandelte die Unmög-
lichkeit des Zölibats katholischer Priester. Ein Übermaß an schlüpfrigen
Einzelheiten ließ es als sicher erscheinen, daß der Verfasser erst kurz zuvor
aus dem geistlichen Stande ausgestoßen worden war. Es waren 900 Seiten
in so winzigem Druck, daß ich die Lektüre aufgab.

9. „Engelschiet" und „Kabelgarn"

Am nächsten Morgen mußte meine Wache in den Laderaum, um den Ballast zu trimmen und zu sichern, damit er nicht übergehen und zu einem gefährlichen Krängen des Schiffes führen konnte. Das war im Jahre 1928 der *Herzogin Cäcilie* bei den Hebriden passiert, wo sie eine Schlagseite von 70 Grad bekommen hatte, so daß die Lukensülle unter Wasser standen.

An Deck war es kalt. Als wir mit dem Sandschaufeln und dem Transport der Pflastersteine begannen, trug jeder von uns mindestens zwei Sweater; aber als uns um dreizehn Uhr die Steuerbordwache ablöste, schwitzten wir in Hemd und Hose. Einige waren sogar bis zum Gürtel nackt. Alle murrten, sie seien doch keine gottverdammten Landarbeiter.

Drei Tage später hatten wir immer noch mit dem Ballast zu tun. Nachdem wir durch gleichmäßige Verteilung *Moshulu* auf ebenen Kiel gelegt hatten, packten wir oben auf Eisenbahnschwellen, die mit Ketten gehaltert wurden. Um sie steif durchzusetzen, trieben wir mit Schmiedehämmern Keile ein. Wer an Deck noch nicht seekrank geworden war, wurde es im Laderaum oder stand zum mindesten kurz davor. Mein Magen rebellierte jedesmal, wenn ich mit einer Schwelle auf der Schulter einen steilen, abrutschenden Sandberg hinaufstolperte. Der Laderaum war dunkel, riesig und unheimlich. Wenn sich die Bordwand zu mir hinneigte, hoben und senkten sich scheinbar die Stützen zwischen den Balken über uns und dem Kielschwein, so daß es mir vorkam, als sei ich während eines starken Erdbebens im Schiff einer Kathedrale. Dieser Eindruck wurde noch durch die überall herumliegenden, an Grabsteine erinnernden Brocken verstärkt.

Wieder an der frischen Luft, dachten wir nur ans Essen. In Belfast waren wir schon hungrig genug gewesen, aber Buden, in denen es Fisch und Kartoffelchips gab, und Pakete von zu Hause hatten unsere Freßgier leidlich gestillt. Jeden Morgen wurde jetzt nach dem Frühstück ein Kundschafter zur Kombüse geschickt, um festzustellen, was es fünf Stunden später zu Mittag gab. Der „Kock" bereitete ihm freilich meistens einen kühlen Empfang. Er sah Dr. Goebbels ähnlich, und sein Gesicht hatte die vielen Köchen eigentümliche Leichenblässe. Sie wurde noch durch Hemd,

Mütze und Schürze unterstrichen, die stets schneeweiß waren. Mir blieb es unverständlich, wie er sein Leben überhaupt ertrug. Er stand um vier Uhr dreißig auf, um sein Tagewerk zu beginnen, mit dem, wie er genau wußte, doch keiner zufrieden sein würde. Er wußte aber auch, daß seine Kostgänger um halb neun Uhr abends, wenn er seine Kombüse endlich abschloß, genauso hungrig waren wie morgens beim Frühstück. Der „Kock" schlief mit der übrigen Achterwache in einer stockdunklen, erstickend heißen Kammer wie ein Toter. Es war ganz unmöglich, ihn wach zu bekommen; wohl aber konnte man ihn durch dauerndes Schütteln zum Aufstehen bewegen. Dann zog er sich bedächtig an und schlurfte zur Kombüse, wobei er dauernd irgendwo anstieß und sich sehr weh tat. Aber er spürte es nicht. In der Kombüse kochte er Kaffee und machte das Frühstück klar, alles noch im Halbschlaf. Zwischen den Lippen klebte eine erkaltete Zigarette. Wollten wir bei nassem Wetter Kleider oder Strümpfe am Herd trocknen, so waren wir auf seine Gutmütigkeit angewiesen. Bisweilen aber bekam er Wutanfälle und warf unser ganzes Zeug in den Kohleneimer. Dann sprachen wir nur von dem „förbannad", dem verfluchten Kock.

Nach wenig mehr als einer Woche war sein Speisezettel erschöpft. Von nun an wechselte er erbarmungslos zwischen wenigen Gerichten ab. Eine Ausnahme bildeten nur Tage, an denen wir gewisse denkwürdige Breitenoder Längengrade überschritten, oder besonders festliche Gelegenheiten. Dann kam ein neues Gericht auf die Back, das uns herrlich schmeckte. In der Tat blieb dem armen Kerl gar keine andere Wahl. Oft haben wir uns gefragt, wie es uns wohl ergangen wäre, wenn wir zu allem anderen auch noch einen schlechten Koch gehabt hätten.

Gepökeltes Rind- und Schweinefleisch war in unbegrenzter Menge an Bord. Mindestens einmal am Tage tauchte Schweinefleisch in verschiedener Aufmachung auf der Back auf. Mit ihm hatte es eine ähnliche Bewandtnis wie mit Theaterrequisiten. Auch das Schweinefleisch sollte lediglich Atmosphäre schaffen, um dann ungegessen wieder zu verschwinden. Am fürchterlichsten schmeckte es gebraten mit geschmorten Bohnen, die einen widerlichen metallenen Beigeschmack hatten. Nur Yonny versuchte, das Zeug hinunterzuwürgen, klagte aber anschließend über Kopfschmerzen.

Bisweilen lag das Fleisch in einer Erbsensuppe, die so steif wie Porridge war. Dazu gab es schwefelgelbes Gemüse aus Dosen. Die Erbsensuppe war herrlich und mein Lieblingsgericht, während das Schweinefleisch nur dekorativen Zwecken diente und getrost über Bord geworfen werden konnte. Manche alten Seeleute sollen sich noch nach fünfzig Jahren an die Erbsensuppe an Bord erinnern. Ich werde jedenfalls die auf der *Moshulu* nie vergessen.

Das Rindfleisch war ohne Knochen und wartete in Fässern voll Salzlake auf den Verzehr. In gekochtem Zustand nannten wir es „Buffalo". Wurde es aber gehackt mit Kartoffeln und zerstampftem Schiffszwieback serviert, dann war „Labskaus" daraus geworden, jenes seit undenklichen Zeiten beliebte Bordgericht. Nur mit Kartoffeln zubereitet, hieß es „Kabelgarn" und sah auch ungefähr so aus. Kabelgarn war entweder hervorragend oder scheußlich.

Niemals haben wir herausgefunden, aus welchem Grunde es eine so unterschiedliche Mahlzeit sein mußte. Bisweilen wurde „Buffalo" kurze Zeit in den Ofen geschoben und kam als „Roßbief" heraus. Dann verlockte es Sedelquist und Hermansonn zu spöttischen Kommentaren über den Niedergang des Britischen Weltreiches. Kartoffeln gab es gottlob zu jeder Mahlzeit, aber schon nach der ersten Woche gehörte Frischgemüse der Vergangenheit an. Nicht etwa die Zeit ließ den Inhalt der Fleischfässer so ungenießbar werden, sondern die Flüssigkeit, in welcher er schwamm. Yonny Valker und ich waren einmal zum Auffüllen der Kartoffelkisten in der Achterpiek gewesen, wo die Fässer standen. Auf jedem klebte ein rotes Siegel. Es bestätigte, daß der Inhalt unter der Aufsicht des Marinedepartements im Handelsministerium gepackt und untersucht worden sei, und zwar am 22. August 1938.

Bei diesem Ausflug zur Achterpiek standen wir unter strenger Kontrolle des Stewards, der uns nicht über den Weg traute; denn schließlich hatte er bereits neunmal Kap Horn umfahren. Yonny durfte nicht einmal in die Last hinuntersteigen, sondern blieb oben am Luk. Er zwinkerte mir wie ein ausgekochter Verschwörer zu, wobei er verstohlen auf Zehn-Pfund-Dosen voll Margarine und eine Anzahl seltsamer Gebilde mit ausgezackten Rändern wies, die über mir an der Decke baumelten. Zwar hätte ich mir gern einen Ruf als Tausendsassa verdient, konnte aber nicht einsehen, warum ich etwas klauen sollte, was an Keulen erinnerte, mit denen Kannibalen ihre Opfer totzuschlagen pflegten. Es wäre auch wirklich ganz sinnlos gewesen; denn prompt sagte der Steward, offensichtlich ein Gedankenleser: „Die brauchst du gar nicht anzugucken. Stockfisk, Kock kocht sie stundenlang."

„Wie schmecken sie denn?„ fragte ich.

„Wie nichts — verdammt gar nichts."

Zum Nachtisch gab es ab und zu blaßgelbe, süßliche Makkaroni, von den Jungen „Engelschiet" getauft, und eine eingedickte Suppe mit Backobst, die Froschlaich ähnlich sah. Nahm man dazu sehr viel Zucker, so war sie ein nahrhaftes Gericht, das uns vielleicht mehr als alles andere, was wir aßen, gesundhielt und vor Skorbut bewahrte. Ihr Spitzname ist nicht wiederzugeben. Gelegentlich gab es „Engelschiet" zusammen mit „Kabelgarn", was aber nie ein Erfolg war, weil sich die beiden Gerichte aus irgendeinem Grunde nicht miteinander vertrugen. Auch Eierkuchen gab es dann und wann; meistens waren sie schwer wie Blei. Man tat gut, sie in kleine Würfel zu schneiden und jeden einzeln zu zerkauen, wollte man seinen Innereien keinen Schaden tun. Porridge und Reis mit verdünnter Marmelade schmeckten gut.

Die Offiziere bekamen ein paar bescheidene Leckereien; zum Beispiel Lachs und norwegische Fischklöße in Dosen, natürlich auch Marmelade zum Frühstück. Aber ich möchte meinen, daß wir vor dem Mast im Verlauf der Reise stets ein wenig von dem abbekamen, was es achtern gab, denn unser Skipper war keineswegs knickrig. Frisches Brot gab es reichlich, weil der Koch zweimal in der Woche backte. Sonnabends kam sogar ein besonders liebevoll zubereiteter Laib auf die Back, mit Zuckerguß und manchmal gar mit Rosinen. Diese Delikatesse bedeutete für uns zugleich das Ende einer Arbeitswoche, und alle waren in entsprechend guter Stimmung.

Die Männer der Morgenwache — von vier bis acht Uhr — bekamen schon um fünf Uhr dreißig Kaffee, die übrigen zum Frühstück, und alle zur Arbeitspause um fünfzehn Uhr dreißig. Reichte die Portion auch aus, so empfahl es sich doch, pünktlich zu sein, weil der Emailletopf nicht allzu häufig gesäubert wurde. Da es mittags und abends Tee gab, lagerten auf dem Boden schichtweise Teeblätter und Kaffeesatz. Mit englischem Tee hatte unserer auch nicht die geringste Ähnlichkeit. Jede Wache empfing sonnabends zwei Dosen kondensierte Milch als Wochenration. Unweigerlich waren sie am Montag, spätestens aber am Dienstag nachmittag leer.

Abgesehen von den für uns alle bestimmten Portionen bekam jeder in der Woche ein Pfund Margarine und ein Pfund Zucker, die er selbst aufbewahrte. Anfangs waren freilich die Rationen für die ganze Woche gemeinsam verausgabt worden, aber davon wurde unter Zustimmung aller abgegangen. Das geschah nach einer unerfreulichen Woche, während der wir versucht hatten, wie zivilisierte Menschen zu leben, die sich übrigens vielleicht nur deshalb zivilisiert benehmen, weil sie wissen, daß sie jeden Bedarf im Laden an der Ecke befriedigen können. Zunächst blieben also Zucker und Margarine auf der Back stehen ... und nach zwei Tagen war von beidem nichts, aber auch gar nichts mehr da.

Die Rationen wurden stets am Sonnabend früh verausgabt. Bisweilen befiel uns alle eine Art Hungerpsychose. Dann waren Zucker und Margarine bereits am Donnerstag vertilgt. Zwei magere Tage aber erschwerten es sehr, die neue Woche mit einer sparsamen Einteilung zu beginnen. Denjenigen, die wirklichen Hunger kennengelernt haben, mögen wir beim besten Willen nicht bemitleidenswert erscheinen. Man darf jedoch nicht vergessen, daß die meisten von uns im Wachstumsalter standen und daß wir wie die Pferde schuften mußten. Die Freßgier der Crew war schlechthin phänomenal, aber sie konnte nur sehr selten gestillt werden.

10. Selbstreinigung

Zehn Tage nach dem Verlassen von Belfast holte ich mir eine halbe Pütze rostbraunen Wassers aus der Tiefe eines großen Tanks, der, an den Stützen auf dem Vordeck festgelascht, beim Versegeln 450 Liter enthalten hatte. Vor dem Einsetzen des heißen Wetters war es an der Zeit, sich noch einmal gründlich zu säubern. Es dauerte sehr lange, ehe das Wasser auf dem Kombüsenherd warm geworden war, weil der Koch es immer weiter von der Feuerung wegrückte. Endlich konnte ich mich mit Handtuch und Holzschuhen, die ich mir auf Freiwachen gebastelt hatte, zum „Vaskrum" neben dem Klosett auf den Weg machen, um Selbstreinigung oder „Rundvask" zu halten. Der Waschraum war ein düsteres, feuchtes Loch, in das nur durch ein mit Farbe bespritztes Bullauge ein wenig Licht fiel. Die Innenausstattung bestand aus einer einzigen Holzbank. Der glatte Zementfußboden war mit einer schlüpfrigen Seifenschicht bedeckt. Ich hatte die Wahl, mich bei geschlossener Tür im Halbdunkel oder bei geöffneter Tür im fliegenden Zug zu waschen, der von den Ankerklüsen hereinfegte. Gleich darauf kam auch noch Kroner, und wir beschlossen, die Tür zu schließen. Ein reiner Spaß war es wirklich nicht, im Dunkeln herumzuschlittern, und es kam, wie es kommen mußte. Ich warf Kroners Pütze ausgerechnet in dem Augenblick um, als er von Kopf bis Fuß eingeseift war. Mir blieb nichts übrig, als meine halbvolle Pütze mit ihm zu teilen. Auf diese Weise wurde für uns beide die erste „Rundvask" zu einem recht zweifelhaften Vergnügen. Als aber am folgenden Tag die Sonne durchbrach, konnten wir uns nur beglückwünschen; denn nun wollten alle Selbstreinigung machen, ... aber es gab kein Wasser mehr.
Mittlerweile war es warm genug, um nur noch Hemd und baumwollene Hose zu tragen. Wie ich Sedelquist um die seine beneidete! Zahlreiche Wäschen hatten sie zu einem herrlichen Hellblau gebleicht. Vytautas Bagdanavicius besaß ebenfalls wunderschöne Hosen, die aus San Francisco von einem Spezialisten mit Namen Levy stammten. Zu jener Zeit waren „Blue Jeans" noch nicht die große Mode, und doch gehörte es sich an Bord, daß man verblichene Overalls trug. Also begann ich die meinen mit heißem Seewasser zu schrubben, wobei ich jene „Seewasser-Seife" ver-

wandte, die mir der Lieferant damals aufgeschwatzt hatte. Aber meine englischen Hosen blieben obstinat dunkelblau. Schließlich fragte ich Sedelquist um Rat; denn er war auf dem Gebiet der Hosen eine Art „Arbiter elegantiarum".

„Weißt du was", meinte Freund Sedelquist, „deine Hosen sind beschissen schlecht, richtige Roßbief-Hosen. Du mußt sie immer wieder in Ätznatron waschen, aber nimm nicht zu viel."

Also wusch ich sie in einer schwachen Lösung, und wirklich verblaßten sie etwas. Bei der Ankunft in Australien hatten sie genau die gewünschte Tönung, und am selben Tage lösten sie sich in ihre Bestandteile auf.

„Zu viel Soda", sagte Sedelquist tief befriedigt, „und zu viel Roßbief."

Die Steuerbordwache begann, sich gegenseitig die Haare abzurasieren. Schimmerten die blassen Schädel im Sonnenschein, dann sahen sie wie Gäste aus dem Weltenraum aus. Sehr bald tauchte Hilbert, ein seebefahrener Matrose, mit einer Schere bewaffnet, an der Tür unseres Logis auf. Nur Yonny Valker und Sedelquist lehnten die Prozedur ab, der eine aus Gleichgültigkeit, der andere, weil er eitel war. Als ich an der Reihe war, bat ich Hilbert, nicht zu viel wegzuschneiden, hatte ich doch Hermansonn und Taanila gesehen, die beide bis auf die Kopfhaut geschoren waren. Hermansonn sah wie Yul Brynner und Taanila wie eine Kaulquappe aus.

„Hör mal", entgegnete Hilbert. „Ich bin Neptuns Königin, wenn wir über die Linie gehen. Hast du dann Haare, mach' ich dir das Südkreuz."

„Südkreuz? Was ist das?"

„Das wirst du schon sehen", sagte Hilbert geheimnisvoll.

Als er zu schnippeln begann, bat ich nochmals, doch etwas auf dem Scheitel stehen zu lassen. Er meinte nur: „Newby, von allen Verrückten bist du der Verrückteste."

Ehe er seine Arbeit beendet hatte, hörten wir lautes Donnergrollen aus Nordosten. Hilbert kam mir mit einer Bemerkung zuvor: „Gibraltar ... Kanonen." Sein selbstsicherer Ton schloß jeden Widerspruch aus. Dabei standen wir auf der Breite von Lissabon. Drei Tage lang hörten wir das Donnern. Mittlerweile war jeder fest überzeugt, es handle sich um Geschützfeuer von Gibraltar. „Gibraltar", sagte auch der Erste, als ich das Rad übernahm. Sedelquist steuerte bei: „Gibraltar, voll von Roßbief!"

Während der Freiwache hatte mich seit einiger Zeit irgend etwas gequält, das an meinen Beinen krabbelte, wenn ich in meinem Schlafsack aus Kamelhaar lag. Zunächst schob ich es auf eine Art Nesselfieber infolge zu salzreicher Nahrung. Dann versuchte ich es mit einer List. Ich steckte den Kopf in den Sack und ließ plötzlich meine Taschenlampe aufblitzen, wie ein Großwildjäger bei Nacht. Erfolglos. Schließlich legte ich die Beine auf den Schlafsack, aber auch das führte zu nichts, weil ich dabei offenbar die Quälgeister abstreifte. Ich hatte Hemmungen, mit anderen über die Sache zu reden, da ich ohnehin mit allerlei Hänseleien fertig werden mußte. Als ich aber beobachtete, wie Hermansonn, der sich sehr sauber hielt und über jeden Verdacht erhaben war, um zwei Uhr morgens mit einer Taschenlampe seine Decken absuchte und murmelte „Vägglus — Wanzen — verdammte Blutsauger", da wußte ich, daß ich Leidensgefährten hatte. Am sechzehnten Tag, als Madeira irgendwo an Steuerbord querab lag, öffnete ich ein Buch über „Splissen und Knoten". Es fiel eine fette rote Wanze heraus, die sich an meinem Blut gemästet hatte. Ich nahm das „Eselsfrühstück", meine zerknautschte Strohmatratze, aus der Koje. Darunter lag ein kleines Stück zusammengefalteter Leinwand. Ich schlug es auseinander — voller Wanzen! Ich hob die Kojenbretter hoch, und auf den Leisten, die sie stützten, wimmelte es von den Bestien. Weit schlimmer noch: In jeder Fuge, in jeder Verzapfung entdeckte ich viele tausend Eier. Den anderen ging es genauso. Nur Yonny Valker und Alvar mit ihrer Elefantenhaut schienen ganz unbeeindruckt. Sedelquist entlieh die Lötlampe von Duhnkie. Ich besaß einen kleinen Arzneikasten, in dem auch einige schmerzstillende Tabletten waren. Ob sich Wanzen wohl an Morphium gewöhnten? Aber das wollte ich doch lieber für mich aufsparen. Ging es so weiter wie bisher, dann würde ich selbst es vermutlich nötig haben. Sedelquist „behandelte" jede Koje mit der Lötlampe, und ich hinterher mit einer kochend heißen Lösung von übermangansaurem Kali. Am besten wäre es wohl gewesen, alle Kojen über Bord zu werfen und neue zu zimmern. Wir töteten viele tausend Tiere, aber „Gute Ware hält sich".

Im übrigen handelte es sich keineswegs um eine neue Wanzenkolonie. Vielleicht hatten die Biester schon acht Jahre lang an der Westküste in Seattle einen Dauerschlaf gehalten. Mag sein, daß ihre Vorfahren bereits 1904 vor dem Stapellauf des Schiffes in Port Glasgow an Bord gekommen waren. Nach einer Woche waren sie jedenfalls alle wieder da. Ich warf meine Kojenbretter ins Meer, bohrte Löcher in die Wandbretter und fertigte aus Draht ein Netz als Unterlage für die Matratze, nur um festzustellen, daß sie in ihrer Strohfüllung wuselten. Also flog diese über Bord, und ich schlief auf dem Drahtgestell. Lange, glückliche Stunden desinfizierte ich meinen Schlafsack mit der Hand, glücklich, weil ich mir überlegte, wie gut es gewesen sei, daß ich keinen aus Rentierfell gekauft hatte. Mit wärmerem Wetter wurden die Wanzen immer frecher. Beim Frühstück krabbelten sie an den Beinen der Back hoch. Als wir rund um die Füße einen Ring spanischer Reiter aus Blech bauten, um das zu verhindern, huschte ein geborener Führer die Wand hoch, überquerte die Decke und ließ sich auf die Back fallen. Dann ging es über die Schlingerleiste hinunter aufs Deck. Damit hatte er mühelos den Weg hinter die von uns angelegten Verteidigungsanlagen gefunden. Gegenüber diesen Feinden war eine ortsfeste Verteidigung zwecklos. Uns blieb nichts übrig, als Material für die Anfertigung von Hängematten zusammenzusuchen.

Kroner und der dänische Anwärter Anderssen von der Steuerbordwache hatten bereits im Zwischendeck ihre Hängematten aufgehängt. Ihre dabei gesammelten Erfahrungen waren nicht allzu ermutigend gewesen. Zweimal waren sie schon auf das eiserne Deck gerauscht, nachdem ihnen ein Freund handgreiflicher Scherze die Steerte durchgeschnitten hatte. Beim zweiten Mal hatte sich Kroner in die Zunge gebissen. Als ich ihn sah, spuckte er Blut und war rasend vor Wut.

„Hast du's getan?", brüllte er voller Hoffnung, den Täter gefunden zu haben.

„Sei doch nicht blödsinnig. Mir reicht es wirklich, daß ich mit Hermansonn zusammen hausen muß. Ich wäre ja verrückt, wenn ich dich auch noch zum Feind bekäme."

„Finde ich das Mistvieh, dann steche ich ihm mein Messer in einen Körperteil, wo er mit ihm keine Steerte mehr durchschneiden kann." Er fand ihn nie, und weiterhin rauschten Hängemattinsassen an Deck. Fast alle Schabernacks an Bord der *Moshulu* waren mit Gefahren verbunden. Sie wurden bis zum Überdruß praktiziert.

Nach langer Suche fand ich endlich ein altes, aus den Lieken gewehtes Marssegel. Mit Handschutz und Nadel verbrachte ich einen ganzen Sonntag damit, es in eine Hängematte umzuwandeln. Ich machte einen kräftigen Saum, doch als ich mir den Schaden bei Licht besah, hatte ich die Leinwand an das Knie meiner Hose genäht. Nachdem ich einen Flicken eingesetzt hatte, nähte ich ein neues Liek an meine Hängematte, machte an jedes Ende einen Augspleiß und hing das Ungetüm zwischen zwei Stützen auf. Nachdem ich mich hineingeschwungen hatte, genoß ich genau fünfzehn Sekunden ein Gefühl herrlicher Behaglichkeit, wie es mir meine Drahtgräting im Logis nie geschenkt hatte. Dann riß die Leinwand, und ich krachte an Deck. Aus derart vergammeltem Material ließ sich eben beim besten Willen keine Hängematte fertigen. So kaufte ich schließlich dem Segelmacher für drei Unzen Tabak seine alte Miefrolle ab.

11. Kroner

Südlich von Madeira raumte der Wind von SSO auf OSO, wehte günstig vom afrikanischen Festland her und schlief endlich friedlich ein, abgesehen von einem gelegentlichen unbeständigen Lüftchen. Fast den ganzen dritten Sonntag in See — es war der neunzehnte Tag unserer Reise — verbrachten wir mit Brassen der Rahen je nach der Laune eines vorwiegend nur in unserer Einbildung wehenden Windes. In vierundzwanzig Stunden loggten wir trotzdem nur 87 Seemeilen. Um zwei Uhr am Montagmorgen kam starker Sturm aus WSW auf. Beim Aufkreuzen in stiebender See wehte das Fockroyal aus den Lieken und das Kreuzobermarssegel riß am Liek ein. Wir bargen Ober- und Unterbramsegel, fierten die beschädigte Leinwand an Deck und setzten die Tagesarbeit fort.

Die bevorzugten Männer pönten, auf Bootsmannsstühlen sitzend, die Wanten, was bei so starkem Wind eine aufregende Beschäftigung war. Andere, zu denen ich gehörte, klopften mittschiffs über den Wohnräumen Rost vom Deck. Dort saß er seit 34 Jahren, und als „Timmerman", ein freundlicher Hüne mit traurigem Gesicht und Riesenpranken, die Verschalung aufriß, sahen wir, daß der Rost an manchen Stellen höher als sechs Millimeter lag. Beim Picken mit unseren kleinen Hämmern sprang er in großen Fladen ab. Das Holz war im Inneren trocken wie Zunder und verbreitete einen starken, frischen Duft wie Kiefern nach Regen. Der Wind trieb ihn durch das ganze Schiff und weckte in jedem die Sehnsucht nach der Heimat.

Gegen Abend flaute der Sturm ab und die Nacht brachte eine Mondfinsternis, nachdem das Gestirn zuvor ungewöhnlich hell geleuchtet hatte. Als der Erdschatten von unten nach oben darübergeglitten war, hatte man den Eindruck, das Weltenende sei gekommen. Anderthalb Stunden schien der Mond so rostrot wie eine alte Münze, und das Meer leuchtete in derselben Färbung. Unser Schiff hob und senkte sich, als werde es von einem unterirdischen Beben bewegt. Eine bedrückende apokalyptische Szenerie. Ich war froh, als unsere Wache unter Deck gehen konnte.

Etwa um diese Zeit begann ich mich krank zu fühlen. Es fing mit bohrenden Kopfschmerzen und dem Gefühl an, alle Zähne würden aus den

Kiefern gepreßt. Das währte einige Tage. Eines Morgens erwachte ich mit einem Mund voller Geschwüre. Ich fragte mich, ob mich etwa der Mann mit der Spritze, bei dem es trotz seines Optimismus zu einem Rückfall gekommen war, angesteckt habe. Nach jeder Mahlzeit ging es mir schlechter, und instinktiv war ich überzeugt, es sei besser, eine Zeitlang kein Pökelfleisch mehr zu essen. Aber trotz aller Beschwerden war ich dafür zu hungrig. Alvar gab mir ein grellfarbenes Pulver — „Finnisch Medizin. Verdammt stark!" Mir aber half sie überhaupt nicht. Schließlich verordnete ich mir eine Diät. In meinem Vuitton-Koffer bewahrte ich dreißig Pfund verschiedener Marmeladen auf, ein Abschiedsgeschenk von meiner Mutter und Lucy, die sie selbst eingekocht hatten. Anfangs schien mir das eine gewaltige Menge, aber immer, wenn ich mir einen Löffel leistete, mußte ich das Glas allen Kameraden der Wache anbieten, die es, was durchaus zu verstehen war, prompt leerten. Zunächst freute ich mich, wenigstens für die dreißig Sekunden, die sie dazu benötigten, beliebt zu sein. Als die Burschen aber über meinen allzu sparsamen Verbrauch zu murren begannen, und Glas auf Glas dem allgemeinen Verzehr zugeführt wurde, schien es mir Zeit, knausriger zu werden. Unsere Kojen waren absolut geheiligt. Mochten noch so verlockende Dinge darin liegen, keiner rührte sie an. Mein Vuitton aber stand in einer Art Niemandsland, wo jeder zulangen durfte. Also verstaute ich meine dahinschwindenden Vorräte ans Fußende meiner Koje, und von nun an verschwand keine Marmelade mehr.

Ich beschloß, von Brot, Marmelade und Fruchtsuppe zu leben, bis ich mich wieder gesund fühlte. Aber wie durch Zauberei verschwand die Fruchtsuppe vom Speisezettel, und eine Woche lang schien es, als habe der Koch ein Gelübde getan, uns alle durch Skorbut umzubringen. In endloser Folge spie seine Kombüse „Buffalo" und „Kabelgarn" aus. Nur einmal gab es „Engelschiet", aber auch er war mit Kabelgarn gekocht. Als mich in der Mitte jener Schreckenswoche ehrliche Todesangst packte, bat ich auf dem vorgeschriebenen Wege, den Kapitän sprechen zu dürfen, der einen Medizinschrank besitzen sollte. Das Gespräch mit ihm fand ganz nebenher in sehr dunkler Nacht um ein Uhr statt, als ich Rudergänger war. Plötzlich tauchte der Skipper aus der Finsternis auf und redete mich in einer Sprache an, welche die meisten Europäer immer noch für Amerikanisch halten.

„Sieh mal einer an, du verträgst es also nicht. Liegst wohl im Sterben, wie?"

Ich sagte ihm, nach dem Genuß von Fleisch täte mir der Mund furchtbar weh.

„Also das verfluchte Fleisch ist es?" Dies sagte er in so wütendem Ton, daß es mir vorkam, als habe er meinen eigenen Gedanken Worte geliehen. Dann fuhr er nachdenklich fort: „Ja, ja. Diese englischen Jungen. Jeden

Tag Berge von Eiskrem. Aber hier gibt's Essen für Männer. Trink' nur tüchtig Zitronensaft, dann geht's dir bald besser oder du verreckst. Mach' dir nur keine Sorgen — ich jedenfalls mache mir keine um dich."
Diese saugrobe Behandlung und meine restliche Marmelade bewirkten die Heilung. Nach einer Woche wurden die Gaumen wieder hart, und ich fühlte mich gesund. Zugleich kam ich nun besser mit den Kameraden klar, die mich — das ist nun einmal das Geheimnis der menschlichen Seele — besser leiden mochten, seit sie mich nicht mehr ausnutzen konnten. Mit Hilfe des kleinsten schwedischen Wörterbuches der Welt gelang es mir, einen bescheidenen Wortschatz über das schlichte „gut" und „schlecht" hinaus zu sammeln. Dank eines Privatunterrichts im Steuerbordlogis eignete ich mir sogar ein paar derart gemeine Redensarten an, daß ich sie im Backbordlogis höchst wirkungsvoll verwenden konnte.
Die Arbeit am Schiff ging weiter. Jetzt wurde es zur Hälfte, genau zur Hälfte gewaschen: die halben Masten, der halbe Bugspriet. Die andere Hälfte war Reservat der Steuerbordwache. Ich verschaffte mir einen Posten an der Salzwasserpumpe, wo auch Duhnkie und sein Gehilfe Jansson arbeiteten. Das tat ich, weil Duhnkie ein notorischer Faulpelz, der Job also sicher leicht war. Der Donkeyman war ein magerer Geselle von 1,83 Meter, mit einem vierkantigen Schädel. Er hatte ein brutales Gesicht voll tiefer Falten und einen Mund, in dem die Zähne wie zerbrochene Kiesel standen. An seiner trockenen, dicken und herabhängenden Unterlippe klebte stets eine Zigarettenkippe, die so winzig war, als sei sie dort erloschen. So wüst, wie er aussah, war er gar nicht, wohl aber bärenstark und unübertroffen beim Durchholen der Leinen. Er hatte uns damals nachts in der Irischen See mit seinem Gebrüll angefeuert. Jetzt trug er auf dem Kopf eine schwarze Kappe und war bis zum Gürtel nackt. Seine Beine steckten in gestreiften Hosen, wie man sie sich zu einem Cutaway ausleihen kann. Darunter sahen riesige Füße in höchst eleganten, spitz zulaufenden Schuhen hervor, nur fehlten ihnen leider die Kappen.
Kamerad Jansson war womöglich noch dreckiger als gewöhnlich, hatte eine kalte Pfeife im Mund und eine halb gerauchte Zigarette hinter dem Ohr. Während sie pumpten, zeichnete der Schweiß weiße Linien auf ihre rußbedeckten Rücken. Beide grinsten mich freundlich an, und Jansson sagte: „Heh du, Kossuri — nur nicht zu fleißig pumpen."
Und wir pumpten den ganzen Nachmittag. Die freie Steuerbordwache kapitulierte im ungleichen Kampf gegen die Wanzen und zog sich in den seltsamsten Negligés, mit Matratzen, Büchern und Bonbontüten auf die Back zurück. Dort sonnte sie sich, während wir an Deck schwitzten. Pumpten wir fünf Minuten lang forsch, dann lieferten wir den Männern, die das Schiff wuschen, Vorrat für Arbeit von zehn Minuten Dauer. Während der Arbeit war Rauchen nicht erlaubt, und jeweils nach fünf Minuten ver-

schwanden Duhnkie und Jansson wie geölte Blitze, der eine ins Bootsmannsschapp, wo Schiemannsgarn, Marleinen und kleiner Kram aufbewahrt wurden, der andere in den Waschraum. Nach den Rauchwolken zu urteilen, die durch die Ritzen quollen, mußte er darin ein ansehnliches Feuer entzündet haben. Ich hatte nach dem Wachhabenden Ausschau zu halten und las eine Zeitung, die ich im Klosett vor der Benutzung gerettet hatte. Auf den Ruf „Weiterpumpen!" stürzten die beiden Donkey-Männer fluchend und brüllend aus ihren Refugien heraus. „Weiterpumpen! Weiterpumpen!" Dann drehten sich die Räder, und der ganze vorsintflutliche Apparat geriet in Bewegung, während wir die horizontalen Spaken hoben und senkten wie bei einer altmodischen Dorffeuerspritze.

Nach drei Stunden zeigte die Pumpe Ermüdungserscheinungen, und wir merkten bei unserer Arbeit einen Widerstand, den wir zunächst auf erhöhten Druck zurückführten. Gleichzeitig aber beunruhigten uns zornige Rufe, die sich immer rascher folgten: „Weiterpumpen!" Nicht lange, dann kreuzte Tria auf und begann uns anzuschnauzen: „Kein Wasser. Nun mal etwas schneller pumpen." Diese Aufforderung war durchaus überflüssig, denn wir arbeiteten wirklich wie die Teufel.

„Tria?", begann Jansson so höflich, als wolle er ihn um etwas bitten.

„Was denn?", sagte Tria.

„Leck dich am Arsch!"

Tria kam nicht mehr dazu, diesen Verstoß gegen die Disziplin zu ahnden. Im selben Augenblick entschloß sich nämlich die Pumpe, auseinanderzufliegen. Sie schleuderte mehrere Muttern und Bolzen, einen großen Brocken Zement, ein paar Fetzen Linoleum und eine eindrucksvolle Wasserfontäne in die Luft, auf der besagte Gegenstände einen Moment wie die Ziele in einer Schießbude herumtanzten, bevor sie uns um die Ohren sausten. Totenstille ... dann ein letzter melancholischer Seufzer.

„Irgendwas im Arsch", sagte Duhnkie hochbefriedigt. „Pumpen har släppt. Kapuut!", worauf er sich zu seinem „Rum" in Marsch setzte, um Werkzeug zu holen. Während der Erste vor Wut schäumte und sich bemühte, für die übrigen Leute andere Arbeit zu finden, begannen wir mit der Reparatur der Pumpe, die wir ruiniert hatten. Glückselig rührte ich Zement an und knetete Kitt, während Jansson neue Dichtungsringe und -scheiben aus einem Stück scheußlich gemusterten Linoleums schnitt. Darauf baute Duhnkie, der wenig mehr getan hatte, als mit einem Patentschraubenschlüssel zu klappern und sich wichtig zu tun, die Pumpe zusammen. Und wieder sicherte ich mir den bisherigen Job, nur war meine Zeitung mittlerweile verschwunden. Allzu sehr schmerzte dieser Verlust nicht. Ihre Lektüre wäre vielleicht für die intelligenteren Werbetexter bei Wurzel obligatorisch gewesen, in der Welt aber, in der ich jetzt lebte, schien fast der ganze Inhalt völlig unverständlich.

Am vierundzwanzigsten Tag standen wir auf 23° Nordbreite und 19° Westlänge. Dort, 150 Seemeilen von Kap Blanco an der afrikanischen Küste, fanden wir den Nordost-Passat. Am Abend zuvor war die Sonne in unvergleichlicher Pracht untergegangen, als *Moshulu* dicht am WSW-Wind anlag. Als wir um vier Uhr morgens an Deck kamen, waren die Rahen vierkant gebraßt und das Schiff lief Stunde auf Stunde acht bis neun Knoten.

Wir beeilten uns mit dem Auswechseln der Segel fertigzuwerden, das schon zwei Tage im Gange war. Einunddreißig Schrat- und Rahsegel mußten abgeschlagen und ebenso viele alte, geflickte Schönwetterleinwand in Wärme und Dunkelheit des Zwischendecks aufgestöbert, aufgeheißt und angeschlagen werden. Sie sollte uns durch die beiden Gürtel der Passate und die Roßbreiten bis zu irgendeinem Punkt südlich vom 30. Grad Südbreite tragen. Dort würden wir dann zur Fahrt über den Südteil des Indischen Ozeans auf dem 40. Breitengrad die Sturmleinwand aufbringen.

Sechs Stunden brauchten wir zum Auswechseln der Fock und dreier Ober- und Unterbramsegel. Als wir endlich wieder an Deck kamen, wartete ein scheußlicher „Buffalo" auf uns, aber kein Pudding. In ausgleichender Gerechtigkeit ließ der Skipper die Steuerbordwache sieben Stunden lang arbeiten, in denen sie drei Ober- und Untermarssegel auswechselte und uns außerdem bei der Fock half. Um uns die langen Dienststunden schmackhafter zu machen, entfachten die Offiziere einen edlen Wettstreit zwischen den beiden Wachen. Das fiel gar nicht einmal so schwer; denn hingen die Segel erst einmal oben an den Fallen, so machte die Arbeit Spaß. Vergnügt tanzte die See rings um das Schiff, und die Sonne brannte auf unseren Rücken. Fünf Tage lang stand der Nordost durch, warm, stetig und stark genug, um einem die Mütze vom Kopf zu reißen. Meine Freiwachen verbrachte ich auf der Back, und beobachtete fliegende Fische, die in Lee aus dem Wasser sprangen, und die winzigen Regenbogen, wenn aufstiebender Gischt der Wogenkämme von der Sonne beschienen wurde.

Nachts schliefen fast alle in Hängematten an Deck, aber keiner mehr, sobald der Mond schien. Dann verzogen die Männer sich unter die Back oder in irgendeinen Winkel. Hilbert lieh dieser merkwürdigen Antipathie Worte: „Schlaf' ja nicht im Mond. Er krempelt dich um und um." Ich mußte an Geistergeschichten und Gespenster mit Gesichtern wie zerknülltes Leinen denken, die sich in die Schlafräume der Menschen schleichen. Trotzdem sagte ich Hilbert, das sei doch alles Unsinn.

„Bist du noch nie in einem verhexten Haus gewesen?" fragte er. „Hast du noch nie gehört, wie die Geister im Mondschein brüllen? Mondschein bewegt Ebbe und Flut, warum soll er nicht auch Gesichter verzerren?"

„Hast du so was schon mal gesehen, Hilbert?"

„Die Geister?"

„Nein, Leute mit verzerrten Gesichtern."

„Das nicht, aber ich hab's gelesen."

Der Passat brachte das Schiff dicht an die Kap Verden heran. Dann schlief er neun Grad nördlich des Äquators ein, und wir kamen in die Kalmen. Die Guinea-Trift versetzte uns nach Süden, aber das Meer war ölig glatt. In der Abenddämmerung brummten doppelflüglige Wasserjungfern ums Schiff; ein kleiner weißer Schmetterling fiel in meine Hängematte; in einiger Entfernung querab geisterten zwei unheimlich schwarze Vögel übers Meer. Ein Zug fliegender Fische durchbrach die Wasseroberfläche, glitt etwa sechs Meter durch die Luft und tauchte wieder ein. Die Decks strömten immer noch die Glut der Tageshitze aus. Der Wind kam aus Südosten von der Küste her, die hundert Seemeilen entfernt war, und brachte einen süßlichen Duft wie von Jelängerjelieber. Die Sterne tauchten auf, aber der Große Wagen war nicht mehr zu sehen. Dagegen erkannten wir voraus dicht über dem Horizont zum erstenmal das Kreuz des Südens.

Um vier Uhr morgens wurde ich durch eine Reihe von Explosionen, gefolgt von einer Wasserflut geweckt, die durch das offenstehende Deckslicht hereinströmte. Das Licht erlosch, und das Schiff krängte in gefährlicher Weise, so daß alle Teller aus dem Spind herausstürzten. Mein ersten Gedanke war, wir seien mit irgend etwas zusammengestoßen und das Schiff gehe unter. Als wir uns durch die Tür des Logis zwängten, brüllte jemand höchst überflüssigerweise: „Alle Mann an Deck!"

An der Tür genügte Sandell ein einziger Blick, um zu rufen: „Tornado! Ganz stark." Im nächsten Augenblick hatte uns der Sturm gepackt.

Regen konnte man es nicht mehr nennen; eine kompakte Wasserwand ließ uns nach Luft schnappen. Dauernde Blitze beleuchteten eine wahrhaft furchterregende Szenerie. *Moshulu* war unter vollen Segeln von einem tollen Sturm aus Osten überrascht worden.

Sogar die Bramstagsegel und ein Royalsegel am Fockmast hatten gestanden. Jetzt legte sich das Schiff in einer See weg, die kochendem Wasser glich. Obwohl wir nur Ballast geladen hatten, war die Leeverschanzung unter Wasser. Die explosionsartigen Geräusche, die uns geweckt hatten, waren von sechs Segeln verursacht worden, die aus den Lieken flogen. Das Royalstagsegel, im Grunde zwecklos, doch unser aller Stolz, hatte der Sturm entführt; die Fock war aus den Lieken geweht, und ihre Fetzen peitschten die Back; das Royal am Kreuzmast, die Bramstagsegel des Groß- und Kreuzmastes und das Gaffeltoppsegel — sie alle waren verschwunden.

Ehe uns der Tornado überfiel, war nur Zeit zum Loswerfen der Groß- und Besanschoten, nicht aber zum Abfallen gewesen, so daß wir vor dem Sturm hätten davonlaufen können. An ein Aufgeien der Leinwand war nicht zu denken.

An Deck herrschte ein unbeschreiblicher Tumult. Die Stagsegel rauschten nach dem Loswerfen der Falle herunter; Blöcke schlugen; der Sturm kreischte; Leinwand knallte in Fetzen. Das unirdisch wirkende gelbliche Licht rings um das Schiff erinnerte mich an den Steindruck eines Ostindien-fahrers, der hart überlag. Er hatte in meiner Schule vor dem Amtszimmer des Direktors gehangen.

Verzweifelt schufteten wir am laufenden Gut des Großmastes, holten an Gordingen und Geitauen, bargen als erstes die Royals, dann die Ober-bramsegel und das Großsegel. Schließlich mußten wir achtern die Bagien aufgeien. Nun, wo der Preß der Leinwand geringer geworden war, begann *Moshulu* sich aufzurichten.

Als wir um sechs Uhr unter Deck durften, waren alle in Hochstimmung. Jeder wetteiferte, seine Heldentaten zum besten zu geben. Sogar Hermann-sonn, wie ein reuiger Sünder, schien auf einmal umgänglich, fast bescheiden. Der Euphorie folgte das Gefühl großer Ermüdung und des gänzlichen Durchnäßtseins. Auch im Logis war alles triefend naß. Wir mußten Was-ser, das neun Zentimeter hoch stand, ausösen, ehe wir wieder an Deck gingen. Dort sah es wüst aus. Kein Fall war aufgeschossen; alle Leinen lagen wild durcheinander; zerrissene Leinwandfetzen, wohin man blickte.

Während des ganzen Morgens klatschte der Regen herab, Bö folgte auf Bö, und in ihnen lief *Moshulu* zwölf Knoten. Alvar, Jansson und ich schlugen ein neues Royal an und tuchten es auf. An Deck stichelte Tria munter an einem zerrissenen Segel. Als wir am Mast fertig waren, stürzten wir mit Pützen und Blechkanistern los, um Regenwasser aufzufangen, das an der Leebordwand fast einen halben Meter hoch stand. Waren die Gefäße voll, so krochen wir den steilen Hang zum Luvschanzkleid hinauf und leerten sie in den Tank. Darauf rutschten wir wieder bergab.

Am Sonnabend, dem 19. November, hatten wir Glück und fanden auf 4° N, 22° W den Südostpassat. Tria strahlte, war er doch auf Schiffen gefahren, die in den Kalmen oder Doldrums zwei oder drei Wochen hän-gengeblieben waren. „Guter starker Passat", dröhnte er. In unser Schiff kam Leben. Es lief dicht beim Wind zehn, bisweilen sogar zwölf Knoten. Mir schien es ganz unmöglich, daß dieses liebenswerte, übermütige Ge-schöpf, dessen Rumpf kaum noch das Wasser zu berühren schien, zwei Tage zuvor ein torkelndes Ungetüm gewesen war, dessen Leinwand knallte und dessen Blöcke hin und her schlugen.

Sonntag war großer Waschtag; denn nun waren viele hundert Liter Wasser an Bord. „Vi ha tvätt i dag" — heute ist große Wäsche — sagte jeder. Lachend, schwatzend, fluchend umstanden alle den Segelmacher auf dem Vordeck und wrangen ihre schmutzigen Kleidungsstücke aus. Nicht lange, dann hingen die unter der Laufbrücke geschorenen Leinen voll, und im Wassergang staute sich der Seifenschaum. Nach der Arbeit legte ich mich in meine Hängematte und unterhielt mich mit Kroner. Langsam bräunten uns Sonne und Wind. Durch das zarte Gespinst von Wanten und Gordingen konnten wir den Himmel sehen. Kroner erzählte mir, daß er damals in der Altstadt von Antwerpen wohnte und schon als Elfjähriger mit Kameraden die Schule zu schwänzen pflegte. Dann ruderten die Buben zu den Sandbänken in der Schelde, faulenzten dort stundenlang und bestaunten die großen Schiffe, die vorbeifuhren. Wenn sie davon genug hatten, kletterten sie die steilen Deiche hinauf und klauten Äpfel aus den Obstgärten.

„Manchmal", sagte Kroner, „schrieben wir an die Schule, wir seien krank. Mit vierzehn Jahren wurde mir der Unterricht langsam zur Qual, und ich glaubte, nun sei es höchste Zeit. Ich sah zu, wie die weißen Bananendampfer gelöscht wurden und trieb mich am Hafen herum, verzaubert von der fremdländischen Atmosphäre und den Gerüchen auf der Pier, wenn die Kisten aus dem Laderaum geheißt wurden.

Eines Tages ging ich ins Büro einer Schiffsagentur. Dort wimmelte es von alten Seebären, die mich auslachten und zu meiner Mutter zurückschickten. Als ich fünfzehn war, glückte es endlich. Im Spätsommer fuhr ich auf einem Frachter nach Archangelsk, dann ins Mittelmeer, nach Ägypten, Afrika, in die Levante, nach Spanien und zu den griechischen Inseln."

Ich fragte ihn, was er später einmal tun wolle; denn ewig könnten wir doch nicht rund um die Erde segeln.

„Ich fahre gern unter Segeln", entgegnete er, „und möchte dabei bleiben. Was ich mir wünsche, ist die Partnerschaft an einem kleinen Schoner. Solche Fahrzeuge habe ich vor der Küste des Libanons getroffen. Im Norden auf der Insel Ruad werden sie gebaut. Eigentlich ist Ruad nur ein befestigter Felsen, auf den die Tempelritter flüchteten, als sie aus dem Heiligen Land vertrieben wurden. Auf dem Oberland stehen viel Windmühlen mit Leinwandflügeln, die man wie die Segel eines Schiffes reffen und auftuchen kann. So wie die Bewohner dieses Felsens aussehen, stelle ich mir die alten Phönizier vor: goldbraune Haut, Adlernasen, gestreifte Hemden und phrygische Mützen. Die Weiber gleichen wandelnden Zelten. Alle gehören einer sehr strengen Sekte an, der strengsten mohammedanischen. Die Männer bauen die Schiffe. Dort ist die letzte Heimstätte des Segelschiffs im ganzen Mittelmeer. Die Baumstämme werden, roh behauen, vom Festland herangeflößt. Alles weitere geschieht an Ort und Stelle: Holz räuchern, Bolzen schmieden, Taue auf einer Reepbahn schlagen und Segel zuschneiden. Man sieht noch viele Rahsegel. Als ich dort war, lagen Marssegelschoner auf der Helling. Eine Schonerbrigg war gerade im Bau; viele Rahsegel am Fockmast, aber der Großmast schonergetakelt.

Die Stadt auf dem Festland heißt Banias. Sie besitzt eine riesige Kathedrale, wie man sie in Frankreich erwarten würde, und die ganze Stadt

14. *Auftuchen des Jagers während einer Bö.*

15. *Die Freiwache an Deck. Kroner in einer Hängematte.*

16. *Äquatortaufe. Man sieht die grüngemalten Kreuze auf den Schädeln der Opfer.*

17. *In schwerem Wetter nordöstlich von Trista da Cunha.*

18. *Mit 15 Knoten Fahrt am 4. Dezember 1938 im Südatlantik.*

19. *An der Winsch für die Großbrasse.*

stinkt zum Himmel. Alle Abwässerkanäle stammen aus dem Mittelalter. Durch die größten kann ein Eisenbahnzug fahren. Über dem allergrößten haben sie das Hotel ‚Grande Fleur de Banias‘ erbaut. Es gehört einem Armenier, der sieht so aus, als fürchte er, bei erster bester Gelegenheit ermordet zu werden."

Ich hatte Kroner mit ständig wachsender Unruhe zugehört. Mountstewart hatte mich aus der Bahn geworfen und ins Unbekannte geschickt, während er sich am warmen Kaminfeuer an meinen Erlebnissen ergötzte. Jetzt kam Kroner und brachte mich mit seiner literarisch-romantischen Einstellung zur See aus der Ruhe.

Hörte man ihm zu, so war die Feststellung schwer, wann seine Erinnerungen nicht mehr Selbsterlebtes wiedergaben, sondern zu Produkten seiner blühenden Phantasie geworden waren. Niemals habe ich dieses Problem lösen können. Alles, was er erzählte, erinnerte mich an Berichte, die ich, wie mir schien, vor langer Zeit gelesen hatte. Aber ich wußte beim besten Willen nicht, wann und wo es gewesen oder worum es darin gegangen war.

Ich fragte mich bereits, ob etwa mein Gesicht eine Art gläubiger Hingabe verriet, die den Gesprächspartner zu wilden Eskapaden seiner Phantasie verleitete. Hatte Mountstewart wirklich ein Minenräumgerät erfunden; hatte er jemals seine Pfeife auf der Skysegelrah eines Klippers geraucht; war Sandell jemals in der Arktis gewesen, hatte er überhaupt an jener Expedition teilgenommen; war etwa Hilberts Geschichte vom Mondschein Teil einer raffinierten Verschwörung, um mich zu narren? Und nicht zuletzt: War Kroners Garn vielleicht nur ein Ergebnis der Lektüre allzu vieler Abenteuerbücher? Ich wußte es nicht, aber eins war mir klar: Gab ich Kroners Überredungskünsten nach und kam auf die Insel Ruad, dann würde ich dort jemand treffen, der mir weismachte, es gebe nur einen Fleck auf der ganzen Erde, den man unbedingt gesehen haben müßte — einen kleinen Salzsee im Norden Asiens.

Es war ein so herrlicher Tag, daß ich beschloß, die eine meiner zwei Dosen mit Pfirsichen zu öffnen. Um aber mein Gewissen zu beruhigen und mir nicht Völlerei vorwerfen zu müssen, sollte Kroner etwas abbekommen. Er war gerade, die Füße im Wassergang, mit dem Waschen seiner Unterhosen beschäftigt. Ich schlich mich dicht an ihn heran und flüsterte melodramatisch aus einem Mundwinkel: „Komm zu mir auf die Poop."

„Weshalb denn das? So einer bin ich nicht."

„Quatsch nicht. Ich hab' ein paar Pfirsiche."

„Orlright."

So harmlos wie möglich ging ich mit meiner in ein Hemd gewickelten Dose nach achtern, aber der Däne Anderssen, der am Rad stand, sah mich an, als durchschaue er mich. Mittlerweile hatten sich nämlich die Sinnesorgane der

Besatzung für alles Eßbare derart geschärft, daß sie es sogar in Dosen erschnupperte. Hinter der runden Haube über dem Reserverad versteckt, wickelte ich meine Büchse aus. Das Etikett war noch verlockender, als ich es in Erinnerung hatte. Der Künstler gehörte offenbar der naturalistischen Schule an und hätte gewiß ebenso erfolgreich aufreizende Titelbilder für gewisse Magazine malen können. Seine Pfirsiche schienen vor lauter Saft kurz vor dem Aufplatzen zu stehen. Ich ging mit der Dose sehr vorsichtig um. Fünf . . . zehn Minuten. Kam denn Kroner überhaupt nicht? Es war wohl besser, ans Werk zu gehen. Nach dreißig Sekunden hatte ich den Inhalt vertilgt, der ausweislich des Etiketts für drei gute Portionen reichen sollte.

Ich fühlte mich sehr schuldbewußt, als Kroner erwartungsvoll auftauchte.

„Du verfressener Hundsfott. Willst du mich an den Rand des Wahnsinns bringen?"

„Das Etikett war schuld. Sieh's dir nur mal an . . . schön was?"

„Scheiß auf das Etikett. Was ist mit den Pfirsichen?"

„Laß man. Ich mach' die zweite Büchse auf."

„Das möchte ich auch hoffen."

Noch einmal machte ich den Ausflug ins Logis, wobei ich leise vor mich hinpfiff, als ich bei Anderssen vorbeikam. Wieder auf der Poop, gab ich erst einmal Kroner die Dose.

Unmittelbar danach aber rief ich: „Heh . . . du! Immer langsam."

„Nur noch 'ne Sekunde."

„Verflucht. Du hast ja nur zwei Scheiben übriggelassen."

„Weißt du noch, was dir damals mit der kondensierten Milch passierte. Dir wird nur wieder schlecht, wenn du zuviel frißt", tröstete Kroner und schaufelte munter weiter.

„Wenigstens ein bißchen hättest du mich aus der zweiten Dose probieren lassen können. Schließlich waren es doch meine. Nun hast du das ganze Zeug verdrückt."

„Etwas Saft ist noch drin."

Mit Pfirsichen vollgefüttert, stierten wir mit glasigen Augen achteraus.

„Du", verriet mir Kroner, „mir ist ganz komisch."

„Ich will nur hoffen, daß dir noch übler ist als mir."

„Viel, viel übler. Ich hau' mich hin."

12. Englands Hoffnung

Am Montag, dem 21. November, überquerten wir auf 29° Westlänge den Äquator. Vierunddreißig Tage waren wir nun in See. Ich saß im Reitsitz auf dem äußersten Ende des Bugspriets und mir war's, als flöge ich durch die Luft geradewegs auf die südliche Halbkugel. Es fiel wirklich nicht schwer, das Schiff ganz und gar zu vergessen. Ich packte die Nock mit den Händen und riß mich an den Nägeln, die immer noch die Überbleibsel der Haifischflosse festhielten.

Um sechzehn Uhr überschritt *Moshulu* die Linie. Wie auf Bestellung begrüßte uns ein großer Schwarm von Bonitos. Die Tiere schossen plötzlich aus der Tiefe hervor und spielten vor dem Bug, wobei wir erstaunliche Farbwechsel beobachten konnten. Aus Stahlblau wurde im Gischt ein leuchtendes Violett, während ihre Bäuche silbern schimmerten.

Um sie zu locken, fierten wir große Haken mit Wattebäuschen als Köder über Bord, aber die Bonitos zeigten keinerlei Interesse. Wohl schossen sie genau auf die Haken zu, dicht vor ihnen aber drehten sie ab und sausten in fröhlichem Spiel dem Schiff voraus.

Der Steward überließ mir seine Leine. Ein qualvolles Warten, ob der Fisch nach dem Köder schnappen werde. Plötzlich jedoch, es mochten zehn Minuten vergangen sein, ein Wasserwirbel und ein silbernes Aufblitzen — zwei Tiere schossen heran. Ich hob den Haken ein wenig, und das eine trat den Rückzug an; das andere aber sprang. Ein heftiger Ruck, als der Haken im Schlund saß. Fast wäre ich außenbords gegangen. Lebhafter Jubel bei den Zuschauern, die sich bereits frische Fische zum Abendessen vorgaukelten. Unter Wasser hatte der Bonito wie eine kleine silberne Muschel ausgesehen. Als ich ihn an den Bugsprit heranholte, hatte ich das Gefühl, ich habe es mit einem riesigen Ungeheuer zu tun. So sah das Tier beim näheren Zusehen auch aus. Es war länger als einen halben Meter, so lang wie ein kleiner Thunfisch. Jetzt war es ganz dicht beim Schiff, und Hilbert brüllte mir Verhaltungsmaßregeln ins Ohr. Plötzlich aber begann der Haken sich langsam gerade zu biegen — ein Plumps, und der Fisch fiel ins Wasser zurück. Das passierte mir gleich darauf ein zweites Mal, dann verschwanden die Fische.

„Du kannst nichts", bemerkte Hilbert.

„Na immerhin hatte ich welche auf dem Haken, was sonst keiner geschafft hat."

„Fangen ist Mist. Fressen woll'n wir sie. Nun hast du sie verscheucht, und wir sehen sie nicht wieder."

Damit hatte er recht. Nie wieder bekamen wir einen Bonito zu Gesicht.

Am Montag hatten wir den Äquator überquert und bekamen zur Feier des Tages eine Flasche Aquavit. Alvar hatte sie in seine Obhut genommen. Jeder erhielt davon einen Viertelbecher, während der Rest für die Taufzeremonie aufgehoben wurde. Sie war auf den folgenden Tag verschoben worden, weil noch einige Requisiten fehlten.

„Großer Mist", stöhnte Hilbert, der Neptuns Frau spielen sollte. „Immer großer Mist!"

„Was ist denn los?"

„Keine Titten", erläuterte er gramvoll, „die einen zu groß, die anderen zu klein."

Ich bot ihm meine Porridgeschale an.

„Eine nützt nichts."

„Das tut mir leid, aber abends ist es wieder allright."

„Was ist abends wieder orlright?"

„Ach, das ist nur so ein englischer Ausdruck."

„Du wirst dir leid tun . . . morgen abend", prophezeite Hilbert.

„Warum bittest du nicht den Käpten?"

„Quatsch."

Dienstagmittag hörte alle Arbeit am Schiff auf. Die Vorbereitungen der Zeremonie begannen. Auf der vorderen Kuhl wurde eine Persenning aufgebracht — das Taufbecken. Taanila, Bäckmann und ich schufteten an der Pumpe, um es mit Wasser zu füllen. Leider war der Druck minimal, und nach zwanzig Minuten kündigte sich ein völliges Versagen der Pumpe an. Der Erste war schlechter Laune und ließ sich von mir melden, wieweit die Persenning gefüllt sei. Kein Tropfen war darin, also mußten wir das Wasser in Pützen mannen. Bäckmann und Taanila schimpften dauernd, so etwas sei ja schlimmer als Arbeit. Endlich stand das Wasser acht Zentimeter hoch, und ich stellte bereits düstere Berechnungen an, wie lange wir wohl brauchen würden, um den Pegel auf sechzig Zentimeter zu bringen. Plötzlich aber sahen wir uns von einer Bande Piraten unter Führung des Matrosen Hörglund umringt. Der Kerl sah furchterregend aus und trug über einem Auge eine Klappe.

Sieben „Täuflinge" wurden in das erstickend heiße Bootsmannsschapp gesperrt — der Messejunge, Karma, Anderssen, Alvar, Hermansonn, Taanila und ich. Fünf andere drängte man in den „Vaskrum" an Backbord. Uns drang der Schweiß aus allen Poren, während wir warteten. Plötzlich brach an Deck die Hölle los. Fünfzig Glasen, dann wurde die Tür aufgerissen und wir wurden hinausgezerrt. Sandell spielte den Kaplan, trug einen langen Ölmantel und auf dem Kopf einen hohen grünen Zylinder, der aus einer Seekarte gefertigt war, dazu ein Bäffchen aus Segeltuch. Wir mußten vor ihm hinknien, und er verlas einen äußerst lästerlichen, von ihm selbst verfaßten Sermon.

Dann eine Pause, in der jeder von uns einen tüchtigen Schluck Aquavit vom Kapitän erhielt, worauf wir wieder in das Schapp gesperrt wurden. Erneutes Warten in trüben Vorahnungen, dann holten sie Hermansonn als ersten heraus. Brüllen, Hohnlachen, Schmerzensschreie — Stille.

Als ich an die Reihe kam, zerrten mich die Piraten mit verbundenen Augen über das Deck. Dort war eine steif durchgesetzte Leine gespannt, und ich schlug längelang zu Neptuns Füßen aufs Gesicht, wobei ich die Augenbinde verlor. Neptun zierte ein wunderschöner Backenbart aus Hanf, und auf dem Kopf thronte eine goldene Krone aus einer Margarinebüchse. Weit scheußlicher sah Hilbert als seine Gemahlin aus. Er trug ganz eng anliegendes Sportzeug, unter dem zwei großen Schalen — Ursache der Verschiebung des Festes — die Brüste ersetzten. Auf Befehl der beiden wurde ich dem Arzt „überstellt". Ihn spielte der Zweite in glänzend schwarzem Gummimantel und Gummihandschuhen. Sein Gehilfe war — wie konnte es anders sein — kein anderer als Sedelquist, der dem Doktor etwas ins Ohr flüsterte. Prompt kreischte dieser: „Du stehst im Scheißhaus auf der Brille! Du mußt krank sein!" Ich hielt den Mund, mußte ihn aber zu einem Schmerzensgebrüll öffnen, als irgendein spitzer Gegenstand — vermutlich ein Nagel — in mein Gesäß gestoßen wurde. Im nächsten Augenblick wurde mir ein Brei aus Maschinenöl, Teig und Muskatnüssen in den Mund gestopft, so daß ich ihn schlucken mußte. Dann rissen sie ihn gewaltsam sperrangelweit auf und gossen eine übelschmeckende Flüssigkeit hinterher.

„Und nun etwas gegen Hämorrhoiden", schlug jemand vor. Ich wurde auf einen Lukendeckel geworfen, und Jansson, der wie ein abgerissener Straßenmusikant aussah, ging ans Werk. Mit großen Malerquasten überkleisterte er mich dreimal von Kopf bis Fuß mit Mennige, Teer und weißer Farbe, wobei er keinen Körperteil ausließ.

„Vergeßt nur nicht das Sydkryss", meinte die besorgte Königin. Mein Haar fing gerade wieder zu wachsen an. Kroner, der Barbier, schnitt mit einer großen Schere zwei Furchen über die ganze Kopfhaut und pinselte sie mit grüner Farbe an. Dann schlug die Königin ihren Dreizack auf meinem bloßen Rücken kaputt und sprach dazu in schauerlichem Englisch: „An diesem glücklichen Tag taufen wir dich ‚Englands Hoffnung'", worauf er mich in die steinharte, flach gespannte Persenning stieß.

Karma und Duhnkie waren die einzigen, die sich wehrten. Karma gebärdete sich wie ein Wahnsinniger, so daß es erst dem gesamten Gefolge Neptuns gelang, ihn zu bändigen. Als ich sah, wie es diesen beiden erging, war ich froh, daß ich keinen Widerstand geleistet hatte. Sie mußten, braun und blau geschlagen, ins Logis, um ihre Wunden zu kühlen. Dort schimpften und fluchten sie noch stundenlang.

Nach Beendigung der Zeremonie gab es wiederum Aquavit und etwas Portwein. Dann zogen sich die Offiziere taktvollerweise zurück, und vor dem Mast begann eine endlos lange Schlacht mit Teig und Pützen voll Wasser. Mittlerweile war es Jansson gelungen, sich in einen Zustand schwereloser Glückseligkeit zu versetzen. Jeden in seiner Nähe begoß er vergnügt mit Wasser. Mir galt eine Pütze besonders dreckigen Wassers. Es verfehlte sein Ziel, traf dafür aber Hermansonn, der bereits in die Hängematte gekrochen war und nun außer Rand und Band geriet. Er stürzte sich auf Jansson, der schon gar nicht mehr wußte, was er angerichtet hatte und tiefsinnig, aber überglücklich ins große Nichts starrte. Ein Hieb von Hermansonn, und er lag auf dem Bauch im Wassergang. Der arme Jansson. Er war viel zu fröhlich und zu betrunken, um noch irgend etwas zu veranlassen, machte nur den Mund auf und zu wie ein Fisch auf dem Trocknen. Mit knieweicher Würde stakte Hermansonn ins Logis, während wir übrigen, die wir uns elend fühlten und reichlich lächerlich vorkamen, uns ein wenig zu säubern versuchten. Mir war mit meinem Kopf voller Teer und Mennige schrecklich zumute, und alles tat mir weh.

Zwei Stunden danach sah ich dank Kroner und sehr viel Öl und Sand schon etwas besser aus, hatte aber immer noch große Schmerzen.

Als ich ans Ruder kam, fragte der Erste: „Wie war denn die Taufe?"

„Schauerlich"

„Haha", lachte er. „Englische Jungens sind kleine Mädel. Auf der *Archibald Russel* mußten unsere Jungmän Leinöl saufen."

„Ich habe Rizinus bekommen."

„Und der Dritte war noch nie über die Linie gefahren. Mein Gott, diese Jungens! Was der für ein Sydkruyss kriegte. Hatte ganz lange Haare. Hahaha, war das komisch", lachte er, als er endlich fortging.

Am 23. November nachts lag die Insel Fernando Noronha, die brasilianische Strafkolonie, achtzig Seemeilen an Steuerbord. Der Wind sprang zwischen ONO und Ost hin und her. Inzwischen waren alle befahrenen Matrosen an Bord zu Freiwächtern geworden, also vom Wachegehen befreit. Sedelquist flickte Segel, Sandell und Alvar pönten die Wanten oder brachten neue Webeleinen an. Alle Augenblicke rief einer von ihnen: „Slak upp på däck." Dann kroch ein Mann der Freiwache fluchend aus der Hängematte und fierte den Bootsmannsstuhl, in dem der Betreffende saß. Einige von denen, die Arbeitsdienst machten, waren nicht gerade Meister des Pinsels, und Jansson steckte einen furchtbaren Anpfiff vom Ersten Offizier ein, weil er Farbe an Deck gekleckert hatte. Von meiner Wache gingen Hermansonn, Taanila, Bäckmann und ich immer noch Nachtwachen, von der Steuerbordwache nur Kroner, Anderssen, Karma, Mikelsonn und Vytautas. Viel zu oft mußten wir als Rudergänger, Ausguck und Läufer aufziehen, so daß wir äußerst schlafbedürftig waren.

Am Abend des 24. November brachten die Tageswächter das Schiff durch Halsen auf den Backbordbug, und wir liefen von der brasilianischen Küste nach Osten ab. Dabei kreuzten wir die Hauptroute Southampton nach Rio und sichteten in der Morgendämmerung die Lichter mehrerer Schiffe. Um sieben Uhr wurde nochmals gehalst, so daß die *Moshulu* wieder über Steuerbordbug lag. Ich sagte bereits, daß Halsen für Schiffe mit zu geringer Besatzung oder mit zu alter und schwacher Besegelung angezeigt ist. Für uns war der erste Grund entscheidend. Um das Halsen zu erleichtern, geiten wir die Untersegel am Groß- und Kreuzmast auf, stand uns doch der ganze Südatlantik zur Verfügung.

Am 29. November waren wir dicht bei der unbewohnten Insel Trinidad auf 20° S, 33° W, 680 Seemeilen von der brasilianischen Küste entfernt. Trinidad selbst bekamen wir nicht in Sicht. Nachgerade schien es mir, als würden wir auf dieser Reise nie wieder Land sichten. Wir begannen mit dem Anschlagen der Sturmleinwand. In der Takelage hatten die Tagesarbeiter Gutes geleistet. Auf der Saling roch es nun nicht mehr nach See, sondern man schnupperte den starken Duft von Hanf, Teer und Bleiweiß. Überall waren die Webeleinen und Laschungen erneuert, die Zeisinge in den Wanten säuberlich schwarz-weiß gepönt. Noch vor einer Woche brachte es Gefahr mit sich, wenn man einer Webeleine sein ganzes Gewicht anvertraute; nur jede dritte saß dort, wohin sie gehörte, die übrigen aber waren morsch. Die Arbeit in der Takelage schien damals von Tag zu Tag gefährlicher.

Zum erstenmal erblickten wir einen Albatros. Es war ein erregendes Bild; denn er schien geradewegs vom Himmel herabzustürzen. Lautlos segelte er auf den gewaltigen, ausgebreiteten Schwingen und verschwand so plötzlich wie er gekommen war.

Alle an Bord sagten: „Mit dem Albatros kommt Westwind, und dann . . . wutsch . . . ab geht's."

Am 30. November — es war unser dreiundvierzigster Tag in See — sichteten wir vom Mars aus im Süden ein großes Segelschiff. Zunächst war der Rumpf noch unter dem Horizont und nur die Leinwand als weißer Fleck zu sehen, aber wir liefen in den Ausläufern des Südostpassats neun Seemeilen, und der Fremde kam mit Backstagsbrise sehr schnell näher. Großes Rätselraten und viel Aufregung. Wer mochte es wohl sein? Sogar einige Leute der Freiwache kamen an Deck. Handelte es sich um ein Schiff unserer Reederei, dann konnte es nur die *Penang* auf Langreise sein; denn sie war das letzte Erikson-Schiff, das heimreiste. Südlich von Neuseeland war sie teilweise entmastet worden, dann umgekehrt und hatte schließlich Dunedin am 14. August verlassen. Heute war der 30. November*.

Irgend jemand vermutete, es könne sich um *Padua* oder *Priwall* handeln. *Padua* hatte bei unserem Auslaufen aus Belfast in Bremen gelegen und sollte nach Valparaiso. *Priwall* hatte Anfang August Hamburg zur Fahrt nach Iquique im Norden Chiles verlassen. War es wirklich die *Priwall*, wie Tria behauptete, dann mußte sie sich höllisch beeilt haben; denn sie hatte ja die Ausreise rund Kap Horn, die Übernahme der Salpeterladung und einen guten Teil der Heimreise hinter sich.

Sieben Monate später erfuhr ich, was die *Padua* wirklich geleistet hatte: eine tatsächlich bemerkenswerte Passage. Sie hatte Bremen am 15. Oktober, drei Tage vor unserem Versegeln von Belfast, verlassen, stand am 12. November bereits am Äquator, also nach 28 Tagen verglichen mit unseren 34. Auch wenn man unser Pech in der Irischen See berücksichtigte, war dies eine hervorragende Leistung, die mehr als unsere beeindruckte. Aber man durfte nicht vergessen, daß *Padua* und *Priwall* eine mehr als doppelt so starke Besatzung wie die *Moshulu* an Bord hatten. Jetzt also stand *Padua* ein gutes Stück südlich von uns. Am 22. Dezember, also 68 Tage nach dem Auslaufen aus Bremen, traf sie in Corral ein. Im folgenden Jahr versegelte dieses bewundernswerte Schiff in Ballast von Valparaiso nach Port Lincoln, um am großen Weizenrennen des Jahres 1939 teilzunehmen. 9014 Seemeilen legte es in $52^1/2$ Tagen zurück. Von allen beteiligten Schiffen schien *Padua* die größten Aussichten auf den Sieg zu haben.

Alles das aber wußten wir damals noch nicht, und es wurde heftig debattiert.

„Ich glaube", sagte Hermansonn, „sie ist ein gottverdammtes Schulschiff von den Roßbiefs."

„Um Himmels willen, fang nicht wieder damit an", sagte ich.

Bald erkannten wir, daß es gar keine Bark war; denn sie hatte fünf Masten.

„Ein amerikanischer Fünfmastschoner", schlug Vytautas vor.

„Von denen fährt keiner", antwortete Kroner mit einer Bestimmtheit, die jeden Widerspruch ausschloß.

„Wie wär's mit der *Doris Hamlin?*"

„Die hat nur vier Masten, außerdem kommt sie niemals hierher, sondern läuft zwischen Virginia und dem Karibischen Meer."

„Sie ist eins von den Vinnen-Schiffen", urteilte Tria. „*Carl* oder *Werner Vinnen*. Sie haben U-bootsdiesel, fahren auf Südamerika, Bremen—Montevideo. Verdammt häßlicher Kasten."

---

* *Penang* traf am 15. Dezember vor Kap Lizard ein und hatte 123 Tage von Neuseeland gebraucht.

Bald lag der Fremde fünf Meilen querab von uns. Es war wirklich ein scheußlicher Zwitter: teilweise rahgetakelt, eine ganz merkwürdig geschnittene Fock, Mars- und Bramrahen an Fock- und Kreuzmast, Schratsegel an den anderen beiden. Die Besatzung tauschte gerade wie wir die Leinwand aus, nur daß die drüben Schönwettersegel anschlugen. Obwohl der Wind dafür günstig gewesen wäre, traf das Schiff keinerlei Anstalten, sich uns zu nähern oder mit uns in Verbindung zu treten. Der Kapitän sah durchs Glas zu ihm hinüber.

„Carl Vinnen", sagte er zu Tria. „Läuft nach Bremen."

„Eine liebenswürdige Schweinebande", knurrte Kroner vor sich hin.

„Glücklich können die sich doch wirklich nicht fühlen", entschuldigte Vytautas, „auf so einem häßlichen Schiff und dann noch im Winter nach Bremen."

„Dialektiker wie Vytautas finde ich zum Kotzen", meinte Kroner. „Reden immer schlau daher wie verdammte Pfaffen."

Elf Tage stand noch der Südostpassat durch, dann bewies das Log, daß wir zweitausend Meilen abgesegelt hatten, von der Breite von Kap Palmas an der Küste Guineas zu einem Punkt auf dem Wendekreis des Steinbocks 600 Seemeilen von Rio de Janeiro. Hier treffen sich zwei ozeanische Triften: der Brasilstrom, der unter der Küste dieses Landes nach Süden setzt, und die Westwindtrift, die über den Südatlantik an Tristan da Cunha vorbei zum Kap der Guten Hoffnung läuft. Im Süden des Kaps mischt sich mit ihr der andere Teil der Trift, und beide kämpfen mit dem Agulhas-Strom, der unter der Küste Ostafrikas entlangfließt, und dem eisigen Antarktisstrom, der aus der Gegend von Südgeorgien kommt. Bei dem Zusammenprall entsteht ein starker Wechsel der Oberflächentemperaturen, der bisweilen zu dichtem Nebel führt.

Nun, da wir beim Westausläufer der Westwindtrift standen, setzte der Kapitän unseren Kurs für ein Segeln auf dem größten Kreise ab. Dabei mußten wir Tristan da Cunha sichten und südlich vom afrikanischen Kontinent bleiben. So gelangten wir in die Zone der Westwinde, welche die Erde etwa auf dem 40. Grad Südbreite umkreisen. Vor ihnen würden wir über den südlichen Indischen Ozean „the easting down" nach Australien laufen. Der Südost erstarb nicht etwa ganz plötzlich; vielmehr hörte er auf, ein warmer Wind zu sein, und drehte ganz wenig auf OSO. Aus dieser Richtung stand er durch. Nachts war der Himmel wolkenbedeckt. Wir zitterten in unseren Hängematten vor Kälte, wollten jedoch nicht gern ins Logis und zu den dort auf uns lauernden Wanzen zurück. Bald aber wurde es so kalt und naß, daß uns nichts anderes übrigblieb. Sandell, Sedelquist und Jansson gingen nun wieder volle Wache, so daß ich auf etwas reichlicheren Schlaf hoffte, hatte ich doch „Utkik", „Påpass" und Rudergänger in nicht abreißender Reihenfolge gestanden. Eines Tages — kurz vor vier Uhr früh — wurde ich in meiner ersten wachfreien Nacht durch heftiges Schütteln aus dem Schlaf gerissen. Dazu gellte mir eine Stimme ins Ohr: „Två vissel . . . två vissel! Ut och mönstra!" (Zwei kurze Töne mit der Pfeife . . . Aufstehen! . . . Musterung!)

Zu Tode erschrocken, wie stets, wenn ich auf diese Weise gepurrt wurde, stolperte ich an Deck und zog mich noch fertig an, während ich hinter Yonny Valker, dem „Påpass", hersauste. Plötzlich aber drehte dieser ab und verschwand wieder im Logis. Das Deck war völlig menschenleer. Trias Umrisse erkannte ich oben auf dem Brückendeck. Er blickte belustigt zu mir hinunter, der ich gerade meine Hose zuknöpfte. „Komisch", sagte er gemütlich und kicherte. Als ich ins Logis kam, krochen die anderen aus ihren Verstecken unter der Back und hinter der Tür hervor. Dieser Schabernack wurde fast an jedem erprobt und fand stets größten Beifall. Yonny schlief schon lange fest auf einer Bank. Als ich ihn herunter warf, krachte er mit dumpfem Aufprall an Deck, ließ ein kurzes Grunzen wie eine Seekuh hören, schlief jedoch seelenruhig weiter. Da er aber Läufer war, mußte ich ihn trotzdem wecken.

„Dieser Yonny ist richtiger Weltmeister im Schlafen", sagte Alvar bewundernd; dabei war er selbst fast nie wach zu bekommen.

„Yonny, Yonny", sang der ekelhafte kleine Taanila aus. „Yonny braucht Messer in seinen Drecksarsch." Ehe ihn noch jemand hindern konnte, hatte er sein großes Finnenmesser gezogen und seine Anregung in die Tat umgesetzt. Ein furchtbares Gebrüll. Yonny blutete stark, wankte aber trotzdem um die Back und versuchte den behenden, scheußlichen Floh Taanila zu fangen. Was aber bei jedem normalen Menschen eine ernstliche Verwundung bedeutet hätte, machte Yonny nicht sehr viel Kummer.

Den Vor- und Nachmittag der nächsten beiden Tage verbrachte ich glückselig in der Takelage, saß auf meinem Bootsmannsstuhl und fettete die Stahldrahtbrassen und Falle mit einer Mischung aus Öl und Talg ein. Ich habe nie festgestellt, weshalb ich für diese Sinekure ausgewählt worden war, gab es doch so viele unerfreuliche Arbeiten. Tief unter mir reinigten zum Beispiel Hermansonn und Taanila die Klosetts, ein Job, den ich nachgerade als mein ureigenstes Reservat zu betrachten gelernt hatte. Aus dem Laderaum drang gedämpft das Pochen der Hämmer, wo die anderen Leute meiner Wache Rost klopften. Über mir brachte Pipinen neue Webeleinen an. Er war ein immer freundlicher blonder Matrose, dessen Rücken furchtbare, von kochendem Wasser hinterlassene Narben aufwies. Der Wind hatte weiter über Ost auf Ostnordost gedreht, und daß Schiff lief neun oder zehn Knoten. Der Himmel sah grau, das Meer sehr kalt aus. *Moshulu* zog hinter sich ein krauses, blauweißes Kielwasser wie ein Schraubengewinde, das fast bis an den Horizont zu sehen war.

Der Bootsmannsstuhl war ein einfaches Brett. Durch Löcher in allen vier

Ecken liefen Leinen zu einer darüber befindlichen Kausch. Die Leine, an dem diese Vorrichtung freischwebend hing, war an einer Versteifung der Saling angeschlagen. Eine Bucht der Leine war durch die Öffnung der Kausch genommen und fest angezogen. Auf diese Weise hing der Stuhl in einem halben Schlag so lange ganz sicher, wie das Gewicht des darin Sitzenden ausreichte, um den Knoten zu bekneifen. Wollte man sich mit dem Stuhl wegfieren, so brauchte man nur sein eigenes Gewicht etwas zu erleichtern, dadurch dem halben Schlag ein wenig Lose zu geben und sich vorsichtig so weit hinabrutschen zu lassen, wie es die Arbeit erforderte. Der Wind ließ mich und den neben mir hängenden Kanister voll Öl und Talg hin- und herpendeln. So labsalbte ich die Stahlleinen und benutzte dafür eine alte, aus dem Bootsmannsschapp geholte Signalflagge. Noch war zu erkennen, daß sie zwei weiße und zwei rote Vierecke über Eck gezeigt hatte. Als Tria sie sah, hatte er laut lachend gesagt: „Paßt genau für dich." Rasch sah ich ins Internationale Signalbuch. Die Flagge war der Buchstabe „U" und bedeutete allein geheißt: „Ihr Kurs ist gefährlich."

Mit dieser Warnung vor Augen arbeitete ich vorsichtig, aber das Flaggentuch saugte die Schmiere nicht auf, so daß sehr bald Rahen und Segel damit besprenkelt waren. Ich flehte, daß nur nichts an Deck fallen möge. Dann schon lieber sterben. Stand auch nicht zu erwarten, daß in diesem Fall Kapitän oder Offiziere tätlich würden, so konnten sie mir doch bis auf weiteres höchst unerfreuliche Arbeiten zuweisen. Es drohte unter Umständen die Dauerbetreuung des „Skit Hus" oder, was noch schlimmer war, auf unbegrenzte Zeit Rostspicken in der Finsternis des Laderaums. Daher ging ich äußerst vorsichtig mit dem Kanister und seinem verderbenbringenden Inhalt um, während ich dem Bootsmannsstuhl und seiner raffinierten Aufhängung keinen Gedanken schenkte.

Als ich sein Haltetau hoch oben an der Saling anschlug, hatte ich dummerweise das lose Ende auf die Rückseite des Bramstagsegels fallen lassen. Ohne zu überlegen, was ich damit anrichtete, begann ich fünfzehn Meter der Leine auf die Vorderseite zu holen. Leider bekniff ich zuvor den halben Schlag, der meinen Sitz hielt, nicht ganz fest. Das war etwa die gleiche Torheit, wie wenn ich an Land, auf dem hohen Ast eines Baumes sitzend, begonnen hätte, diesen Ast abzusägen. Nur wäre die Lebensgefahr, in die man dadurch geriet, leichter zu erkennen gewesen.

Ein schrillpfeifendes Geräusch, ein verschwommenes Bild vorübersausender Leinen, als der Stuhl und ich mit dem Kanister im Arm wie eine Bombe auf das Deck zuschoß. Ich versuchte noch, die Leine zu packen, was mich aber nur ein Stück Fleisch am Arm kostete. Immerhin blieb noch Zeit, mich zu fragen, weshalb ich eigentlich nicht schrie, wie es doch im Film jeder anständige Pirat tut, der von oben kommt. Tatsächlich machte ich auch den Mund auf, biß mich aber nur auf die Zunge, weil sich in diesem Augenblick der Bootsmannsstuhl mit furchtbarem Ruck in der Bucht der von mir durchgeholten Leine verfing. Nun schwang ich in der armseligen Schlaufe fünfzehn Meter über dem Deck wie ein Pendel hin und her. Dabei war nur ein Ende der Bucht überhaupt irgendwo befestigt. Ich bebte vor Entsetzen, einmal weil ich buchstäblich in letzter Sekunde dem Tod von der Schippe gesprungen war, zum anderen weil ich annahm, ich hätte das Privatdeck des Skippers vor dem Kartenhaus verdreckt. Mit brennender Haut und blutender Zunge stürzte ich sofort dorthin.

„Was verloren?", fragte der Erste, der von dem Unfall nichts bemerkt hatte und sich nun wunderte, warum ich so verzweifelt an Deck starrte.

„Noch nicht", gab ich zur Antwort.

„Was gefunden?"

„Noch nicht."

„Also los ... Enter auf!"

„Ich muß eben mal ins Skit Hus."

Wie durch ein Wunder war nichts aus dem Kanister übergeschwappt. Auf dem Klosett, wo es keiner sah, übergab ich mich zum erstenmal auf dieser Reise.

Als ich herauskam, wartete Tria mit seinem mongolischen Grinsen auf mich.

„Fadder hätt' beinah seine fünfzig Pfund zurückgekriegt", trompetete er.

Zum Mittag gab es etwas Scheußliches — Stockfisch aus der Steinzeit, der in einer üblen, schalen Tunke schwamm. Alle schimpften, ich aber fühlte mich wie ein zum Tode Verurteilter, der gerade begnadigt worden ist. Mir schmeckte es großartig.

13. Die Insel „Unnahbar"

In der Nacht des 2. Dezember hatte der Mond einen gewaltig großen Hof. Es stand eine frische Brise, die nach Salz schmeckte. Zwei Albatrosse kreisten über dem Wasser und hoben sich als schwarze Schatten vor dem Mond ab. Es war zu kalt, um noch in der Hängematte an Deck zu schlafen, so daß die Freiwache im Logis blieb.

„Na, Kossuri", sagte Sandell wie jeden Tag, seit wir den Nordkanal hinter uns gelassen hatten, „wo ist die verdammte Karte?"

Ich holte den kleinen Woolworth-Atlas unter meinem Kopfkissen hervor und schlug die Weltkarte auf.

„Was ist unser Standort?", fragte er.

Ich gab ihm einen Zettel, auf den ich unser Mittagsbesteck geschrieben hatte: 29° 46,5' S, 30° 2,4' W, Kurs 21° O.

„Ha", rief Sandell und deutete auf eine Schlangenlinie über den südlichen Indischen Ozean. „Südliche Grenze der Palmen. Keine Palmen mehr."

„Jammer", warf Sedelquist ein. „Tut nichts; viele Eisberge. Recht was für Kossuri — schön romantisch."

„Wind Ostnordost", sagte Sandell. „Wird wohl auf Nordost, vielleicht sogar Nordwest gehen und bullig wehen."

Und er hatte recht. Am folgenden Abend flog das Schiff und schaffte in den ersten vier Stunden am Sonnabend nachmittag 47 Seemeilen bei ONO 3—4 und leichter See. Das Lesen im Logis wurde nachgerade schwierig. Bald waren die Zeilen dreißig Zentimeter von der Nase entfernt, die im nächsten Augenblick auf das Papier stieß. Auch das Basteln der Schiffsmodelle fand ein Ende. Zwischen vier und acht Uhr drehte der Wind auf NO, und *Moshulu* loggte 49 Seemeilen. Das Glas fiel, und um Mitternacht stand Nordwestwind von achtern, also denkbar günstig für eine Bark. Kein Wunder, daß sie zwischen acht und Mitternacht 54 Seemeilen und in den nächsten vier Stunden sogar 55 Seemeilen hinter sich brachte. Noch immer war alle Leinwand außer dem Marsstagsegel am Kreuzmast gesetzt, das um zwei Uhr geborgen wurde.

„Wir machen gute Fahrt, aber das Luder ist schwer zu steuern", sagte Kroner, als ich ihn um vier Uhr am Rad ablöste. Die Nacht war hell, und der Wind legte zu. Das Schiff sah wild, aber wunderschön aus, wie es so mit vierzehn bis fünfzehn Knoten nach Südosten stürmte. Schön war *Moshulu* wirklich, aber wegen starker Luvgierigkeit sehr schwer unter Kontrolle zu halten. Dauernd mußte ich Gegenruder legen. Fiel sie dann zunehmend schnell nach Steuerbord ab, so mußte ich diese Drehung auffangen, damit sie nicht unentwegt gierte und dabei unnötig Fahrt verlor.

Als ich um fünf Uhr abgelöst wurde, schickte der Kapitän zwei Mann ans Rad. Um acht kam hohe See auf, und das Schiff arbeitete schwer. In den vergangenen vier Stunden hatte es 58 Seemeilen geloggt. Die Sonne versuchte, sich durch die vor uns herjagenden Wolken hindurchzukämpfen. Um neun Uhr wurden die Royals geborgen, außerdem die Unterbramstagsegel, das Gaffeltoppsegel und der Jager. Aber immer noch stand zu viel Leinwand, so daß um elf Uhr auch die Oberbramsegel verschwanden.

Jeder war auf das Mittagbesteck gespannt, und keiner hatte sich eine solche Segelei träumen lassen. Mittags stand Nordost, Stärke 6, und das Barometer fiel immer noch. Die Freiwächter wurden gepfiffen und alle geiten die Bagien auf. Unwahrscheinlich rasch wurde sie aufgetucht, denn es war Sonntag und die Stimmung ausgezeichnet. An Deck strahlte uns der Skipper an, und er hatte allen Grund dazu. Zwischen Sonnabend und Sonntagmittag hatten wir 333 Seemeilen geloggt und zwischen den Standortbestimmungen 315 Seemeilen abgesegelt, das beste Etmal der *Moshulu*, seit Erikson sie kaufte.

Alle waren bester Laune, und mein Atlas wurde ehrfurchtsvoll, als handele es sich um ein prophetisches Buch, ins Steuerbordlogis getragen, wo eine Art „Vereinigter Generalstab" an die Arbeit ging. Standort: 35°12,5' S, 20°36,1' W. „Bald kommt der Westwind, und dann . . . wutsch!" Das meinten alle. Schmierige Finger wischten über den halben Erdball, von Tristan bis zur Australischen Bucht. Als wir wieder in unserem Logis waren, begann Hermansonn übermütig zu werden und warf mir ein triefend nasses Kissen an den Kopf. Es traf mich hinter dem Ohr. Wir kämpften auf dem nassen Vordeck miteinander, aber alles verlief mehr oder weniger freundschaftlich. Das war mein Glück; denn ich unterlag. Als ich zerschlagen und blutend ins Logis kam, tat mir ein unerbetenes Lob Taanilas wohl, der endlich mit Sedelquist Frieden geschlossen hatte. Er stieß mich in die Rippen und sagte: „Bald du nicht mehr Kossuri, sondern du Mistvieh von Bulle." Zwischen Mittag und Mitternacht am Sonntag loggte *Moshulu* 168 Seemeilen. Um siebzehn Uhr wurde die Bagien erneut gesetzt, aber der Wind sprang auf NNO, Stärke 6. Also wurden um zweiundzwanzig Uhr alle Hände gepurrt, um bei hellem Mondschein die Leinwand erneut zu bergen — Bagien, Großsegel, die drei Unterbramsegel und den Jager.

„Stor segel . . . bräck gårdingarna . . . tag i gigtåget . . . Uuuh . . . uuuh . . .

eeeh ... iiih ... orrrr ..." Diesmal feuerte uns der Segelmacher an. Seine Schiffermütze saß wie bei einem Motorradfahrer früherer Zeiten umgekehrt auf dem Kopf. Er brüllte wie ein Löwe, während er selbst an den Fallen holte. „Uuuh ... uuuh ... eeeh ...! toblocks ... Orlright. Schnell, enter auf." Alle Mann sausten zu den Wanten und in ihnen hinauf zur aufgegeiten Leinwand, deren Falten gegen die Rahen flappten und schlugen. Achtzehn Mann benötigte das Großsegel. Auf seiner Rah legten sie nach beiden Seiten aus. Die Füße grätschten auf dem straffgespannten Fußpferd. Über dem Brausen des Windes und der See konnte man nur das Schnaufen und die Rufe der eigenen Nebenleute hören, wenn sie sich, Bauch auf der Rah, weit vornüberbeugten, um die schwere Leinwand hochzuwuchten.

Die Zeisinge waren losgeworfen. Nun mußten sie um Segel und Rah genommen werden, kein leichter Job bei einer Stahlspiere von fast einem halben Meter Durchmesser. Immer zwei Mann kämpften mit einer Zeising. Ich arbeitete mit Hermansonn zusammen. Jetzt kauerte er auf dem Fußpferd und nahm die Zeising zwischen der Kettenschot des Untermarssegels und der Rah hindurch. Als dies gelungen war, warf er das Ende nach oben, bis ich es zu fassen bekam. Dabei hatte ich mich so weit über die Rah beugen müssen, daß meine Beine höher als mein Kopf waren. Nun reichte ich den Tampen Hermansonn wieder zu.

Dann hörte man auch andere Geräusche — zerschundene Hände schlugen auf Leinwand, zerrten und zurrten Zeisinge, bis sich die ganze Rah entlang im Kauderwelsch der Besatzung der Ruf weiterpflanzte „Orlright — fest!"

Dunkle Gestalten rutschten zunächst langsam zum Mast hin, dann turnten sie schneller mit Hilfe von Webeleinen und Pardunen aufs Deck hinunter. Dort galt es, Leinen aufzuklaren, sowie Gordinge und Geitaue sauber aufzuschießen.

In dieser Nacht lernte ich, was es hieß, den Jager fast am äußersten Ende des achtzehn Meter langen stählernen Bugspriets zu bergen. Unter ihm war kein Sicherheitsnetz angebracht. Bald wies seine Spitze zum Himmel, bald tauchte sie ins mächtig brodelnde Meer. Das Fußpferd in Luv war entsetzlich schlüpfrig, das Segel selbst quatschnaß. Es gebärdete sich wie ein Wahnsinniger. Das Drahtliek schlug mir gegen Kopf und Schultern, und der Schotblock tanzte unberechenbar wie ein riesiger Hampelmann an einer Schnur und drohte, uns den Schädel einzuschlagen.

„Faß den Block, Kossuri", rief Hermansonn, als das Ungetüm über unsere Köpfe saute. „Schnell!"

Einmal griff ich daneben und hörte Hermansonns höhnisches Gebrüll. Darauf wagte ich das Äußerste, richtete mich freistehend auf dem Fußpferd auf und faßte den Block wahrhaftig mit beiden Händen, als er wiederum auf uns zu sauste. Die nun noch verbleibende Arbeit war leichter. Nach und nach wurde das Segel auf den Bugspriet gepackt und gezurrt. „Wie Kriiket", meinte Hermansonn, aber mir schien es, als schwinge etwas wie Anerkennung mit. Nur hatte ich sie mir dadurch verdienen müssen, daß ich eine an Gottversuchen grenzende Tollkühnheit bewies. Ich konnte ihm nur erwidern: „Das nächste Mal spiel' du ruhig allein."

Am 4. um Mitternacht stand NNO, Stärke 7. Wir fuhren nur noch die Marssegel. Darüber schimmerten die kahlen, gelben Rahen im Mondlicht wie riesige Knochen. Plötzlich kam uns das Schiff erschreckend wild und fremd vor. Am Rad kämpften ein Schwede und ein Däne, um es auf Kurs zu halten, wenn es in Böen dreizehn bis vierzehn Knoten lief. Damals wurde es mir klar, daß ich in meinem Leben niemals wieder eine solche Seefahrt unter Segeln erleben würde. Verschwanden Schiffe wie das unsere vom Meer, dann war unwiderruflich das Ende gekommen, dann würden die Sturmgürtel der Erde leergefegt sein. Nie mehr braussten der große Westwind und die Passate durch stählerne Takelagen, nie mehr fielen sie in flächserne Leinwand ein.

Es war bereits hell, als wir um vier Uhr am Montag ins Logis gingen. Kaum hatte ich den Kopf aufs Kissen gelegt, da war es schon acht Uhr, und *Moshulu* hatte wieder 55 Seemeilen geloggt. Die Oberbram- und das Großsegel wurden wieder gesetzt, und mittags standen wir auf 36°39,3' Südbreite und 14°15,1' Westlänge. Das bedeutete ein Etmal von 320 Seemeilen.

Den ganzen Tag über mußten zwei Mann am Rad stehen. Es herrschte schönes Wetter. Vier große Albatrosse und ein Schwarm Delphine spielten um das Schiff. Die Sonne stand an einem von hohen Zirruswolken gesäumten Himmel. Obwohl das Barometer nicht fiel, wurde das Wetter nachmittags schlechter. Wiederum in vier Stunden 55 Seemeilen. Jetzt sahen wir sehr viel mehr Vögel: Kaptauben, verschiedene Arten von Sturmschwalben und Albatrosse. Ich war beim Segelmacher in seiner Koje und lauschte seinen Erklärungen, während er in einem Buch mit Bildern der alten Klipper blätterte. Da flog die Tür auf, und aufgeregt steckte Jansson den Kopf herein. „Komm schnell", rief er. „Tristan an Backbord. Aber rasch." Und schon war er wieder verschwunden.

„Tristan ... Quatsch", grollte der Segelmacher unwirsch. Dann, als habe er eine alltägliche Nachricht gehört, wendete er eine Seite des Buches um. Sicherlich hatte er Tristan da Cunha wer weiß wie oft gesehen und es ließ ihn kalt, denn er fuhr fort: „Also dies hier ist die *Marco Polo*. Ein sehr schnelles Schiff. Im Jahr 1852 lief sie südlich Kap Horn in vierundzwanzig Stunden 364 Seemeilen. Dabei hatte sie volle Ladung. Ihr Skipper war Bully Forbes, ein richtiger ..."

Nie habe ich erfahren, was für ein „richtiger" dieser Bully gewesen ist; denn jetzt spürte der Segelmacher meine Ungeduld.

„Mußt du zum Konsul oder was ist los?"

„Würden Sie sehr böse sein, wenn ich nachher nochmal wiederkomme? Ich möchte ganz gern die Insel sehen."

„Die ist das nächste Mal auch noch da."

„Vielleicht komm ich aber hier nicht wieder vorbei."

„Erbarmen . . .! Die Burschen fahren zur See, um was zu erleben", grollte der Segelmacher. Immerhin schickte er sich an, ebenfalls an Deck zu gehen, doch wartete ich nicht auf ihn.

Es war wirklich ein eindrucksvoller Landfall. Achteraus ging die Sonne in wild zerfetztem, schwefelgelbem Gewölk unter. Sie tauchte Schiff und Meer in ein unheimliches Licht. Fünf Meilen von uns entfernt stieg die Insel bis zur bleifarbenen Kuppel einer dunklen Wolkenbank empor. An ihrer Westseite schäumten hohe Brecher über nackte Klippen, die wie die Wälle einer Festung aussahen.

„Landen wir auf Tristan?", fragte ich Tria.

„In so was?", entgegnete er und wies auf die gegen die Felsen hämmernden Seen. „In solchen Brechern . . .? Bist du verrückt? Außerdem wird auf der Nordseite gelandet. Sehen uns die Bewohner und bringen ein Boot zu Wasser, dann werden sie vermutlich von Lee aus nie wieder zurückkommen."

„Wir könnten doch die Nacht über ankern."

„Das könnten wir", meinte Tria, der es liebte, seine Knalleffekte mit Spätzündung abzubrennen. „Es sind ja nur 3 600 Meter Wassertiefe. Im übrigen ist es gar nicht Tristan, sondern Inaccessible Island, die unnahbare Insel. Kein Mensch wohnt dort. Sehr einsam."

Wahrhaftig — das Eiland *war* einsam. Inaccessible gehört zu einer Gruppe von drei Inseln und liegt zwanzig Seemeilen WSW von Tristan da Cunha, elf Seemeilen von Nightingale Island, 1 500 Seemeilen westlich vom Kap der Guten Hoffnung, 1 800 Seemeilen von Uruguay und 1 200 Seemeilen südlich von St. Helena.

Da die dreihundert Meter hohen Klippen der Insel in den Wolken verschwanden, konnten wir an diesem Abend nicht feststellen, ob Inaccessible Island wie Tristan einen Bergkegel von etwa zweitausend Meter Höhe mit einem erloschenen Krater besaß. In der Tat war die Insel platt, wie abgesägt. Besonders wenn tiefe Wolken darüber hingen, konnte man sie bei schlechter Sicht sehr wohl mit Tristan verwechseln, wenn sie auch viel kleiner war.

Tristan, Inaccessible und Nightingale sind die südlichsten Spitzen einer Kette vulkanischer Berge, von der sonst nur Jan Mayen bei Island und die Azoren über die Meeresoberfläche hinausragen. Über den verborgenen

Ketten des Atlantikkamms ist das Wasser, verglichen mit den großen Tiefen auf beiden Seiten, flach, fällt aber so schnell steil ab, daß es, wie Tria gesagt hatte, zwischen den Inseln der Tristan-Gruppe Stellen gab, wo die Wassertiefe dreitausend Meter und mehr betrug.

In Lee von Inaccessible Island sprang der Wind auf Nord zu Ost, und die Segel knallten gegen die Rahen, bis die an die Brassen gerufene Steuerbordwache sie vierkant braßte, so daß wir nun platt vor dem Wind liefen.

„Sieh nur mal die Vögel", sagte Tria. Und wirklich — Hunderte, nein Tausende waren in der Luft oder wiegten sich zwischen Schiff und Land auf dem Wasser. Winzige Sturmschwalben mit weißen Gesichtern taumelten ängstlich und erratisch so dicht über den Wogenkämmen, daß die lang herabbaumelnden Beine sie fast zu berühren schienen. Man fürchtete, sie würden ins Meer gerissen. Schwarz-weiße, fast gescheckte Kaptauben, einige mit weißen Flecken auf dem Rücken, wo sie sich gemausert hatten, tanzten wie Korken auf dem Wasser oder liefen drollig unbeholfen bei unserem Näherkommen über die Oberfläche. Eine andere Gattung der Sturmschwalben hatte schwarzes Gefieder und ein graues Gesicht. Der Segelmacher nannte sie „Kap-Pfarrer". Pediunkers — grau mit weißer Brust — stürzten sich aus sechs Meter Höhe auf Nahrungssuche kopfüber ins Meer. Noch sehr viele andere Vogelarten sahen wir. Bei ihnen kann es sich um sogenannte „Dumme Seeschwalben", Eissturmvögel und Sturmtaucher gehandelt haben. Aber bei dieser Unmenge und der schlechten Beleuchtung war es unmöglich, sie genau auszumachen. Nicht zu vergessen, der Herr über sie alle: der Wandernde Albatros. Einige dieser Tiere schwebten auf Nahrungssuche herab, andere hingen bewegungslos über dem Schiff oder schwangen sich ruhelos, vom Winde getragen, hoch in die Lüfte.

Inaccessible Island wurde ganz selten von den Bewohnern Tristans aufgesucht und war die Heimat eines einzigartigen flügellosen Vogels von der Familie der Rallen. Sein wissenschaftlicher Name ist „Atlantisca Rogersi". Wie er ohne Flügel auf die Insel gekommen ist, bleibt ein unlösbares Rätsel. Ob er überleben wird, hängt davon ab, ob die Ratten auf Tristan bleiben. Sie waren einstmals von einem gestrandeten Schiff an Land gekommen, hatten die Landvögel der Insel ausgetilgt und sollen sogar Katzen gefressen haben. Inaccessible Island war auch einer der Brutplätze des Felshüpfer-Pinguins, ein Name, der sehr anschaulich seine Fortbewegungsart beschreibt.

Für die Geschöpfe muß das Leben auf der Insel ein ewiger Wechsel saisonbedingter Geschäftigkeit sein: Im August der Kampf um die Paarung; Ende September die Arbeit des Eierlegens; fünf bis sechs Wochen brüten, wobei sich die beiden Ehepartner ablösen. Jetzt im Dezember waren die Jungen erwachsen, hatten sich gemausert und hockten deprimiert auf den

Basaltzacken der Insel. Zwischen Januar und April gingen alle auf Wanderschaft. Dann konnte man sie mitten auf dem Ozean, fern von jedem Land, antreffen.

Diese „Felshüpfer" retteten im Jahre 1872 die deutschen Brüder Friedrich und Gustav Stoltenhoff vor dem sicheren Tode. Sie haben zwei Jahre mutterseelenallein unter unerträglichen Bedingungen auf der Insel vegetiert.

„1934 war ich hier mit der *Ponape*", erzählte Tria. „Unser Käpten war sehr vergnügt."

„Betrunken?"

„Nein. Nur vergnügt. Er lief dicht, ganz dicht an Tristan heran und drehte bei. Leute kamen in langen Ruderbooten längsseits. Wir tauschten Kaffee und Zucker gegen Frischfleisch und Gemüse. Der Kapitän ließ die Ruderer an Bord kommen. Sie schenkten uns Mützen aus Pinguinfedern, Modelle ihrer Boote und all so ein Zeug gegen Tabak und Messer. Bald war nichts mehr an Bord, was nicht aus verdammten Pinguinfedern gefertigt war."

Inaccessible Island versank in der Nacht. Um das ganze Schiff hörten wir das Planschen der Seevögel, die weiter auf Fang gingen. Im Wasser mußte es von Lebewesen wimmeln, sonst wären sie nicht in so großer Zahl angelockt worden. Im Logis standen Märchenerzähler hoch im Kurs. Wollte man Hilbert glauben, dann war Tristan von seinen Bewohnern verlassen worden. An ihrer Stelle war ein exzentrischer Indischer Prinz aufgekreuzt, ein Rajah, der ein derart wüstes Leben geführt hatte, daß ihn nicht einmal Indien verkraften konnte. Er wurde verjagt und war nach Tristan gekommen, wo er sich ein Schloß baute. Dort lebte er nun mit seinem ansehnlichen Harem.

Um dieser Sage Paroli zu bieten, erzählte ich Kroner von den Brüdern Stoltenhoff auf Inaccessible Island.

„Nicht schlecht", meinte er. Sein Tonfall ließ vermuten, daß er die Geschichte für glatt erlogen hielt. „Besser jedenfalls als die von Hilbert. Aber die Jungens nehmen sie dir nie ab." Dabei deutete er auf die Kameraden an der Back.

„Ja warum denn nicht?"

„Kein Sex dabei", entgegnete er mit der Miene eines Filmproduzenten, der ein Manuskript zurückweist. „Keine Weiber. Wenn es sich wenigstens um Bruder und Schwester gehandelt hätte."

In diesem Augenblick betrat Yonny das Logis. Mit ihm hatten wir schon seit einiger Zeit Ärger. Er behauptete nämlich mit beachtlicher Dickköpfigkeit, daß die Längengrade keineswegs zu den Polen hin konvergierten. Sie liefen vielmehr in immer gleichem Abstand über die Erde und bildeten zusammen mit den Breitengraden ein großes Fischernetz über Land und Meer. Nicht lange, dann kam diese Ketzerei dem geistig aufgeweckteren Steuerbordlogis zu Ohren. Yonny wurde aufgefordert, dortselbst zu erscheinen. Der anschließende Disput wurde sehr bald ohrenbetäubend, und nach kurzer Zeit waren alle Anwesenden tobend wütend, das heißt alle außer Yonny. Wie ein Schiff mitten im Zentrum eines Zyklons trieb er still, friedlich und von dem Aufruhr gänzlich unberührt dahin.

„Yonny", sagte Kroner, der sich wacker um eine Beweisführung mit Hilfe von Diagrammen bemüht hatte, „du bist ein saudummes Luder."

„Ja", zischte Yonny durch das Gatter seiner Schneidezähne, „du selbst ein Luder." Darauf öffnete er triumphierend meinen Woolworth-Atlas bei der doppelseitigen Erdkarte in Mercator-Projektion. Gleichzeitig tippte er sich an die Stirn und blinzelte uns anderen vielsagend zu.

Kroner wurde durch diese Faxen an den Rand des Wahnsinns getrieben.

„Yonny, meinst du, daß die Erde rund oder flach ist?"

Ein langes Schweigen. Wir alle warteten wie Mitglieder der Inquisition, die im Begriff stehen, einen Ketzer zu erwischen. Yonny schaute pfiffig drein, antwortete jedoch nicht. Sein Gesichtsausdruck ließ erkennen, daß er keiner der beiden Behauptungen zustimmen wollte. Eine beängstigende Zukunftsvision erschien vor meinem geistigen Auge: Yonny als Skipper eines gebrechlichen Fahrzeugs, das mit Karten nach Yonnys Wahl ausgestattet ist, womöglich mit denen eines der ersten Kartografen, wie Cosmas Indicopleustes. Yonny, wie er schließlich mit seiner aufs höchste überraschten Besatzung an das Ende der Welt gelangt — „terra ultra Oceanum ubi ante diluvium habitant homines." Was wußten wir schon von Yonny? Vielleicht war er gar schon am Ende der Welt gewesen und von dort zurückgekommen.

Ähnliche Gedanken müssen Kroner gekommen sein; denn nun fragte er: „Yonny, du verstehst doch, daß es die Längen- und Breitengrade in Wirklichkeit gar nicht gibt, nicht wahr? Daß man sie nur auf den Karten findet, nicht wahr?"

„Doch, die gibts", sagte Yonny mit einer Bestimmtheit, die keinen Widerspruch duldete. „Die sind ganz wirklich. Und sie treffen sich nie!"

Unser Landfall bei Inaccessible Island war am Abend des 5. Dezember erfolgt. Am 6., meinem Geburtstag, hatten wir Wind NNO, Stärke 5. Wir setzten die Royals und alle Schratsegel. Unter so viel Leinwand begann *Moshulu* sofort wieder zu laufen, im Durchschnitt zwölfeinhalb Knoten. Mittags hatten wir 292 Seemeilen hinter uns gebracht, was 923 Seemeilen in drei Tagen bedeutete.

Der 6. Dezember war aber nicht nur mein Geburtstag, sondern auch finnischer Nationalfeiertag.

„Keine Arbeit", verkündete Sedelquist.

„Weshalb?"

„Själfständighetsdagen — Freiheit von Rußland!"
„Keine Arbeit", flötete Taanila. „Itsenäisyyspäivä!"
„Wie bitte? Nochmal."
Beglückt käute Taanila es mehrmals wieder.
„Und wem soll das helfen?"
„Freiheit von Rußland auf Finnisch", erklärte Sedelquist.
„Wenn ich Russe wäre, würde ich's auch feiern", sagte Kroner, der gerade vorbeiging.
„Du bist Scheißbolschewiki", schimpfte Taanila wütend.
„Ich bin nicht Scheißbolschewiki, ich bin Scheißfaschist", gab Kroner gutgelaunt zur Antwort. „Wär' ich's aber, und du und Karma lebten nebenan, dann würde ich euch bestimmt bei eurer Befreiung helfen."
Weiter geschah freilich gar nichts. Själfständighetsdagen, Itsenäisyyspäivä und mein Geburtstag lösten bei niemandem Begeisterung aus. In den nächsten vier Tagen flaute der Wind ständig weiter ab. Wir litten unter Windstillen. Nur gelegentlich sprang eine ganz leichte Brise auf. Nach einer schönen Morgendämmerung wälzten sich ausgedehnte Nebelbänke wie Gaswolken heran und hüllten das Schiff in einen Mantel von Feuchtigkeit. Sie schlug sich in Gestalt halbgefrorener Kügelchen überall nieder, verwandelte den Atem in Dampf und ließ uns vor Kälte zittern. Von der See stieg ein eisiger, salziger Dunst auf, der uns nach dem Mief im Logis den Kopf freimachte. Die Sicht voraus betrug nur fünf Meter, aber über uns war blauer Himmel und die Royals wurden von der Sonne beschienen.
Tag für Tag schrapten wir von Nebel eingehüllt eingetrocknete Schichten von Leinöl und Terpentin von den Decks, während die Sirene traurig heulte. Unsere Schraper waren kümmerlich, Bruchstücke alten Federstahls, sowie abgebrochene Raspeln und Feilen. Nach zehn Minuten waren sie stumpf und mußten geschliffen werden, wodurch sie aber nur noch unbrauchbarer wurden. Nach einer Stunde hatten die meisten von uns kaum noch Haut an den Knien. Es gab zwar niedrige, mit Leinwand überspannte Holzschemel, ähnlich den Betkissen in einer Kirche, leider nur viel zu wenige. Ich versuchte, sitzend zu arbeiten, doch schlief dabei mein Gesäß ein, und das Prickeln in diesem Körperteil wurde unerträglich.
Von nun an wurden die Albatrosse unsere ständigen Begleiter. Wie riesige Bombenflugzeuge stießen sie aus dem Nebel hervor. Ihre gewaltigen Schwingen hatten die Farbe von Pilzen, und wir stritten uns wegen der Spannweite. Die Schnäbel waren von zartem Korallenrot, die Augen aber glänzten wie rabenschwarzes Wasser in einem Teich.
Eines Nachmittags wollten wir einen Albatros mit Hilfe eines von Sandell konstruierten Gerätes fangen. Es bestand aus einem aus Weißblech geschnittenen offenen Dreieck, an dem Streifen von Stockfischfleisch mit

Fäden befestigt waren. Die Spitze des Dreiecks war an einem hölzernen Floß befestigt, das an einer starken Fangleine übers Heck gefiert wurde. Zunächst taten die Vögel so, als sähen sie den Köder nicht. Dann aber landete ein besonders kühnes Tier einen Meter von dem Floß entfernt und hackte gleich danach zu. Sandell ruckte die Leine kräftig ein, so daß sich der Schnabel der Beute festklemmte. Als wir sie ans Schiff holten, geriet sie völlig unter Wasser. Nur die lange Reihe aufsteigender Blasen zeigte an, wo sich der Albatros gerade befand. Die Blasen belustigten die Besatzung ungemein. Sie brüllte vor Lachen und schlug sich vor Freude auf die Schultern. Ich dagegen war in Sorge, daß der Albatros ertrinken könne.

Endlich holten wir ihn über die Reling, hielten ihm mit dem Kopf nach unten, damit das Wasser aus seinen Lungen lief, und setzten ihn an Deck. Wie ein Schwan bot das arme Geschöpf außerhalb seines Elements einen pathetischen Anblick. Vorwurfsvoll sahen uns seine rollenden schwarzen Augen an, während es mit seinen großen Flügeln schlug. Wir maßen sie. Von Spitze zu Spitze waren es 3,30 Meter, vielleicht sogar noch mehr, weil es schwer hielt, sie ganz auszuspreizen.

Nachdem wir den Albatros zum Fotografieren auf das Dach des achteren Ruderhauses gesetzt hatten, faltete der Zweite die Flügel zusammen und warf das Tier wieder ins Wasser. Dort schwamm es halb untergetaucht und konnte ganz offensichtlich nicht fliegen. Der kurze Aufenthalt an Deck schien ihm jede Kraft genommen zu haben. Wohl machte das Tier verzweifelte Anstrengungen, sich in die Luft zu erheben, aber der Wassersog an der Unterseite der Schwingen hielt es eisern fest. Bald sackte es achteraus, und wir sahen noch, wie sich die anderen Vögel an der Stelle sammelten. Wir fingen auf die gleiche Weise noch einen weiteren Albatros von derselben Größe. Als wir ihn unseren Hennen zeigten, war die Wirkung überwältigend. Mit wildem Angstgezeter flüchteten sie aus ihrem Stall und liefen in kopfloser Panik über Deck. Ein Huhn hatte einen derartigen Schock bekommen, daß es übers Schanzkleid flog. Wir konnten zu seiner Rettung nichts unternehmen und sahen es hilflos achteraustreiben, wo bereits die Albatrosse auf ihre Beute warteten.

Am 11. Dezember, um zwei Uhr morgens, standen wir auf 39° S, 9° O im Südatlantik. Unsere Wache wurde an Deck gerufen, um die Rahen vierkant zu brassen und die Backbordschoten der Schratsegel durchzusetzen. Das Schiff bockte ganz wenig vom Vorsteven zum Heck.

„Nun kommt Westwind", sagte Tria, als wir uns an den Braßwinden abplagten. Und wirklich stand bereits mittags ein steifer West, der achteraus Roller aufwarf. Es war insofern ein denkwürdiger Tag, als wir 293 Seemeilen abliefen und Alvar auf dem Weg von der Kombüse unser ganzes Mittagessen an Deck fallen ließ.

Am 13. überquerten wir den Meridian des Kaps der Guten Hoffnung und liefen nun auf 40°33' Südbreite durch den Indischen Ozean.

Bei unserem „Easting down" bogen wir später bis zum 42. Breitengrad, einmal sogar bis 43°47' nach Süden aus. Bisweilen wehte es hart aus Westen, manchmal lagen wir auch bekalmt. Stets aber setzte uns die Trift dreißig bis vierzig Meilen am Tag nach Osten. Um siebzehn Uhr lief *Moshulu* fünfzehn Knoten. Der Wind fiel achterlicher als dwars ein, und es stand eine hohe See. Als Sedelquist und ich ans Rad kamen, steuerten bereits zwei Männer das Schiff. Sedelquist war der eigentliche Rudergänger, ich sein Gehilfe.

„Wird heut' schwer", sagte er in einer ganz ungewohnten Anwandlung von Freundlichkeit, während wir zwei, in dicke Mäntel gehüllt, über Deck stolperten. „Wird heut' biestisch."

Wir lösten Hilbert und Hörglund ab, ein wüst aussehendes, aber sehr tüchtiges Gespann. Obwohl es bei gelegentlichen Hagelböen ziemlich kalt war, fiel mir auf, daß Schweißtropfen auf ihren Gesichtern im Schein der Kompaßbeleuchtung glitzerten.

„Abgelöst", sagte Sedelquist, der von Luv her neben Hilbert trat. „Abgelöst", sagte auch ich, der von Lee auf das Podest kam.

„Ostsüdost", meldete Hilbert, und dann leiser, weil der Skipper direkt neben ihm stand: „Richtiger Satan von Wind, Käpt'n."

Auch das Schiff war ein Satan, schlimmer noch, ein wütendes Ungeheuer. Gleich nach dem Wachwechsel spürten wir beide, daß Kurshalten heute nacht Kampf bedeutete.

Sedelquist war ein hervorragender Rudergänger — kühl, ruhig, selbstbewußt. Auch ich gab mir alle erdenkliche Mühe, ihm nach besten Kräften zu helfen, nicht etwa wegen meines guten Rufes, sondern weil in einer solchen Nacht ein einziger Fehler das Ende für uns alle bedeuten konnte. Heute schenkte mir der Dienst als Rudergänger ein ganz neuartiges Gefühl. Es kam mir vor, als habe das Schiff Flügel bekommen. Wohl stand eine schwere See von achtern, aber niemals holten sie das Schiff auch nur so weit ein, um am Rumpf zu zerren und die Fahrt zu verlangsamen. Statt dessen hob sie *Moshulu* an und schleuderte sie förmlich in der Fahrtrichtung weiter. Steuern war eine sehr harte Arbeit. Während ich nach Sedelquists Anweisung die Speichen des Rades wuchtete, geriet ich bald in Schweiß. Zeit zur Unterhaltung blieb nicht; zudem war sie verboten. Nur als ich um neunzehn Uhr dreißig sieben mal glaste, zischte mir Sedelquist aus einem Mundwinkel zu: „In nächster Minute fliegt Royal am Kreuzmast weg."

Der Kapitän, der Erste und Tria waren alle an Deck. Der Skipper starrte unablässig zu den Obersegeln hinauf. Als wir ein Viertel vor zwanzig Uhr unseren Törn fast hinter uns hatten, und ich mich bereits beglückwünschte, daß alles gut gegangen war, lief uns das Schiff aus dem Ruder und begann in den Wind zu schießen.

„Pack zu, pack zu", brüllte Sedelquist, aber es war schon zu spät. *Moshulu* drehte weiter, die Rahen begannen zu schwingen, eine schwere See schlug in die Kuhl, eine zweite, noch höhere, folgte. Ein Ruf „Aufgepaßt, Mann!" Dann ein gewaltiges Krachen, während der Kapitän ans achtere Rad sprang und sich mit aller Kraft hineinwarf. Tria und der Erste halfen von der anderen Seite. Speiche auf Speiche kämpften wir, während es zu unseren Häupten scheußlich und dumpf dröhnte, als die Rahen an den Masten scheuerten und sich in den Hangern hoben, bis endlich der Bug wieder in die Kursrichtung wies.

Die Gefahr war vorüber, aber als sich der Kapitän blaß und zitternd abwandte, hörte ich sein „Allmächtiger Gott!", und es klang wie ein Schluchzen.

Plötzlich wurde mir bei dem Gedanken übel, was hätte geschehen können, wenn wir quer geschlagen wären. Auch Sedelquist, ganz ohne die gewohnte Selbstsicherheit, murmelte: „Jesus! Ich habe wirklich gedacht, ihm würden die Masten rausgerissen."

Die Uhr im Kartenhaus begann zu schlagen. In dem dringenden Bedürfnis, unter Deck zu kommen, hatte ich bereits, ehe sie damit fertig war, achtmal geglast. Schon aber trillerte der Erste Offizier auf seiner Pfeife den Allemannspfiff. Der Bedarf des Skippers war gedeckt. Bevor Sedelquist und ich am Rad abgelöst wurden, waren sämtliche Royals, alle oberen Schratsegel und die Bagien geborgen.

So kamen wir erst um zwanzig Uhr dreißig unter Deck. Zwischen sechzehn und zwanzig Uhr hatte *Moshulu* 63 Seemeilen und dann bis Mitternacht nochmals die gleiche Strecke geloggt.

14. „God Jul"

Seit vielen Tagen beschäftigten sich unsere Gedanken mit dem kommenden Weihnachtsfest, das in diesem Jahr auf einen Sonntag fiel. Darüber war bereits im Logis gemurrt worden. Aber sogar Sedelquist, der genau wußte, was uns an Rechten zustand, und der dauernd mit Beschwerden beim Konsul drohte, konnte keinen gangbaren Weg austüfteln, wie man den Weihnachtstag auf den Montag verlegen könne, um einen weiteren arbeitsfreien Tag herauszuschinden.

Während der vorangehenden Wochen spielte ich zum zweiten Mal Backschafter. In dieser Eigenschaft mußte ich für die zwanzig Bewohner der drei Logis immer dann das Geschirr abwaschen, wenn meine Wache Dienst tat. Kroner sprang ein, wenn ich frei hatte. Nun war mein lieber Kroner zwar fraglos ein kleiner Romantiker, aber er nörgelte auch fürs Leben gern. Immer wieder warf er mir vor, ich habe die Tücher nicht in der Kombüse getrocknet, und tagtäglich revanchierte ich mich mit der gleichen Beschwerde. Hingen wir die Lappen aber wirklich über den Herd, so wurden sie häufig von der Leine gerissen und in den Kohlenstaub getrampelt, wenn Brennstoff für den Koch gemannt wurde. Stets holte Kroner für mich und ich für ihn das Abwaschwasser.

Um es von außenbords zu bekommen, schlug ich eine Leine an die dafür vorgesehene Pütze, stellte mich in die Lee-Fockwanten und ließ das Gefäß in die See plumpsen. Erster Backschafter auf der Reise war Bäckmann gewesen, damals beim denkwürdigen Vorstoß in den Atlantik. Wie gut, daß der Junge damals noch keine Ahnung von einem richtigen seemännischen Knoten hatte, sonst hätte er leicht über Bord schießen können, weil die Leine mit heftigem Ruck steif kam, nachdem viel Lose ausgelaufen war. Zum Glück löste sich Bäckmanns unseemännische Befestigung der Pütze, die unter den höchst interessierten Blicken des Käptens und Ersten gemächlich absoff. Mußte ich dem „blutigen Gustav" einen Hammer bezahlen, so stand nun Bäckmann mit einer Teakholzpütze in der Kreide. Hatte ich das Wasser an Deck, dann waren damit meine Nöte keineswegs zu Ende; denn nun mußte es noch über dem Kombüsenherd erwärmt werden. Konnte der Koch einen nicht leiden, so rückte er die Pütze möglichst weit von der Feuerstelle fort. Wie alle Köche neigte er zu plötzlichen Depressionen und Wutanfällen. Leider hatte Kroner es mit ihm verdorben, als er sich über ein Schinkengericht beschwerte, statt den Mund zu halten und das Zeug außenbords zu werfen. Gegen mich hatte „Kock" nichts einzuwenden. Leider aber verwechselte er uns beide. Die Folge war, daß Kroner sich eine Woche lang an sehr viel brühheißem Wasser erfreuen durfte. Ich aber mußte mich an einem Tag mit lauwarmem abfinden, an einem anderen bekam ich überhaupt keins und am dritten kochte ein langer Strumpf in einer von hefeartigem Schaum bedeckten Pütze munter vor sich hin.

Unser Abwaschgefäß war ein mitten durchgesägter Petroleumkanister, dessen Ränder umgebörtelt waren. Die heutzutage gebräuchlichen Reinigungsmittel waren damals noch unbekannt. Wir benutzten statt dessen Sand und als Scheuerlappen einen Ballen Twist. Die Tagesarbeit an Bord hatte bereits meine Hände übel zugerichtet. Nun drang das Salzwasser in Risse und Poren, so daß sie anschwollen und platzten. Für solche Wunden, die niemals heilten, hatten die Männer einen sehr anschaulichen und passenden Namen.

Nach ungeschriebenem Gesetz wusch der Backschafter zuerst im eigenen Logis ab, weil er unter Umständen durch „två vissel" an Deck gerufen werden konnte. War er mit dem Backbordlogis fertig, kam das der Steuerbordwache an die Reihe, und schließlich das der Tageswächter mittschiffs. Sie hausten in einer düsteren Höhle ohne Bullaugen, die stets nach abgestandenem Zigarettenrauch roch. Licht fiel nur durch ein selten geöffnetes Deckslicht in den Raum, so daß eigentlich immer Halbdunkel herrschte. Auf einer Seite stand eine winzige rechteckige Back, auf der sich die scheußlichsten Essensreste stapelten: Inseln von Porridge; Seen von Kaffee, in denen Zigarettenkippen langsam absoffen; große Hügel übriggebliebenen salzigen Schinkens; zerquetschte graugrüne Fischklöße und, in den Tropen, fast schon phosphoreszierende Heringsreste. Nach anderen Mahlzeiten blieben Berge von Knochen übrig. Infolge eines schwülen Wildgeruchs ähnelte das Logis eher einem Tierkäfig als einer menschlichen Behausung.

Die Finnländer brachten Kroner und mich an den Rand des Wahnsinns. Bei kaltem Wetter trugen die meisten ihr langes Unterzeug wochenlang, bis man es getrost hätte in die Ecke stellen können, wie damals Julian Pringles Anzug im Kontor von Wurzel. Beim Eßgeschirr aber waren sie zimperlich wie alte Jungfern. Sie hoben die Teller hoch und beschnupperten sie. War das Logis zu dunkel, dann stürzten sie damit an Deck, um sie genau in Augenschein zu nehmen. Ein Tröpfchen Wasser genügte, um eine Schimpfkanonade auszulösen. „Satan!" „Djävala klackkuk!" Trotz dieser übertrieben hohen Ansprüche an Sauberkeit konnte die Arbeit des

Backschafters in den zugestandenen fünfzig Minuten erledigt werden, wenn nicht allzu viele Modellschnitzer und Kartenspieler der Freiwache am Werke waren. Eine Abart von Whist, „Bismarck" genannt, schien nie ein Ende zu finden. Dabei knallten die Karten geräuschvoll auf die Back, um den Gegenspieler einzuschüchtern, und alle wurden wütend, wenn ihnen der Backschafter in die Quere kam.

Rollte das Schiff oder segelte es mit viel Fahrt hart am Wind, so konnte es vorkommen, daß unser „Abwaschbecken" über die Back rutschte. Stieß es dann an die Schlingerleiste, so kippte es um und entleerte seinen Inhalt in die nächstgelegene Koje. Das hatte bisweilen komische Folgen, falls ein mordlustiger Geselle wie etwa Karma darin schlief. Manchmal aber segelte der Behälter auch unter die Koje. Im ersten Fall kam es zu einer Prügelei; im zweiten mußte man mit einer Zigarettenschachtel ausösen, wobei Dinge zum Vorschein kamen, die nie und nimmer in dem Becken gewesen waren. Anfangs war mir die „Endstation unten" lieber. Nun aber, wo meine Muskeln stärker waren, zog ich „Endstation Koje" vor. Bisweilen wurde der Backschafter nie fertig, weil „tre vissel" schrillten, um das Schiff auf den anderen Bug zu legen, die Rahen zu brassen oder die Segel zu bergen. Aber das geschah selten.

Am Montag in der Vorweihnachtswoche war die Abwäsche scheußlich gewesen. Es regnete in Strömen und Sturm war aufgekommen.

„Weht wie Hurensohn! Wie Helvete!" hatte Sandell bemerkt, als er vom Rad ins Logis kam. Ich stand unter Zeitdruck, weil ich Nummer Zwei als Ausguck war. Also blieben mir für die drei Logis keine fünfzig Minuten. Kroner, dieser Schafskopf, hatte wieder einmal das Trocknen der Tücher vergessen, und ich hatte nur eine Schüssel heißes Wasser statt der üblichen drei. Zu allem Unglück krängte das Schiff auch noch so stark, daß man sich kaum auf den Beinen halten konnte.

Ich riß den Zipfel eines noch gut erhaltenen Hemdes ab, klemmte mein Gefäß gegen die Schlingerleiste und tat jedes unersetzliche Stück Geschirr naß in das Spind. Als ich mit dem Abwaschen fertig war, trocknete ich nacheinander alles ab und brachte es einzeln an Ort und Stelle. Rings um mich versuchten die Männer in den Kojen zu schlafen, aber es herrschte ein Höllenlärm. Der Sturm brauste in der Takelage, die Tritte der Offiziere dröhnten über uns, das Rad rumpelte und ratterte und im Logis quietschten und stöhnten überbeanspruchte Nieten. Aus dem Laderaum drang ein dumpfes Dröhnen, als gehe der Ballast über. Mir fiel ein Löffel an Deck. Prompt tauchten fünf wütend blickende Gesichter hinter den kleinen Vorhängen auf und donnerten „Ruhe!"

Nicht anders ging die Prozedur im schmutzigen Mittschiffslogis vor sich. Immerhin hatte man dort mehr Platz, denn der Segelmacher war in seine Hängematte in der Segelkoje übergesiedelt und hatte Essin mitgenommen, der zu Füßen seines Herrn und Meisters schlief. Duhnkie schlief neben der Hilfsmaschine im Kesselraum. Nur Jansson war übriggeblieben, aber er spielte im Augenblick Rudergänger.

Acht Glas, und immer noch waren die Messer zu säubern. Ich schwenkte sie in kaltem schmutzigem Seewasser, wischte einmal mit meinem Hemdzipfel über das ganze Bündel und ließ den lieben Gott einen guten Mann sein, denn es war Zeit, als „utkik" aufzuziehen. So zwängte ich mich in mein Ölzeug und brachte, schon im Hinausgehen, drei Schlechtwetterlaschungen an — zwei an den Handgelenken, damit mir nicht das Wasser die Arme hinauflief und eine um den Bauch. Ich nahm sie vorsichtshalber zwischen den Beinen hindurch, damit der Ölmantel nicht über den Kopf wehen konnte.

Die Sonne ging in beängstigender Schönheit unter. Das Schiff stürmte auf eine Wand schwarzer Sturmwolken zu, die dort, wo die Sonne hinfiel, eine helle Ockertönung zeigten. Ringsum tobte eine wilde, überkämmende gelbliche See. Im Süden liefen zwei hohe konzentrische Regenbogen über den Himmel und verschwanden, bis zum Horizont klar erkennbar, im Meer. Gelegentlich wurde das Bild durch Regen- und Hagelböen völlig weggewischt. Die Hagelkörner waren so groß und hart wie getrocknete Erbsen. Es fehlte nur noch eine Wasserhose, um die Szenerie zu vervollständigen.

Bald wurden mir Gesicht und Hände klamm, und wenn ich in die Finsternis starrte, kam ich mir völlig verloren vor. Oberhalb der prall gefüllten Fock war nichts mehr zu erkennen. Von den Mastspitzen herunter bis auf's Deck drang pausenlos das starke Rauschen des Windes. In den Böen gefroren die Regentropfen. Um mir die Hände zu wärmen, steckte ich sie in die Taschen des Ölmantels, in denen sich kalte Lachen angesammelt hatten. In einer von ihnen schwamm mein letztes Taschentuch.

Nach einer Stunde Ausguck mußte ich „Påpass" spielen. In dieser Zeit hörte ich „två vissel" auf der Trillerpfeife des Wachhabenden. Dankbar, daß ich meine eiskalten Gliedmaßen bewegen konnte, riß ich die Tür zum Logis auf und brüllte „Två vissel!" mit voller Lungenkraft. Im Raum quirlte Wasser, in dem Zeitungspapier und Brotreste schwammen; es überspülte Yonny Valker und Alvar, die primitiv genug waren, an Deck zu schlafen. Natürlich trieften sie vor Nässe und erinnerten mich an zwei schlummernde Walfische. Die übrigen fünf balancierten in gefährlichen Stellungen auf den Bänken, zu naß, um in den Kojen zu liegen, zumal sie, völlig angezogen, auch noch Ölzeug anhatten. Die Petroleumlampe hing beängstigend schief. Bäckmann stieß mit dem Kopf dagegen, als er, der auf der Back gelegen hatte, sich aufrichtete. Aber er tat sich nicht weh; denn er schlief noch. Nacheinander schlurften die sieben aus dem Logis. Als sie an Deck der Sturm packte, verfluchten sie den Reeder, weil ihm die

Moshulu gehörte, den Skipper, weil er sie hierher gebracht hatte, den Wachhabenden, weil er gepfiffen hatte, und nicht zuletzt mich, weil ich „Påpass" war und die „två vissel" nicht überhört hatte.

Der winzige Taanila stand am Rad, an dem er sich wie ein Floh festklammerte. Der Wachhabende bemühte sich, ein Herumwirbeln zu verhindern. Taanila wäre in diesem Fall gewiß darüber hinweg an Deck geschleudert worden.

„Två män till rors!" brüllte der Offizier, und Bäckmann ging als Hilfe für den Knirps ans Rad.

„Besan!" kam der nächste Befehl, und wir packten den Niederholer des größten Schratsegels am Besanmast. Er hatte sich bekniffen, so daß wir aus Leibeskräften rissen. Plötzlich brach die Leine, und wir kugelten als nasses Knäuel in den Wassergang.

„Dieser gottverfluchte Gustav", schimpfte Sedelquist auf den Reeder; denn es hieß, er geize ganz besonders mit dem Tauwerk. „Man müßte ihn . . ."

Am Freitag hatte uns alle der Regen mürbe gemacht. Das Frühstück war abscheulich gewesen: schwarze Bohnen und salziger Schinken. Heißhunger quälte uns, zumal Margarine und Zucker bereits am Mittwoch aufgegessen waren. Wir unterhielten uns nur noch über das Essen. Mittags wußte Sandell jedoch zu berichten, die Hühner seien nicht mehr im Stall und der Koch bereite riesengroße Puddings zu. Als ich das Abwaschwasser holte, sah ich sie mit eigenen Augen, richtige kleine Sandburgen. Von nun an herrschte gespannte Erwartung. Endlich kam der Sonnabend, der Heilige Abend, an dem in Finnland das eigentliche Fest gefeiert wird. Morgens hatte meine Wache dienstfrei. Das ergab die erwünschte Gelegenheit für eine große Selbstreinigung im kleinen, schmierigen „Vaskrum". Aber die Vorfreude auf saubere Wäsche lohnte jede Unzuträglichkeit. Sogar Yonny und Alvar wuschen sich, während sich andere, deren Bartwuchs kein großer Erfolg geworden war, rasierten. Dann zogen wir unser bestes Zeug an: saubere Arbeitshosen und selbstgestrickte Jerseys, dazu funkelnagelneue Mützen. Bäckmann band sogar Kragen und Schlips um. Aber das schien den rauhen Kameraden zu viel des Guten. Es trat eine Kommission zur Beratung über dieses Problem zusammen, die ihre Aufgabe sehr ernst nahm. Schließlich entschied sie, Bäckmann habe sich für Zeit und Ort unpassend gekleidet. Das störte aber den Übeltäter nicht im mindesten, und er behielt Kragen und Schlips um. Am Umschlag meiner Tennishosen war noch der Staub von den Landwegen Devonshires zu sehen. Es beglückte die meisten, endlich einmal in gutsitzenden Kleidern zu stecken. Wie viele Wochen hatten wir nun schon feuchte, schlecht passende Sachen getragen. In Glanz und Gloria also schliefen wir bis zum Mittag. Anschließend war Schluß mit aller Arbeit. Nur die Navigationsposten mußten natürlich aufziehen.

Darauf ging es an die letzten Verschönerungen im Logis. Bäckmann wusch mit heißem Wasser und grüner Seife die Farbe. Ich tötete sehr viele Wanzen und ersäufte die Eier. Taanila schrubbte den Fußboden, Hermansonn polierte den Türknopf, während die übrigen schauerliche Überreste aller Art aus den nicht belegten Kojen entfernten und die Decken an der frischen Luft ausschüttelten. Der Fußboden und die Back wurden mit heißer Soda gewaschen und mit Sand weiß gescheuert. Dann setzten wir uns und bestaunten unser Werk. Der Raum schien wirklich etwas gemütlicher. Das war freilich auch die Voraussetzung für den Erfolg des Abends. „Und ihss doch nicht wie daheim" nörgelte trotzdem Sedelquist.

Um dreizehn Uhr goß ich das letzte Abwaschwasser über Bord. Einen ganzen Monat lang brauchte ich nun nicht wieder Backschafter zu spielen. Wie satt hatte ich es aber auch! Das Säubern des „Skit Hus" war sogar noch besser. Von fünfzehn bis sechzehn Uhr stand ich am Ruder. Es wehte ONO-Wind, und das Schiff steuerte sich nahezu allein. Nur ab und zu drehte ich ganz wenig das Rad. Bei der herrschenden Kälte blieben die Decks leer. Jeder ließ sich noch schnell die Haare schneiden, rasierte sich oder stutzte den Bart. Kurz bevor ich abgelöst wurde, erschien der Erste an Deck. Eine erstaunliche Wandlung war mit ihm vorgegangen. Jetzt sah er auf einmal gar nicht mehr schmierig aus. Der brandrote Schnurr- und Spitzbart, die ihm bislang das Aussehen einer verwilderten Katze verliehen hatten, waren verschwunden. In einem mit goldenen Ärmelstreifen besetzten Uniformjackett stolzierte er sehr selbstbewußt einher, auf dem Kopf eine hohe Schirmmütze, ebenfalls mit goldenem Streifen. Vorn war das Abzeichen der Reederei angesteckt, eine weiße Flagge mit den schwarzen Buchstaben G. E. darauf. Fast bestürzt mußte ich feststellen, daß sein bartloses Gesicht irgendwie abstoßend auf mich wirkte. Es kam mir fast unanständig nackt vor und hatte etwas Weibisches. Offenbar war er sich dessen bewußt; denn plötzlich grinste er verlegen, als wolle er sich entschuldigen. Von diesem Augenblick an trat bei uns beiden eine gegenseitige Abneigung zutage.

Die Kaffeestunde brachte die Vorboten einer wahren Lawine lukullischer Freuden. Schon immer hatte es an jedem Sonnabend eine besondere Art Brot gegeben. Heute bekamen wir Weizenbrötchen, so viele wir essen wollten. Sie schmeckten herrlich und waren nach sieben Minuten vertilgt.

Als die Zeit zum Abendessen näher rückte, wurde die Qual des Wartens schier unerträglich. Wie hungrige Wölfe strichen wir durch das Logis. Draußen prasselte der Regen aufs Deck. Kurz nach siebzehn Uhr war das Wetter umgeschlagen, aber der Wind stand durch. Solange er nicht umsprang, bestand keine Gefahr, daß es für uns Arbeit an Deck geben werde. Vermutlich konnten wir dann die ganze Nacht hindurch Bram- und Stengestagsegel fahren. Als es dunkelte, riefen um neunzehn Uhr „tre vissel"

alle Mann achteraus. Wir versammelten uns in der Kuhl. Vom Brückendeck sah der Kapitän auf uns herunter, nur Gold und strahlendes Lächeln, der Erste und Zweite, weniger Gold und nicht ganz so strahlendes
Lächeln, und schließlich Tria, gar kein Gold, dafür aber ein derart strahlendes Lächeln wie die drei anderen zusammen. Noch nie hatte ich so
prächtige Uniformen gesehen. Der Kapitän hielt eine kleine Rede, nannte
uns „Pojkar", also „Jungens", wünschte uns frohe Weihnacht und sagte,
nach dem Essen sollten wir achteraus in die Kajüte kommen. Wir griffen
an unsere Mützen, murmelten einen Dank und stürzten ins Logis. Zwei
Laken wurden hervorgezaubert und auf die Back gelegt. Dann suchten wir
alle Lampen und Laternen zusammen und hingen sie ringsum an die
Schotten.
Und dann kam das Essen aus der Kombüse. Große dampfende Schüsseln
voll Reis und Fleisch; ein Auflauf; Sardinen und Lachs; Corned Beef;
Aprikosen — lauter köstliche Dinge, von denen wir nicht mehr zu träumen gewagt hatten. Um es nicht zu vergessen: eine Flasche Aquavit, und
als Krönung des Ganzen ein riesiger, dampfender Fruchtpudding.
Nach ein paar Minuten qualvollen Wartens, während ich noch einige
Aufnahmen machte, die sich leider später alle als „Negerkampf im Tun-
nel" herausstellten, stürzten wir uns endlich auf unsere Plätze an der
Back. Jetzt war nichts mehr zu hören als das Schmatzen von acht Paar
Lippen und gelegentlich ein Grunzen, das soviel wie „Gib mal die Schüssel her" heißen sollte. Wochenlang hatten wir gehungert. Hier war nun
endlich die Chance, sich sattzuessen. Nach dem traditionellen finnischen
Reisgericht arbeitete ich mich durch den Kartoffelauflauf, den Fisch und
methodisch weiter bis zum Pudding, der herrlich schmeckte. Er war wirklich der Höhepunkt des Abends. Alvar wurde zum Getränkesteward er-
nannt, ging um die Back und schenkte jedem einen halben Becher Aquavit
ein. Bald darauf stürmte die Steuerbordwache herein, die bereits mit dem
Festessen fertig war, und rief „God Jul, Pojkar!"
Als die anderen längst die Waffen gestreckt hatten, futterten Sandell und
ich immer noch wacker weiter. Er wandte sich zu mir, den Mund voll Pudding, Reiskörner im schwarzen Bart: „Nichts reden, lieber viel essen — ihs
bessär", meinte er und schnitt sich eine dicke Scheibe holländischen Käse
ab. Sogar Sedelquist kam mit der Fotografie in einer uralten Nummer des
„Tatler" zu mir. Sie zeigte irgendeine englische Herzogin in Reitstiefeln
und Regenmantel bei einem offenbar sehr feuchten Geländeritt.
„He du. Der is' was fürs Bett, was?"
„Nein."
Ich betrachtete den Herzog, der auf dem Bild mit kurzsichtigen Augen
der Herzogin über die Schulter sah. Dann erst fiel mir ein, daß Sedelquist
ja stets die Geschlechter durcheinander brachte.

Jeder von uns hatte eine grüne Schachtel Abdullah-Zigaretten geschenkt bekommen. Fünfzig Stück waren darin, und die Dose war so geformt, das sie sich der Brusttasche anpaßte. Sie bot aber noch andere Verlockungen; denn in jeder war das bunte Bild eines Mädchens in verführerischer Stellung, der Phantasie mehr Raum gönnend als jene Herzogin. Ein schwunghafter Tauschhandel mit diesen Bildern kam in Gang, und Sedelquist, wie nicht anders zu erwarten, brachte die schönste Stellung in seinen Besitz. Obwohl ich sonst gar keine Zigaretten mochte, rauchte ich schnell hintereinander ein halbes Dutzend, nur um mir ja nichts entgehen zu lassen.

Aus dem mittleren Logis hörten wir plötzlich den schönen Gesang eines Weihnachtsliedes mit schwedischem Text. Wir gingen alle hin. Die Sänger saßen an das Schott gelehnt dicht beim Weihnachtsbaum, den Duhnkie aus aufgebröseltem Segelgarn gefertigt hatte. Die fünf Männer teilten sich in drei Gesangbücher und sangen in tiefem Ernst. Da war Kisstar, der Zimmermann. Das Licht der Öllampe ließ die tiefen Furchen seines Gesichts weicher erscheinen. Dann Reino Hörglund mit langem schwarzem Bart und Jansson mit dicken Lippen und völlig zerzaustem Haar. Das halbe Logis lag im Schatten, und ich stand in tiefer Dunkelheit neben dem riesigen Fuß des Großmastes, neben mir Yonny Valker, der die Hände vor dem Leib gefaltet hatte wie ein Bauer vor einem Heiligenbild am Wegesrand. Wir hatten alle sehr großes Heimweh.

Um einundzwanzig Uhr reihten wir uns vor der Kajüte auf, um die Geschenke der Seemannsmission in Empfang zu nehmen. Jetzt sah ich zum erstenmal die Offiziersunterbringung. Sie schien mir verglichen mit der unsrigen mollig warm und geradezu üppig. Von irgendwoher drang aus dem legendären Radio Tanzmusik zu uns, allerdings durch die rauschenden und wimmernden Untertöne beeinträchtigt, wie sie stets beim Empfang über weite Meeresflächen auftreten. Während wir warteten, sah ich voll Neid, wie prachtvoll hier achtern die Abwascheinrichtung war. Ein praktisches Ablaufbrett und so viele trockene Tücher! Ich überlegte, wie wenig dazu gehörte, etwas Ähnliches in den Logis anzubringen, und wieviel Zeit dadurch eingespart würde.

Als ich das „Allerheiligste" betreten durfte, war ich sehr nervös und kam mir wie ein kleines Würmchen vor. Aber meine Minderwertigkeitskomplexe verflogen schnell. Überall roter Plüsch, steife Rückenlehnen und Messingeinfassungen wie in ganz unmodernen Cafés. Es hätte mich gar nicht gewundert, wenn in einer Ecke Toulouse-Lautrec gesessen hätte. Statt dessen thronte der Kapitän, von seinen Offizieren umgeben, an einem Mahagonitisch und hielt mir einen Hut voller Lose hin. Ich zog eins mit der Nummer 7 darauf. „Nummer 7 für Englands Hoffnung", sagte der Skipper. Auf dem Boden kniete der Steward von vielen Päckchen umgeben. Er gab mir das, auf dem ebenfalls eine Sieben stand. Ich wünschte

„God Jul" und verließ nach bester höfischer Sitte den Salon rückwärts, wobei ich dem Mann, der hinter mir stand, kräftig auf die Zehen trat. Dann stürzte ich schleunigst ins Logis, um mein Päckchen zu öffnen. Es enthielt einen schönen blauen handgestrickten Schal, ein Paar graue Fäustlinge und derbe braune Socken. Als ich den Schal aufhob, fielen drei Blätter heraus. Da war eine Weihnachtskarte, auf deren einer Seite in erhabenen roten Druckbuchstaben „Jultiden" stand. Auf der Rückseite aber hatte eine Mädchenhand mit Tinte geschrieben: „Och God Nytt År onskar Aina Karlsson, Esplanadgarten 8, Mariehamn." Auf den beiden anderen Blättern stand in Finnisch der Text des 20. Kapitels des Johannes-Evangeliums, dazu die guten Wünsche der Seemannsmission, von der das Päckchen stammte. Ganz zu unterst lagen noch ein Spiegel und ein Kamm.

Ich stellte mir Aina Karlsson vor, wie sie mit Liebe und Mühe Wollsachen für unbekannte Seeleute auf Segelschiffen strickte. Begeistert verglichen wir unsere Geschenke. Einige hatten dickere, andere wertvollere Bekleidungsstücke. Sedelquist behauptete, die Offiziere hätten schon vorher das Beste für sich genommen, aber niemand nahm davon Notiz. Von uns hatte Taanila den größten Fang getan — eine wollene Kopfbedeckung, die man über die Ohren ziehen konnte und an der ein langer Schal angestrickt war. Der Zwerg sah darin wie ein bösartiger Berggeist aus.

Im Mittschiffslogis litten zwei Männer Qualen: Essin und Pipinen. Essin, der Gehilfe des Segelmachers, hatte sich beim Kampf um alles Eßbare, was in erreichbarer Nähe stand, einen Backenzahn abgebrochen. Jetzt lag er stöhnend in seiner Koje, das Gesicht mit Wolltüchern umwickelt. Ich versuchte, das Loch mit Guttapercha zu füllen, das ich von meinem Zahnarzt in Erwartung eines solchen Mißgeschicks mitbekommen hatte. Als er mir in seiner Praxis die Anwendung vorführte, schien sie mir leicht genug: etwas Vaseline auf einen Pfropf, das Guttapercha erhitzt und dann in die Zahnhöhle. Nun aber nach Alkoholgenuß, mit überladenem Magen, auf schwankendem Schiff und beim düsteren Licht einer Sturmlaterne fühlte ich mich wie ein beschwipster Chirurg, der eine lebensgefährliche Operation ausführen soll. Schlimmer war es noch, daß der Patient dauernd zurückzuckte, so daß ein Tropfen glühheißen Guttaperchas auf seine Zunge fiel. Er sprang brüllend bis fast an die Decke, und drei Jungen mußten ihn festhalten, während ich versuchte, etwas abgekühlte Substanz in das Loch zu stopfen, die aber leider nicht darin blieb. So gab ich ihm Aspirin in großer Menge und hoffte, diese Therapie werde helfen. Jedenfalls durfte ich getrost sagen: Operation mißglückt.

Pipinen, der zweite Patient, hatte sich beim Öffnen einer Dose Aprikosen böse in die Hand geschnitten. Karma, der unberechenbare Finnländer, war schon dabei, einen mehrere Meter langen Verband anzulegen.

Wie Hilbert sagte, wollte Karma die Binde nicht zerschneiden, weil er sie zu eigenem Gebrauch gekauft habe. Als ich das Logis verließ, hatte Pipinens Hand etwa die Größe eines ausgewachsenen Fußballs, und Karma hatte immer noch ein paar Meter zu wickeln.

Ich suchte meine Koje auf. Es war mittlerweile 21.45 Uhr geworden. Durch irgendein Wunder brauchte ich weder als Rudergänger, noch als „Utkik" oder „Påpass" aufzuziehen. Also kroch ich in meinen Schlafsack und schlief traumlos bis vier Uhr morgens. Der Ruf „Resa upp" weckte mich, aber Sandell zog die Vorhänge zu, und ich schlief bis sieben Uhr dreißig weiter. Laute Hochrufe, als ich endlich aufwachte; denn ich hatte „wie ein Hurensohn, wie ein Schwein im Stroh" geschlafen. Zehn Stunden — mein längster Schlaf an Bord der *Moshulu* oder irgendwo sonst. Ich selbst war davon tief beeindruckt.

Am Morgen des Weihnachtstages herrschte zwar kaltes, aber herrliches Wetter. Große Schiebeseen jagten in nicht abreißender Folge hinter uns her. Sie brandeten unter dem Rumpf, hoben ihn hoch und füllten die Luft mit sprühendem Gischt, wenn ihre breiten Rücken vor dem Bug auftauchten. Dann blieb das Schiff in einem Tal zurück, das so schwarz und blank war wie Basalt. Nur unter dem Achtersteven ließ das sich bewegende Ruder jadegrüne Blasen aufsteigen, als sei dort eine sprudelnde Quelle. Von der Rahnock des Kreuzmastes aus, auf der ich mit meiner Kamera hing, konnte ich den ganzen Mittschiffsteil der *Moshulu* überschauen. Auf der Laufbrücke über dem Hauptdeck wurden gerade der Kapitän und die drei Offiziere vom Steward fotografiert. In ihren besten Uniformen sahen sie schwarz und feierlich wie Krähen aus.

Vor Kälte steif ging ich zum Weihnachtsessen unter Deck, für das „Kock" eine besonders kräftige Fruchtsuppe zubereitet hatte. Zum Frühstück waren Dosenwürstchen auf die Back gekommen, die großen Beifall fanden. Zum Kaffee gab es Apfeltörtchen und Brötchen, aber von beidem zu wenig, und zum Abendbrot schließlich Reisauflauf und Marmelade. Um vier Uhr früh am zweiten Weihnachtstag wurden erneut die Royals gesetzt. Das Fest war vorüber.

15. Auf in den Kampf

In jener Nacht traf eine Bö das Schiff. Brüllend tobte der Koch in der Kombüse herum, als ihm Töpfe und Pfannen über Stag gingen. In unseren Logis rutschte alles mit Vehemenz nach Lee. Alvars nicht unansehnlicher Hintern sauste glatt durch die Türfüllung eines Spindes, wodurch das Ding aus den Angeln gehoben wurde. Ein Topf mit brühheißem Tee entleerte seinen Inhalt über meine Hand. Als ich sie vor Schmerz hochriß, schlug ich die Scheiben aus unserer Laterne. Fünf Minuten lang wurde ich mit handfesten Flüchen eingedeckt. Am Rad standen vier Mann, darunter der Skipper und der Zweite.

Bei dem strammen Nordwester begann das Schiff wie noch nie zuvor zu rollen, dreißig Grad nach Steuerbord, dreißig nach Backbord. Meine Querschiffskoje wurde für mich zur Hölle. In einem Augenblick stand ich fast auf den Füßen, im nächsten auf dem Kopf, in den mir das Blut schoß. Beim Abendessen hob sich die Back in recht beunruhigender Weise. Kartoffeln, Fruchtsuppe und Zucker kamen von oben, Bänke stürzten um, Bücher und Papiere sausten aus den Kojen und wurden zertrampelt. Jeder klemmte sich irgendwo fest, um sich am Chaos zu erfreuen, nur der arme Backschafter mußte sehen, wie er mit dem Abwaschen fertig wurde. Kurz vor Mitternacht kam eine Reihe noch stärkerer Krängungen. Beide Bänke krachten in der Finsternis um; Seestiefel, Seekisten und Pützen jagten wild übers Deck. Aus dem Laderaum kamen Geräusche wie von einem Erdbeben.

„Ballast geht irgendwo über", meinte jemand. „Nicht lange, dann hängt uns der Arsch vorn, scheint mir."

„Nicht vorn — oben."

„Ja . . . oben . . . das stimmt."

Tria und Sedelquist stiegen mit Laternen in den Laderaum. Es dauerte lange, bis sie wiederkamen, und wir warteten in düsteren Vorahnungen. Nach etwa einer halben Stunde hörte das unheimliche Grummeln auf. Die beiden meldeten, der Ballast liege fest und der Lärm komme von ein paar Fässern, die durchs Mitteldeck rollten.

3000 Seemeilen mußten wir bei diesem „Easting down" noch ablaufen, als wir auf dem 43. Grad Südbreite Australien ansteuerten. Tagsüber klopften wir unter Deck Rost, soweit wir nicht auf Wache waren. Nachts glänzten die Sterne in gnadenloser, frostiger Schärfe, und das Schiff wurde unter der Unendlichkeit des nächtlichen Himmels zu einem Riesenspielzeug. An anderen Tagen und in anderen Nächten schien sich das Himmelsgewölbe auf uns herabzusenken. Dann verengte sich unsere kleine Welt beängstigend. Es kamen Böen mit kaltem, peitschendem Regen, der ins Fleisch schnitt, oder Bombardements von Hagelschlossen. Eisstücke türmten sich an den Einfassungen der Decklichter auf. Das Schiff war fast nicht mehr zu regieren. Der Regen gelangte unter die Bandbremse des Steuerrades, so daß sie nicht mehr faßte. Bei einer dieser Böen war ich Rudergänger. Als der Sturm seinen Höhepunkt erreicht hatte, lief mir das Rad einfach davon und wirbelte wie besessen. Sieben Speichen trafen mich am Ellenbogen, bevor es mir gelang, es wieder unter Kontrolle zu bringen. Einige Augenblicke danach fühlte ich mich so elend und schwach, daß ich mich kaum noch auf den Beinen halten konnte. In meiner völligen Apathie steuerte ich ganz unsicher.

Am 30. Dezember — es war der 74. Tag unserer Reise — wurde das Radio, an dessen Existenz wir nie so recht geglaubt hatten, plötzlich munter und spie beängstigende Nachrichten aus. Der Segelmacher wußte es vom Skipper, der, wie es hieß, mit eigenen Ohren gehört hatte, daß Polen in die Tschechoslowakei einmarschiert sei. In Tunesien sei Krieg zwischen Italien und Frankreich ausgebrochen und Chamberlain sei nach Rom geflogen. Da wir wußten, daß der Kapitän kein Radio besaß und seine Stellung an Bord es ihm ganz gewiß verbot, in der Kammer des Zweiten zu sitzen, mußte er wohl schon das Ohr ans Schott gelegt haben, genau wie ich damals, als ich im Logis ferne Musik hörte. Was immer der Kapitän getan haben mochte, ganz gewiß war jedenfalls der Passus über Chamberlain ein Musterbeispiel zutreffender Hellseherei. Gleichzeitig wurde es dadurch fast zur Gewißheit, daß alle diese Nachrichten von der „Achse" lanciert waren. Später erfuhr ich nämlich, daß Chamberlain erst elf Tage später nach Rom flog. Zu jener Zeit konnten aber nur Deutsche und Italiener den führenden britischen Staatsmännern so lange im Voraus befehlen, wohin sie zu fliegen hätten.

Übrigens verstand ich anfangs, der Premier sei geflohen, nicht geflogen, und ich fragte mich, ob er wohl im Quirinal, Vatikan oder Palazzo Venezia Zuflucht gefunden habe. Ich mußte sehr viele, recht üble Spötteleien der Kameraden über mich ergehen lassen, die wie zahlreiche Skandinavier damals nur zu sehr von den Segnungen einer Diktatur beeindruckt waren. Daß wir im Logis im Grunde aber wenig an diesen Ereignissen interessiert waren, erwies sich, als der in Wirklichkeit gar nicht ausgebrochene Krieg in Tunesien im Steuerbordlogis diskutiert wurde. Mikelsonn, ein immer gutgelaunter dänischer Anwärter, schlief in seiner Koje, als in der Unterhaltung der anderen immer wieder das Wort „Krieg" fiel. Erleichtert meinte er schließlich: „Ach so, *ein* Krieg. Ich dachte schon, ihr sprecht von *dem* Krieg." Darauf legte er sich auf die andere Seite und schlief weiter.

Der letzte Tag des Jahres kam und verlief ohne jedes Aufheben. Immerhin gönnte ich mir zur Feier des Tages eine gründliche Selbstreinigung. Wegen der Eiseskälte im „Vaskrum" war sie alles andere als ein Vergnügen. Gerade hatte ich mich von Kopf zu Fuß eingeseift, als das Schiff zu schlingern und zu rollen begann. Ich hatte den Eindruck, es stehe kurz vor dem Kentern. Mein magerer Vorrat an heißem Wasser floß davon. Um Nachschub zu holen, mußte ich über das ganze Vordeck und verfluchte den Rudergänger. Als ich später selbst am Rad stand, stellte ich fest, daß *Moshulu* wie verhext war. Zunächst war der Kapitän noch leidlich nachsichtig und sagte nur: „Versuchst du, Knoten in die Logleine zu machen? Kurs halten, Mann. Ostsüdost."

„Ostsüdost liegt an, Sir." Das traf zu, aber leider nur kurze Zeit, dann fing das Schiff schon wieder an zu gieren.

„Verdammt nochmal, Mann. Halt Kurs, Satan und Helvete!"

Nun war nichts mehr von Humor zu spüren. Im Gegenteil, er fuhr fort zu fluchen, immerhin mit so prächtigen Abwandlungen, daß ich ihm fast bewundernd zuhörte, soweit mir der Kampf mit dem verdammten Rad dafür Zeit ließ. Während des ganzen Abends trafen Böen in Sturmstärke das Schiff. Um dreiundzwanzig Uhr fiel das Glas sehr rasch, und es wetterleuchtete ununterbrochen. Alle Mann mußten an Deck, und ich hatte zusammen mit Kroner das Großoberbramsegel aufzutuchen. Das Aufentern war schrecklich. Die ganze Atmosphäre war von grellglühender Elektrizität erhellt. Die stählernen Rahen schienen zu brennen. Auf dem Großmars angekommen, wollte ich Zeit gewinnen, weil ich hoffte, diese Phänomene würden verschwinden. Deshalb packte ich Kroners Jacke, konnte mich aber bei dem herrschenden Lärm erst nach mehreren Versuchen verständlich machen.

„Was ist das bloß?" brüllte ich.

„St.-Elms-Feuer. Die verfluchte Götterdämmerung. Hübsch, was?"

„Grauenhaft." Dann wünschte ich ihm, weil es mir gerade einfiel, ein glückliches neues Jahr.

„Laß uns weiter entern", schrie er mir zu. „Dein 1939 kannst du dir sonstwohin stecken."

Das Segel schlug wild und war nicht in die Gewalt zu bekommen. Irgend jemand hatte die Zeisinge so festgezogen, daß wir sie nicht losbekamen. Während wir die gewaltige Masse feuchter Leinwand auf der Rah festhielten, bemühten wir uns verzweifelt, die Zeisinge um Segel und Spiere

zu nehmen. Die Mastspitze beschrieb über uns weite Bogen; die Rahnocken wiesen bald in die See, bald steil in die Luft. Ringsum knatterte
und summte die mit Elektrizität überladene Atmosphäre. Um Mitternacht
geite meine Wache von Deck aus das Großsegel auf, und wir wünschten
uns gegenseitig ein glückliches neues Jahr.

„Weißt du", sagte Sedelquist in ungewöhnlich zutreffender Vorahnung,
„1939 beschissen. Kein gutes Jahr."

In der Morgendämmerung des 4. Januar standen wir noch etwa 350 Seemeilen von Port Lincoln entfernt. Ich rechnete aus, daß es bis zum Eintreffen höchstens zwei Tage dauern könne. Fast tat es mir leid, daß die
Ausreise sich dem Ende näherte. Aber am Nachmittag schon lagen wir
bekalmt. Nur die aus Süden laufende Dünung schob uns weiter. Beim
Deckwaschen murrten wir; denn zum Frühstück hatte es Pökelfleisch mit
Kartoffeln, zum Mittagessen Stockfisch und am Abend zuvor Pökelfleisch
und Kartoffeln gegeben. Die Stimmung verschlechterte sich zusehends.
Zuerst erreichte die Urfehde zwischen Kroner und dem Koch ihren Höhepunkt. Den Kampf eröffnete Kroner, der den Gegner anbrüllte: „Komm
an Deck, du Schwein. Komm raus, dann werden wir's ja sehen."

Niemals haben wir erfahren, worum es eigentlich ging. Jedenfalls stieß
der Koch ein unheimliches Kreischen aus und stand im nächsten Augenblick, ein Beil schwenkend, an Deck. In der Meinung, Hilbert sei Kroners
Freund, fragte ich ihn nach der Ursache des Streits.

„Och ... der Kroner is' ja verrückt ... is' zu wild. Wenn er mit Kock
kämpft, wird er sein blaues Wunder erleben ..." Dann kamen meine
eigenen Kümmernisse, wenigstens ein Teil, zum Schwur. Wie gründlich
satt wir einander hatten! Da ich ein Ausländer, noch schlimmer: ein Engländer war, wurde ich nachgerade zu einer Art Sicherheitsventil, mit dessen
Hilfe die Backbordwache ihre Gereiztheit abreagierte. Während unseres
scheußlichen Mittagessens zischte mich plötzlich Taanila an: „Mistvieh ...
du Mistvieh ...", bis ich ihn aufforderte, den Mund zu halten.

„Besser, *du* hältst das Maul", mischte Hermansonn sich ein.

„Du bist mistiges Roßbief."

Während dieser Unterhaltung war Sedelquist nicht untätig geblieben.
Er hatte mir ein großes Stück Brot in den Tee geworfen. Da es mir klar
war, daß ich mutterseelenallein stand und daß so oder so etwas passieren
werde, kippte ich den ganzen Inhalt meiner Kumme in diejenige Sedelquists. Die Wirkung war beängstigend. Er sprang auf, brüllte, ich solle
seine Kumme ausleeren und führte gleichzeitig mit aller Kraft, aber unge-
schickt einen Hieb gegen mich, dem ich ausweichen konnte. Seine Faust
traf einen Kleiderhaken an der Tür, der die Haut über allen Knöcheln
der Hand aufriß. Zum Glück ertönte in diesem Augenblick „två vissel",
und wir wurden an die Winden gerufen.

Ich fühlte mich jammervoll verlassen unter lauter Fremdlingen. Über Bord zu springen und von der *Moshulu* wegzuschwimmen, schien mir das einzig Wünschenswerte. Jetzt war es mir ganz klar, daß ich mit irgend jemand werde kämpfen müssen. Aber mit wem? Ich wurde nicht so leicht wirklich wütend. Veranlaßte ich jedoch gar nichts, dann geriet ich in die Gefahr, für einen Feigling gehalten zu werden.

Die Veranlassung zu einem richtigen Wutanfall kam schneller als erwartet. Nachdem beim Abendessen ein unheilkündendes Schweigen geherrscht hatte, wollte ich aus der Schachtel auf meiner Koje eine Zigarette holen. Ich öffnete die Büchse. Alle Zigaretten waren fort und durch... Kot ersetzt. Im Logis herrschte Totenstille. Ich ging an die Back zurück. Zu Recht oder Unrecht meinte ich, es könne nur Hermansonn gewesen sein. Vor mir stand eine große Emailleschüssel mit zähem Mostrich. Hermansonn saß an der Back und betrachtete mich mit lauernden Blicken. Blitzschnell goß ich ihm den ganzen Inhalt, etwa drei Liter, über Kopf und Schultern. Die Umsitzenden brachen in lautes Gebrüll aus, das fast wie Beifall klang, beileibe nicht für mich, sondern weil nun endlich die greifbare Aussicht auf eine handfeste Prügelei bestand. Und schon sprang Hermansonn über die Back. Dabei zerschellten zahlreiche Teller.

„Raus an Deck!" schrien alle und stürzten aus dem Logis. Ehe mein Gegner mich mit seinen langen Armen packen konnte, gelang es mir, einen gut plazierten Hieb anzubringen, der ihm das Nasenbein zerschlug. Aus seinem Schwanken und Schnaufen schloß ich, daß er bislang noch keinen Volltreffer hatte einstecken müssen. Im nächsten Augenblick aber wälzten wir uns, mit seinem Blut beschmiert, an Deck. Hermansonn konnte den Kampf sehr wohl gewinnen, wenn er nicht plötzlich sein Knie mit voller Kraft zwischen meine Beine gestoßen hätte. Ich empfand einen rasenden Schmerz und sah rot. Alle Demütigungen, denen dieser Bursche mich in den letzten Monaten ausgesetzt hatte, standen mir auf einmal wieder vor Augen. Jetzt kannte ich nur noch den einen Wunsch, ihn kampfunfähig zu machen.

Mittlerweile war die ganze Besatzung an Deck gekommen. Gellende Anfeuerungsrufe. Es tat mir gut, daß jemand sogar meinen Namen schrie. Erst nach zehn Minuten gelang es mir jedoch, den Gegner zusammenzuschlagen; denn Hermansonn war wirklich ein eisenharter Kerl. Nachdem er den Schock über meinen ersten Treffer überwunden hatte, hielt sich wacker. Das Ende kam, als ich ihn an Deck zwingen konnte. Nun schlug ich seinen Kopf auf das Eisen, während ich zwischendurch sein Gesicht mit meiner linken Faust behämmerte. Plötzlich hörten wir die eiskalte, ferne Stimme des Kapitäns von irgendwoher hoch über uns. „Genug! Aufhören! Gebt euch die Hand."

Die Besatzung ging auseinander. Wir beiden sahen furchtbar aus. Hermansonn hatte einen Zahn verloren; das eine Auge war geschlossen, aus dem anderen floß Blut. Mein einer Finger war bis zum Knochen aufgeplatzt, vermutlich an den Zähnen des Gegners. Immer noch schmerzte es entsetzlich, wo mich sein Stoß mit dem Knie getroffen hatte.

Wir gaben uns die Hand.

„Weißt du was?" sagte Sandell zu mir, als ich auf einem Lukendeckel saß und „meine Wunden leckte". „Hermansonn war's gar nicht."

„Sondern?"

„Alvar."

„Verdammt nochmal, dann werde ich . . ."

„Hör' mal zu. Fang' bloß nicht wieder an. Jetzt tut dir keiner mehr was."

Damit ging er.

Die Nacht fiel ein. Die Wachen wurden gemustert. Während uns der Offizier zählte, flüsterte Taanila: „Jetzt du, Bulle!"

„Und du bleibst für mich ein ekelhaftes finnnisches Ferkel."

„Orlright", rief der Offizier. „Lösa av ror; utkik på backen. In frivakt."

Und die Freiwache ging unter Deck.

Plötzlich fühlte ich mich grenzenlos müde. Für mich und Hermansonn schien das Logis zu klein, daher streckte ich mich auf der Persenning über dem Lukendeckel aus und schlief dort befriedigt ein.

20. In Port Lincoln. Die Passat *von der* Moshulu *aus.*

21. Vytautas Bagdanavicius.   *22. Der Verfasser als Backschafter.*

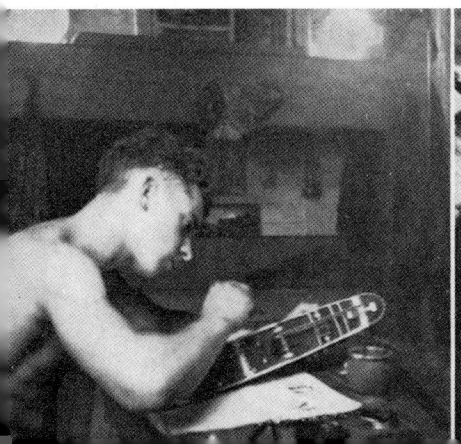

23. *Ärger mit dem Außenklüver südlich von Neuseeland.*

24. *Der gewaltige „Südliche Ozean".*

25. *Aufnahme von der Poop aus: Das Schiff arbeitet schwer im südlichen Ozean.*

16. Am Kap der Katastrophen

Am nächsten Morgen putzte ich vor der Kapitänskajüte Messing, als ihr Bewohner plötzlich vor mir stand.

„Wenn du etwas von dem verdammten Zeug an Deck fallen läßt", — es handelte sich um Ätznatron — „mache ich dich so fertig wie du den Hermansonn."

Am Nachmittag herrschte eine Backofenglut, und unser Etmal betrug nur 59 Seemeilen. Wir lagen so gut wie völlig bekalmt, und die Segel hingen schlaff. Nur ein paar Albatrosse folgten uns, herrliche, kühne Vögel, die bisweilen auf Armlänge an das Schiff herankamen. An Bord deutete alles auf den nahen Landfall hin. Der Zimmermann schmierte das Ankerspill ab, Teakholzgeländer und Niedergänge wurden geschrubbt. In der Takelage wuschen drei Jungen, auf Bootsmannsstühlen sitzend, die Masten. Dann übertönte die gereizte Stimme des Skippers das Knarren der Blöcke und das Schlagen der Leinwand. Jemand hatte vergessen, die Spreizen der Dwarssalinge zu waschen.

Während ich Messing putzte, bestaunte ich Hermansonns Blessuren, die jetzt erst eine prächtige Färbung annahmen. Ich empfand etwas wie Stolz gemischt mit einem Schuldgefühl. Ähnlich mochte es einem Künstler nach Vollendung seines Werkes gehen. Mir tat es nur leid, daß ich den falschen Mann erwischt hatte. Aber schließlich erfüllte Hermansonn seinen Zweck so gut wie irgendein anderer. Später versöhnte ich mich mit diesem Gegner. Er packte meine Hand mit seiner Riesenpranke. „Kein Ärger mehr, is' bessär", meinte er großmütig. Er hat sein Wort gehalten und mir nichts nachgetragen.

Um vier Uhr früh am 7. Januar sichteten wir Cape Catastrophe auf der Westseite des Spencergolfs. Großer Jubel, denn alle glaubten, wir würden schon mittags in Port Lincoln sein. Aber zwischen dem Kap und der Neptune-Insel östlich davon war nur eine schmale Fahrrinne, und der Wind stand mit zwei bis drei Knoten genau aus der Einfahrt. Um acht Uhr kamen wir dem Land nahe genug, um festzustellen, daß es uns ganz und gar nicht gefiel. Meilenlange Klippen stiegen im Westen wie Festungswälle auf. Beim ersten Versuch, das Kap zu umsegeln, gerieten wir weit nach Lee. Den ganzen Tag über rissen wir bei Temperaturen bis nahe 45 Grad und unter glühendheißem Himmel an den Brassen oder setzten sie mit den Winden durch, weil dauernd gewendet wurde und das Schiff mit langen, langsamen Schlägen südlich des Kaps kreuzte. Unglückseligerweise waren die Decks gerade frisch geölt worden, so daß wir wie Fische in der Pfanne darauf herumschlitterten. So ging es bis in die Nacht hinein; ewig das Schlackern und Schlagen der Segel. Wir waren mit Öl beschmiert und furchtbar schläfrig. Spöttisch aber winkten uns die Lichter der südlichen Neptunes zu — zwei Blitze alle sechs Sekunden, ein dritter nach zwanzig, bald an Backbord, bald an Steuerbord, je nachdem über welchen Bug wir lagen.

Um sieben Uhr morgens am 8. Januar waren es immer noch 20 Seemeilen bis Port Lincoln, aber jetzt kamen wir ihm doch näher; denn das Wetter war schön geworden und ein paar Windwolken segelten am tiefblauen Himmel. Schnell wurde es heiß. Die südlichen Neptune-Inseln lagen querab. An Steuerbord kam ein beladenes Frachtschiff aus dem Golf und passierte südöstlich von uns. Ringsum sehr viele Inseln, von Hitze umflimmert. Um zehn Uhr liefen wir unter Middle Island hindurch. Es war ein brauner, gottverlassener Fels von gelben Büschen gekrönt. Einen Strand gab es nicht. Die Insel fiel steil ins Wasser ab und an ihrer Südseite brach sich das Meer in schneeweißer Brandung.

An Backbord lag Thistle Island, auch diese Insel nichts als nackter Fels mit wenig Gebüsch. Es mögen aber auch kleine verdorrte Bäume gewesen sein. Von einem niedrigen Ausläufer stieg die Insel in breiten Terrassen nach Nordwesten bis zu etwa zweihundert Meter Höhe an. Auf der jetzt in Sicht kommenden Ostseite fiel eine steile Klippe zu einem goldgelben Strand ab, über den weißer Brandungsgischt rollte. Beim Runden der Insel nahmen wir Stengestagsegel am Besan, das Gaffeltoppsegel und das obere Besansegel ein. Um uns herum flatterten ziellos viele weiße Vögel mit grauen Flügeln und zierlichen Schwanzfedern. Zuerst waren sie sehr scheu, dann aber faßten einige Mut und ließen sich auf dem Bugspriet nieder. Beim Bergen der Vorsegel flogen sie auf, wobei sie merkwürdige, abgerissene Töne von sich gaben, die sich wie das Quietschen rostiger Türangeln anhörten.

Mit nur sechs Knoten Fahrt lief *Moshulu* den Golf hinauf, und doch hatten wir den Eindruck, sie fliege, als wir ein sandbedecktes Riff mit einem Leuchtfeuer passierten. Um vierzehn Uhr braßten wir die Rahen vierkant und liefen vor dem Wind. Beim Aufgeien der Royals und Bramsegel erblickten wir recht voraus eine Viermastbark zu Anker. Der Kapitän in Tropenhelm, Hemd und blauen Hosen erkannte sie als die *Passat*. Als wir näher kamen und uns zum Ankern anschickten, nahmen wir die letzten Schratsegel ein, abgesehen vom Fockmarsstagsegel und Besan. Anschließend kamen alle Untersegel und die Marssegel am Kreuzmast an die Reihe. In prachtvoll seemännischem Manöver lief *Moshulu* nur unter den beiden Marssegeln am Großmast, dem Fockstagsegel und dem Besan auf die *Passat* zu. Diese Leinwand genügte, um noch reichlich Fahrt im Schiff zu behalten.

Das Schiff fuhr der Zweite, während der Erste sich vorn auf der Back bereit hielt, um auf Befehl des Kapitäns den Anker fallen zu lassen, den wir schon vor zwei Tagen mit Hilfe des Davits außenbords gehievt und vor der Klüse an die Kette geschäkelt hatten.

Dann kam der Befehl: „Ned med rodret!" Sandell wirbelte das Rad herum. Das Fall des Fockmarsstagsegels wurde vom Belegnagel genommen, und wir besetzten den Niederholer. Begeistert stampften wir über die Kuhl, als das Tuch surrend am Stag hinunterglitt. Gleichzeitig wurde der Besan, das einzig noch gesetzte Schratsegel, nach Luv ausgehalten, um das Aufschießen zu erleichtern. Dabei kamen die Marssegel am Groß-mast back und preßten sich gegen ihn. Das Schiff verlor Fahrt, kam zum Stehen und begann über den Achtersteven zu laufen.

Mit voller Lungenkraft brüllte der Kapitän: „Låt gå babords ankaret!" Der Erste schlug den Vorstecker am Kettenstopper heraus. Ein gewaltiges Donnern, als der Backbordanker ins Wasser klatschte, wobei er die Kette aus dem Kettenkasten über Spill und Back hinter sich her riß. Am Spill bediente der Zimmermann den Kettenstopper, mit dem er das Auslaufen regulierte. Als die Glieder durch die Klüse rauschten, stieg eine Wolke von hellrotem Roststaub auf und setzte sich auf unsere frisch gewaschene Wäsche. Bei der Fahrt achteraus faßten die Flügel des Ankers. Nach jeder Kettenlänge von etwa fünfundzwanzig Metern kam ein Schäkel, und als der vierte im Wasser war, meldete der Erste Offizier dem Skipper, es sei „Orlright". Darauf zog der Zimmermann mit aller Kraft die Bremse an. Wir lagen um fünfzehn Uhr am 7. Januar 1939, dem 82. Tag unserer Reise, zu Anker. 15 000 Seemeilen hatten wir gesegelt.

„Orlright. Bräck bukgårdinggarna på kryss övre märs", befahl der Zweite und gab bereits dem Fall Lose, wodurch die Rah sich langsam senkte. Wir aber rissen die Stopper an den Bauchgordingen des Obermars-segels aus und holten an den Leinen. „Hol weg... iii orr... iii orr... fest!"

Darauf kamen die Geitaue an die Reihe. Und nach dem Ober- das Unter-marssegel. Gordinge und Geitaue wurden ganz dicht an die Rah geholt. „Upp och göra fast..." „Hafenklar."

Hei, wie sausten wir die Wanten hinauf, um achtzehn Rahsegel und drei-zehn Stag- und Schratsegel ganz besonders säuberlich aufzutuchen, wollten wir doch bei der Besatzung der *Passat* einen guten Eindruck machen, die uns ganz gewiß sehr kritisch beobachtete. Der Viermaster, immer noch in Ballast, lag eine halbe Meile hinter uns. Am Rumpf zeigten sich breite Roststreifen, hier und da aber auch viereckige Felder, wo die Männer bereits Rost gepickt und mit Mennige gearbeitet hatten. Auch *Passat* fuhr die finnische Handelsflagge an der oberen Gaffel. Sah man nicht sehr genau hin, so hätte man das Schiff für eine Zwillingsschwester der *Moshulu* halten können: Vier Masten, kurze Poop, hohes Brückendeck mittschiffs und die Doppelgaffel des typischen Nitratfahrers. Bei näherer Prüfung aber sahen wir das Sicherheitsnetz unter dem Bugspriet und die längere Poop. Auch in der Takelage war ein Unterschied, den wir aber nicht genau ausmachen konnten. Mag sein, daß sich die Rahen zur Nock hin stärker verjüngten und die Masten einen größeren Überhang hatten.

Es war ein herrlicher Nachmittag. Der Südwind warf winzige Wellen auf, und das Land flimmerte in der Hitze. Neidisch sahen wir, wie ein kleines Boot mit Luggersegel von der *Passat* ablegte und nach Land zu davonschoß. Gedanken an Essen, Trinken, Mädchen — vor allem aber an Nachrichten von zu Hause wurden lebendig. Von Port Lincoln, unserem Bestimmungshafen, sahen wir nichts, weil eine große Insel mit verdorrtem gelbem Gras und armseligen dürren Bäumen davor lag.

Hinter der sandigen Landzunge, wo das Boot der *Passat* aus Sicht gekommen war, erhoben sich die ausgedörrten Hügel oberhalb von Port Lincoln. Hier und da sah man ein Wellblechdach in der Sonne blinken. Überall in dem schimmernden Wasser erhoben sich Inselchen, meistens nur gelbe, kahle Felsen. Im Südosten, schon am Ausläufer der Halbinsel Eyre auf dem Festland, lag Kap Donington. Auf der einen von zwei gleichhohen Bergspitzen stand ein Denkmal von Flinders, der als erster dieses Gebiet vermessen hatte.

Eine Zeitlang betrachteten wir aus den Masten schweigend die ungastliche Mondlandschaft. Verglichen mit der glitzernden See schien das Land öde, wenn nicht gar tot.

Schließlich rief mir Kroner von der Obermarsrah aus zu:

„Hübsch, was?"

„Beschissen."

„Wie Aden."

„Wieso das?"

„Nichts als Sodomie und Sand."

„Ach so."

Belehrend mischte sich Hilbert ein: „Is' nicht Sand, is' Gras."

Ich fragte ihn nach dem Namen der Insel, die uns den Blick auf Port Lincoln verwehrte. Sie hieß Boston Island.

„Leben dort Menschen?"

„Nein, nur Kaninchen und Fliegen."

„Und wo liegt Port Lincoln?"

„Acht Meilen weiter drin. Deswegen brauchst du dich aber gar nicht aufzuregen. Bekommen wir Order nach Port Victoria, dann geh'n wir nicht nach Port Lincoln. Wenn wir kein Geld kriegen, bleiben wir an Bord. Wenn Sturm kommt, segeln wir an Land. Wenn kein Sturm kommt, pullen wir. Orlright?"

„Orlright."

„Dann nicht so viel Quatscherei und etwas mehr horry op."

„Orlright, Hilbert."

Was die Fliegen anbetraf, so hatte er recht. Unmittelbar nach dem Ankern fielen sie in hellen Scharen über unser Schiff her. Am schlimmsten waren die großen, behaarten und nicht umzubringenden Schmeißfliegen, die sich im Vorschiff häuslich einrichteten. Bald brummten sie siegestrunken über allen Lebensmitteln, die nicht zugedeckt waren. Die Tierchen hätten ausgezeichnete Komparsen für einen Hygienefilm abgegeben, der vor der Anlage einer Latrine in allzu großer Nähe eines Campingplatzes warnen soll.

Beim Einbruch der Dunkelheit unterhielten wir uns mit Hilfe einer Morselampe mit der *Passat* und stellten fest, daß die *Moshulu* zwar eine gute Passage gemacht hatte, jedoch nicht gut genug, um die *Pommern* zu schlagen. Diese hatte unter Kapitän Broman Belfast am 24. September verlassen und war am 11. Dezember in Port Victoria eingetroffen, hatte also nur 78 Tage gebraucht. Am Weihnachtsabend waren drei Schiffe gekommen: *Viking* und *Passat* nach 87 bzw. 91 Tagen von Kopenhagen, während *Pamir* von Gothenburg aus ebenfalls 91 Tage benötigt hatte.

In dieser Nacht schliefen wir ungestört, ohne als Rudergänger oder Ausguck aufziehen zu müssen. Eine halbe Stunde lang lag ich noch wach, während rings um mich die Männer schnarchten, wo sie für ihre Matratzen Platz gefunden hatten ... auf dem Schweinestall, den Ladeluken und an den unmöglichsten Stellen. Gelegentlich stieß einer der Kameraden einen tiefen Seufzer aus, ein anderer schrie plötzlich auf — darauf wieder tiefes Schweigen. Nur Taanilas leichte Schritte waren zu hören. Er ging in der ersten Nachthälfte Ankerwache. Seltsam still schien das Schiff. Kahl standen die Rahen vor dem bestirnten Himmel. Die weltfernen Sterne flimmerten jetzt, während sie noch vor einer Woche auf dem 40. Grad Südbreite in eisiger Klarheit auf uns herabgeblickt hatten.

17. Port „Vihk"

Wir erwachten mit dem Gefühl, die Ferien hätten begonnen. Nur waren wir weit schmutziger als die schmutzigsten Schuljungen, und von Ferien war erst recht keine Rede. Immerhin: das Land lag dicht vor uns und schickte den Duft von Bäumen und Büschen, der die Erwartung steigerte. Um acht Uhr kam eine weiße Yawl unter weißen Segeln und mit laufendem Motor um die Spitze von Boston Island. Auf der *Moshulu* entstand große Aufregung. Duhnkie stürzte in sein „Hus" und schmierte sich Brillantine in die Haare. Wir anderen glaubten, es handle sich um den Zoll, und verstecken schleunigst, was wir schmuggeln wollten — pro Kopf kaum mehr als eine Packung Zigaretten.

An Deck der Yawl standen hochaufgestapelt Hummerkästen und drei wüste Gesellen mit breitrandigen Hüten. Diese Kopfbedeckungen sahen so primitiv aus, als seien die Krempen mit einer Axt zurechtgestutzt worden. Vielleicht gehörten die Burschen, die uns von dem das Schiff umkreisenden Boot schweigend anstarrten, zu Kroners Sodomiten. Gerade wollte ich ihn fragen, als unser Segelmacher sich mit ihnen auf Schwedisch zu unterhalten begann. Die drei Männer antworteten in derselben Sprache, allerdings mit stark australischem Akzent.

„Puh", stöhnte Kroner enttäuscht. „Dreckige Quadratschädel; nicht einmal hier wird man die Bande los."

Als sich die Yawl nach Land zu entfernte, rief ihnen der Skipper nach: „Sagt denen an Land, sie sollen sich beeilen."

„Weißt du jetzt, weshalb der Käptn uns kein Geld rausrückt?" fragte Hilbert und erläuterte: „Die drei Burschen auf der Yawl sind von einem Segelschiff desertiert. Wenn wir's ihnen nachmachen, dann muß der Skipper den Aussies Strafe zahlen. Deshalb gibt er uns kein Geld."

Immer wieder war ich überrascht, daß überhaupt ein Mann der Besatzung einen kleinen Teil der Heuer erwartete. Der Matrose bekam etwa 450 Finmark, also zwei englische Pfund im Monat; ein Vollmatrose hundert Finmark mehr, der Segelmacher etwas über sechs Pfund und der Kapitän ungefähr zwanzig Pfund. Die Heuer eines Anwärters betrug hundert Finmark oder zehn Shilling im Monat! Davon mußte ich bereits für den ver-

lorenen Hammer, Bäckmann für die verlorene Pütze bezahlen. Einige
Leute, wie z. B. Kroner, rauchten wie die Schlote und gingen stets nach
achtern, sobald der Kapitän seinen Laden, „Schlappkiste" genannt, auf-
machte. Kein Wunder, daß ich mich fragte, ob ich jemals auch nur einen
Pfennig erhalten werde.

Den ganzen Tag über putzte ich mit Vytautas Bagdanavicius Messing.
Die Stimmung von uns beiden sank rapide, zumal den Litauer schon die
Nähe des festen Landes merkwürdig deprimierte. Ich hatte den Jungen
von Anfang an gern gemocht. Mir machte es immer Spaß, wenn er im
kalten Morgengrauen die Hand hob und „Guten Abend" rief. Mir gefiel
sein Gesicht, wenn er lächelte, obwohl es unvorstellbar häßlich war, saß
doch eine plattgedrückte Nase darin, die sich krauste, wenn er zu grinsen
begann. Sein Lieblingsausdruck war: „Ja, ja. Gar nicht so schön", den er
auch anwandte, wenn ihm ein ernstes Mißgeschick zugestoßen war, hatte
er doch damit auch seinen Armbruch beim Sturz vom Dach des Donkeyhauses quittiert.

Zwei Jahre hatte Vytautas sein heimatliches Litauen nicht mehr gesehen.
In Belfast war er kaum an Land gegangen, abgesehen von einem gelegentlichen Glas Bier zusammen mit Kroner und mir. Einmal ging er bei strö-
mendem Regen in den Zoologischen Garten, ein anderes Mal pilgerte er
zu einem beliebten Hügel vor der Stadt. Oben verwehrte ihm dichter
Nebel jeden Ausblick. Zweimal suchte er das Kaufhaus Woolworth auf,
weil er einen verzinkten Eimer kaufen wollte, und die Leute hatten sich
nach diesem Besucher aus dem Baltikum umgedreht, der im abgeschabten
braunen Ledermantel mit schwarzer Baskenmütze auf dem Krauskopf
durch die Gänge stapfte.

Moshulu war nicht als Passagierschiff gebaut worden, und auf den ersten
Blick hatte ich an Bord nicht sehr viel Messing entdecken können. Nun,
wo wir das Zeug putzen mußten, fand ich es so gut wie überall: mit
Messing eingefaßte Bullaugen in den Logis, der Kombüse, der Kapitänskajüte und im Kartenhaus. Für sechs Deckslichter mittschiffs waren in
Messing gefaßte Blenden vorhanden, und das doppelte Steuerrad war
über und über mit Messing bepflastert, dazu zwei Schiffsglocken, zwei
Kompaßhuzen, Geländer an allen Niedergängen und zwei überdimen-
sionale Hauben über den Positionslaternen, die freilich aus Kupfer waren,
aber voller Grünspan, so daß auch diese Ungetüme geputzt werden mußten. Auf die Dauer wurde die Arbeit langweilig, und Vytautas ersann ein
Spiel „Die Schlacht von Marathon". Die Töpfe mit der Politur stellten
die Griechen, schmutzige Papierschnitzel die Perser dar. So kam ich endlich dahinter, wie Marathon gewonnen wurde. Als uns der Erste Offizier
überraschte, meinte er nur: „Ihr könnt die ganze Nacht hindurch putzen,
mir ist das scheißegal. Aber fertig macht ihr es."

Mittags lief die *Lawhill* ein, die von Kopenhagen 85 Tage gebraucht hatte. Das war für ein so altes Schiff eine feine Passage. Jetzt sah ich zum ersten Mal von weitem eine Bark unter vollen Segeln. Kein Schiff sieht übrigens in Ballast am vorteilhaftesten aus, aber die Masten der *Lawhill* hatte offenbar ein Eigner aus Ersparnisgründen bis zu den Bramsegeln gekürzt. Sie hatten außerdem dadurch einen ungewöhnlichen Überhang bekommen, daß die Bramstengen hinter den Marsstengen eingesetzt waren, was nicht gerade schön aussah. Aber dieses Schiff brachte Erikson immer noch gutes Geld ein, weil bei ihm kaum Havarien auftraten.

Kapitän Lindvall von der *Passat* kam an Bord und brachte einen Sack voll Kaninchen mit. Seine Leute hatten sie am selben Morgen auf Neptune Island mit Steinen getötet. Die Tiere wurden an Deck gelegt, stanken aber bereits, so daß wir sie nur über Bord werfen konnten. Später erhielten wir auf dem Weg über die Offiziere die schlimme Nachricht, daß es keine Fracht gebe und wir unter Umständen monatelang warten müßten. Die Dampfer waren uns zuvorgekommen und luden bereits. Drei von ihnen lagen im Augenblick an der Pier in Port Lincoln, zwei Briten und ein Norweger. Im übrigen saßen die Farmer auf ihrer Ernte und warteten auf ein Steigen der Preise. Kein einziges Erikson-Schiff nahm schon Fracht über. Auch die *Pommern* in Port Victoria mußte vielleicht sechs Wochen warten. *Abraham Rydberg* in Wallaroo, weiter drinnen im Golf, war die geradezu sensationell niedrige Fracht von vierzehn Shilling für die Tonne geboten worden. Der Agent hatte abgelehnt; denn das konnte kein Reeder, nicht einmal Erikson, verkraften. Seine bislang niedrigste Fracht hatte sechzehn Shilling sechs Pence betragen, was kaum seine Unkosten gedeckt hatte. Vierzehn Shilling! Im Jahr zuvor hatte die *Moshulu* noch fast 5 000 Tonnen für 41 Shilling drei Pence pro Tonne geladen. Die Baisse kam daher, daß Kanada, Argentinien und überraschenderweise auch Großbritannien Rekordernten gehabt hatten.

Der Hafenkapitän und der Hafenarzt kamen am Dienstag zu uns an Bord. Sie begrüßten den Kapitän wie einen alten Freund und verschwanden mit ihm sofort unter Deck, um in einer gelösteren Atmosphäre von Geschäften zu reden. Einen Stapel Briefe hatten die beiden mitgebracht, auf den wir uns wie hungrige Wölfe stürzten. Für mich und Vytautas war keiner dabei.

„Keine Briefe, Vytautas."

„Ja, gar nicht so schön."

Nach längerer Zeit kamen die hohen Herren wieder an Deck. Der Doktor war ein dunkelhaariger, ausgemergelter, finster blickender Mann. Er trug einen so hohen Kragen wie Dr. Schacht.

Das Ritual seiner ärztlichen Untersuchung bestand darin, daß er im Eiltempo unsere Front abschritt, sich umdrehte und krächzte: „Zwanzig

Mann? Stimmt's?" Dabei hatte er bereits einen Fuß auf dem Seefallreep. Zwanzig Augenpaare blickten neidisch über die Reling und verfolgten das davontuckernde Motorboot, das den Hafenkapitän, den Arzt und unseren Kapitän im eleganten blauen Anzug entführte.

Zwei Tage sahen wir ihn nicht wieder. Es hieß, er mache mit Söderlund von der *Lawhill*, Lindvall von der *Passat* und dem Kapitän eines englischen Frachters, der später mit Delirium tremens an Land gebracht worden sei, einen „Zug durch die Gemeinde". Doch das waren Gerüchte, die uns nur die Vögel zugetragen haben konnten; denn außer ihnen kam niemand zu uns an Bord.

Erst nach einer Woche durften auch wir an Land. Wir hatten die Gig aussetzen müssen, was bereits entsprechende Hoffnungen geweckt hatte. Drei Mann standen in dem Boot, um es von der Bordwand abzusetzen, während die Taljen gefiert wurden. Dann wurde die Gig unter dem ausladenden Heck festgemacht. Ich fragte mich, wie wir wieder an Bord kommen sollten, als auch schon der Tampen einer langen Leine zu uns hinabsauste. Ich sah, wie mich der Zweite von oben verächtlich angrinste.

„Mach mal einer einen Pahlstek für Newby", rief er so laut, daß alle es hören mußten. Über mir in froher Erwartung meiner Blamage eine Reihe schadenfroher Gesichter. Wieder einmal stand mein guter Ruf auf dem Spiel; also kletterte ich wie ein Affe an dem Tau nach oben und sprang über die Heckreling. Dabei fühlte ich mich wie eine lebende Reklame unter dem Motto „Bevor und danach" — „Bevor ich ihre Pillen geschluckt hatte, mußte ich mit Hilfe eines Pahlsteks an Bord geheißt werden." Vielleicht sprach gerade in der Firma Wurzel Leopold diese Worte vor sich hin, ehe er sich damit zum Leiter der Abteilung „Texte" wagte.

„Freut mich für dich", sagte der Zweite Offizier. „Nun enter mal auf, dann freue ich mich noch mehr."

„Dürfen wir denn nicht an Land?"

„Nein! Enter auf!"

Den ganzen Tag über ließ er mich dort oben die Vielzahl von Bändseln und Kabelgarnen losmachen, mit denen die Gordinge an den Blöcken festgebändselt waren. Ein scheußlicher Wind wehte von Land her, heißer als der heißeste Föhn. Je höher ich enterte, um so heißer wurde es. Der Wind, der aus den weiten Wüsten im Inneren des Landes kam, ließ meine Lippen aufspringen und sog mir alle Feuchtigkeit aus dem Leib. Wie ein Fisch auf dem Trockenen schnappte ich nach Luft.

Am schlimmsten aber setzten mir die Pferdebremsen zu, sandfarbene Bestien, die sich auf das neu gefirnißte Kartenhaus setzten. Um dreizehn Uhr stand das Thermometer auf 45 Grad im Schatten, und das Radio gab bekannt, in Südaustralien sei es nie heißer gewesen. Mittags taumelten wir ins Logis und taten nur so, als äßen wir heißen Irish Stew. Niemand hatte Hunger, und wir suchten unter der Back oder dort Zuflucht, wo es ein wenig kühler schien.

Um vierzehn Uhr war so starker Wind aufgekommen, daß *Moshulu* mit fünf Knoten zu treiben begann. *Lawhill* und *Passat*, denen wir uns gefährlich näherten, hatten bereits den zweiten Anker fallen lassen. Als ich meine Hand auf ein Kettenglied legte, spürte ich wie unser Eisen über den Meeresboden holperte. Schon stürzte der eiligst herbeigeholte Erste mit dem Vorschlaghammer über die Laufbrücke und ließ den zweiten Anker mit vierzig Faden Kette fallen. Nun lag das Schiff wieder fest verankert, aber hinter *Lawhill* und etwa eine Meile südlich von unserem ursprünglichen Liegeplatz.

In dieser höchst unerfreulichen Woche liefen an Bord die wildesten Gerüchte um. Angeblich hatte Erikson die *Archibald Russell* und *Viking* an England bzw. Holland verkauft. Die übrigen Schiffe sollten zu Anker im Golf auf die Ernte im Dezember 1939 warten und 1940 heimsegeln. Ein anderes „Kombüsenbesteck" wollte wissen, wir würden entweder repatriiert oder wie Sklaven mit dem Schiff an einen anderen Reeder verhökert. Mittlerweile schimpften und schwitzten wir oder träumten von frischen Lebensmitteln und kaltem Bier. Zu baden wagten wir nicht, weil die See derart von Haien wimmeln sollte, daß ein amerikanischer Verfasser von Abenteuerbüchern angeblich nur zu dem Zweck nach Port Lincoln gekommen war, um den größten Hai der Erde zu fangen.

Endlich wurde es Sonnabend. Rasiert und in sauberem Zeug gingen wir in die Gig. Wie befürchtet, hatte uns der Kapitän keinen Penny ausgezahlt. Später las ich im Kriege in einer Ausbildungsvorschrift etwas über „Mannschaftsfürsorge". Nach Maßstäben des Kriegsministeriums war unser Kapitän ein miserabler Vorgesetzter. Niemals wollte er unsere Füße sehen, niemals stellte er indiskrete Fragen über unser Privatleben. Die Verfasser jener Vorschrift hätten vielleicht voll Verwunderung gehört, daß wir unseren Skipper ehrlich beneideten, aber bis zu einem gewissen Grade auch sehr gern hatten.

Seit einiger Zeit fühlte ich mich insofern von einer Auszahlung durch den Kapitän unabhängig, als ich zwölf englische Shilling für meinen ersten Landgang gespart hatte. Lange sann ich nach, wie sie am besten zu verwenden seien. Viel war es ja nicht, aber es reichte für ein Bad, ein Bett mit sauberer Wäsche und ein gutes Essen. Nun, wo das Boot ablegen sollte, konnte ich das Geld nicht finden. Verzweifelt, aber erfolglos durchwühlte ich meinen Vuitton-Koffer, nicht ohne insgeheim die Kameraden zu verdächtigen. (Bei der Heimkehr nach England fand sich das Geld im Futter des Koffers.) Schon warnten mich ungeduldige Rufe von achtern, daß ich womöglich zurückbleiben müsse. Ich hätte heulen mögen. Mit sechs Pence und einem rostigen Messer in der Tasche stürzte ich ins Boot. Vielleicht konnte ich das Ding an Land als Rarität verkaufen. Sehr bald stellte ich fest, daß die meisten etwas gespart hatten, freilich höchstens zwei oder drei Shilling. Auch der Erste Offizier besaß nicht mehr. Daran erinnere ich mich, weil ich ihn angepumpt habe. Um das Unglück vollzumachen, war Totenflaute, und unser Segel hing schlaff. Also mußten wir die acht Meilen zum Land rojen. Es dauerte drei Stunden.

Nun stand ich auf der langen Holzpier von Port Lincoln, wo die Windjammer zum Laden längsseits gingen. Was sollte ich tun? Gerade hatte ich mich entschlossen, zunächst einmal ein geeignetes Fleckchen zum Schlafen ausfindig zu machen, als mich ein langer, dünner Australier, vielleicht einige Jahre älter als ich, anredete. Er trug einen typisch amerikanischen Hut im Genick und eine goldgeränderte Brille auf der Nase.

„Hello. Ich heiße Jack. Du bist doch ein Pommie, wie?"

„Was ist ein Pommie?" fragte ich zurückhaltend, weil mir die Warnung meines Vaters einfiel, keine unliebsamen Bekanntschaften zu machen.

„Engländer sind Pommies. Und du bist doch sicher ein Engländer."

„Wie kommst du darauf?"

„Na, die erkennst du doch überall. Schon daran, wie sie sich umsehen, als gehöre ihnen alles ringsum. Dabei machen sie aber ein Gesicht, als hätten sie es gar nicht haben wollen."

Bei mir dachte ich: geschieht mir recht. Im Grunde will er doch sagen, ich sehe hochnäsig und typisch britisch aus, während ich nur den Eindruck erwecken will, als brauche ich niemanden. So aber ist mir keineswegs zumute. Für unser Ohr hört sich die Sprache der Australier schrecklich an, und ihnen ist unsere Sprache ein Graus.

Jack wollte Bekannte von der *Passat* abholen, einen Amerikaner und einen Engländer, und wirklich legte in diesem Augenblick das Boot des Schiffes an. Mit vielen anderen spie es auch Jacks Freunde an Land, Eddy und „Sweetheart". Eddy war zwanzig Jahre, hatte viel Charme und konnte sich für alles begeistern. Nach einer Lehre bei der Firma Hotchkiss hatte er auf der Universität Yale studiert, war jedoch bald wegen mangelnden Fleißes exmatrikuliert worden. Das Logis der *Passat* schien mir für jemand, der auf der Universität zu faul gewesen war, eine ausgesprochen ungeeignete Bleibe zu sein. Doch Eddy fühlte sich an Bord sehr glücklich.

„Sweetheart" war für den jungen Engländer ein durchaus unzutreffender Spitzname. Dieser ungemein resolute Bursche aus Leeds schien fest entschlossen, von der *Passat* zu desertieren. Wie jene drei Schweden von der Yawl wollte er auf Fischfang gehen. Beide waren hungrig wie die Wölfe. Als sie hörten, daß ich kein Geld besaß, schleppten sie mich in ein Café, wo sie ein ganz ungewöhnliches Essen bestellten: Käse, Mixed Pickles in gewaltiger Menge, Apfelpastete und Toast — dazu ein paar Liter Milch.

Seit einiger Zeit hatte ich ganz besonderen Appetit auf Toast. Jack, kultivierter und anspruchsvoller als wir anderen, sah uns entsetzt zu. Nach dem Essen wurde das Problem meiner völligen Mittellosigkeit erörtert. Eddy schien große Erfahrung zu haben, wie man seinen Eltern Geld abluchsen kann. Er riet mir, ein Telegramm — „zahlbar vom Empfänger" — zu schicken. „Dann werden sie weich wie Wachs", meinte er.

„Und ich leiste erst einmal Bürgschaft", fügte Jack hinzu.

„Übrigens, falls du's noch nicht weißt — du übernachtest heute bei mir."

In erheblich besserer Stimmung setzte ich also mein Telegramm auf: Ich sei zwar noch am Leben, aber mittellos.

Nachdem ich festgestellt hatte, daß auf dem Postamt immer noch kein Brief auf mich wartete, schickte ich es ab. Dabei kam ich mir wie ein U-Bootskommandant vor, der seinen Torpedo auf ein unbewaffnetes Handelsschiff abfeuert.

Nun führte Jack uns in die dunklen Räume an der Rückseite einer Drogerie. Sie lag an der Hauptstraße mit dem Blick aufs Wasser. In einem kleinen Hinterzimmer entwickelte er Filme und machte Abzüge. Er zeigte uns eine große Sammlung von Segelschiffsbildern. Jeder Matrose brachte ihm nämlich seine Aufnahmen, und von den besten behielt er stets einen Abzug für sich.

Wir hatten leider so wenig Zeit und so viel vor. Schließlich beschlossen wir, uns die Nase zu begießen, zum mindesten es zu versuchen. Wenn man neunzehn Jahre alt ist, scheint einem das ein aufregendes Vorhaben zu sein. Der Reihe nach betraten wir viele Bars durch Schwingtüren, die alle nur die untere Körperhälfte des Eintretenden sehen ließen. Mich erinnerten sie an die berühmten Straßenpissoirs in Paris, Eddy aber an die „Saloons" im Wilden Westen, die er im übrigen so wenig selbst gesehen hatte wie ich die Rotunden in der französischen Hauptstadt. Überall schenkten uns die leichten Damen geringschätzige Blicke. Es war nämlich Ferienzeit, jede Bar war bis zum Bersten gefüllt, und diese Tatsache, wie auch unser allen Anwesenden bekannter Geldmangel erwiesen sich als weiteres Hindernis für jeden rechtsgültigen „Geschäftsabschluß".

Aufregender war schon ein Tanzlokal. Der Anblick der vielen dort anwesenden Mädchen jagte mir einen richtigen Schrecken ein, wirkte aber zugleich faszinierend. Sie sahen alle so blitzsauber aus und hatten blutrote Lippen, blickten uns jedoch mit so hochnäsiger Herablassung an, daß uns jede Naßforschheit, wie sie nach unserer Meinung Seeleute bei dieser Gelegenheit zur Schau tragen müssen, schnell genug verging. So lungerten wir ein wenig tölpelhaft in der Nähe der Tür herum.

Wir gingen in ein Kino, von dem ich nicht mehr weiß, als daß es dort „Bioskop" genannt wurde. Darauf suchten Eddy und „Sweetheart" ein Hotel weit weg vom Hafen auf, wo sie ganz sicher waren, keine Bordkameraden zu treffen. Ich aber begleitete Jack in seine Wohnung. Trotz der späten Stunde bewirtete seine Mutter mich überreichlich mit Kaffee und Kuchen, machte mir ein Bett auf dem Fußboden zurecht und gab mir englische Illustrierte, die mich offenbar überall hin verfolgten.

Als ich am Sonntag gegen zehn Uhr erwachte, trommelte der Regen auf das Wellblechdach, der erste seit vier Monaten. Ich blieb liegen, starrte zur Decke und genoß es, von niemandem gestört zu werden. Nach einem üppigen Frühstück, bei dem ich wiederum meine Gier nach Toast stillen konnte, wanderte ich im strömenden Regen mit Jack zum Postamt. Es war geschlossen, aber ich fand eine Hintertür offen, durch die ich in den Verteilerraum gelangte. Hier fragte ich laut nach Briefen. Ein Beamter mit Nickelbrille auf spitzer Nase in einem spitzen Gesicht ließ mich mit Stentorstimme wissen: „Ja, vier für Sie. Und hier ist noch einer für jemand, dessen Name sich anhört, als ob der Wind durch die Pussy einer Bardame streicht. Nehmen Sie ihn bloß mit und erlösen Sie mich von seinem Übel."

Außer meinen vier Briefen nahm ich den für Vytautas Bagdanavicius an mich. Ich konnte mich nicht des Eindrucks erwehren, daß sich offenbar australische Beamte erfreulich von den unsrigen unterscheiden. Kurzentschlossen setzte ich mich auf die quatschnassen Stufen des Postamtes und begann zu lesen. Zwei meiner Briefe kamen von den Eltern, einer von Mountstewart und der letzte von Leopold. Die Zeilen meines Vaters waren zu verschiedenen Zeiten geschrieben und für ihn höchst charakteristisch. Der erste Brief vom Oktober stammte aus der Zeit kurz nach München und war nach Belfast adressiert. Zum Glück für meinen Seelenfrieden hatte er mich dort nicht mehr erreicht. Unter anderem schrieb mein Vater: Wir werden wohl etwas wegen des Luftschutzes tun müssen, denn alle sind dazu aufgefordert worden. Wir denken daran, unseren Eingangsflur in einen Schutzraum zu verwandeln. Natürlich müßten wir die Spalten an Türen und Fenstern verstopfen, falls etwa Gas kommt. Im Kriegsfall müssen wir immer Gasmasken bei uns tragen — wegen plötzlichen Alarms! Trotzdem denken wir gar nicht daran, uns überflüssigen Unannehmlichkeiten auszusetzen. (Hier schwang unüberhörbar etwas wie Drohung mit.) Alle vernünftigen Vorsichtsmaßnahmen werden wir aber treffen. Mache dir also keine Sorge. Vielleicht war es doch ganz gut, daß du zur See gegangen bist. Nebenbei erwähnte er auch die Lage auf dem Büchermarkt und schrieb in seiner unnachahmlichen Art den Grabspruch auf einen Bestseller: Deine Mutter hat gerade einen amerikanischen Roman mit dem Titel „Gone with the Wind" gelesen. *Es ist ein reichlich dickes Buch!* Wenige Zeilen darauf hieß es: Unser altes England wird jeden Tag stärker, und ich glaube, sehr bald werden wir Herrn Hitler und seinen Leuten sagen können, sie sollen gefälligst zum Teufel gehen, für den sie doch ganz offensichtlich arbeiten. Es wird *viel Arbeit für starke Männer geben* (diese Worte besonders hervorgehoben und gewiß auf mich gemünzt), und sie werden die Propheten und Wahrsager zuschanden machen, die es immer gibt.

Ende Januar ging es in trockenem Ton weiter: Herr Hitler behauptet, nun habe er keinen besonderen Kummer mehr, der zum Krieg führen könne. Also steigen die Kurse an der Börse. An dieser Stelle konnte ich fast sein zorniges Schnauben hören. Ich habe dir etwas Geld geschickt. Da das Pfund aber in Australien 20 % weniger wert ist, wirst du vielleicht nicht auskommen. Mag sein, daß dir etwas einfällt, um dem abzuhelfen, schloß er recht mysteriös. Beigelegt war ein Zeitungsausschnitt über Matrosen aus Neuseeland, die mittellos in England angekommen waren. Ich las den Bericht sehr sorgsam, ohne aus ihm Trost schöpfen zu können; denn auch den Neuseeländern schien nichts eingefallen zu sein.

Vorschnell hatte ich ihm vor dem Versegeln von dem Mann mit der Spritze berichtet. Dazu schrieb er empört: Der Kerl mit der Geschlechtskrankheit muß ja ein ganz verkommener Bursche sein. Ich würde mich beim Kapitän über ihn beschweren.

Kein Zweifel, dieser Fall beunruhigte ihn weit mehr als Hitler und alle Luftschutzmaßnahmen. Im zweiten Brief, der auf Papier mit dem Kopf des „Overseas Club" geschrieben war, kam er nochmals auf die Sache zurück: Hände weg von den Lumpen und Trinkgefäßen dieses Kerls. Rühre nichts an, was ihm gehört. Kaufe dir Kalipermanganat und tu es in dein Trinkwasser. Nachdem er sich in weiteren Absätzen über allgemeine Hygienefragen ausgelassen hatte, kam ein noch überraschenderer Schluß: Ich schreibe diesen Brief auf Klubpapier. Dadurch wird er dir zur Einführung bei allen Klubmitgliedern nützlich sein, die du vielleicht bei deinen Reisen triffst.

Leopolds Brief war das Produkt einer hemmungslos schweifenden Phantasie. Er wimmelte derart von Hervorhebungen, daß ihn die Königin Viktoria in einer bei ihr nicht vorstellbaren frivolen Stimmung geschrieben haben konnte. Sonst hatte er freilich keinerlei Ähnlichkeit mit einer königlichen Korrespondenz. Er war nämlich in altmodischer englischer Unzialschrift auf siebenundzwanzig Blättern Klosettpapier untergebracht. Auf sie waren hin und wieder Reime gedruckt. Während ich über Leopolds kalligraphische Künste und über seine Ausflüge ins Reich der Phantasie brütete, stieß ich auf Verslein wie das folgende:

> Mary, Mary, quite contrary
> Wie geht's denn deinen Mandeln heut?
> Tun sie dir weh,
> Nimm Izal Spray.

Leopold schrieb: Mein lieber Junge, dein Leben muß ja die *Hölle* sein. Auch wir hier machen stürmische Fahrt. Voll Freude wirst du vernehmen, daß wir die Central London Line in zweiunddreißig und einer halben Minute abliefen, und das gegen den Wind! Im Tunnel verloren wir eine Hecklaterne und mußten Wood Lane als Nothafen anlaufen. Du wirst dir denken können, wie deprimiert wir alle waren, nachdem wir so lange im Düstern geweilt hatten. Ich habe meiner Großmutter geholfen — ein sehr liebenswerter Mensch. Wir haben zusammen im Garten Gummimatten ausgelegt. Darunter wollen wir Versteck spielen, wenn Senfgas fällt. — Julian Pringle ist zum Luftschutz gegangen. Da sie ihm aber die Verantwortung für ein makabres Lagerhaus voller Leichentücher übertrugen, bewarb er sich um Aufnahme in die Rifle-Brigade. Er behauptet, deren Uniformknöpfe paßten so gut zu seinem Brillengestell.

Die Beiboote der Schiffe sollten um fünfzehneinhalb Uhr ablegen, aber erst eine Stunde später kamen die Besatzungen auf die Pier, womit der Nachmittag völlig verdorben war. Duhnkie und der Koch der *Passat* schlingerten wie wandelnde Weinfässer heran. In jeder Tasche steckten Whisky-, Brandy- oder Weinflaschen. Sie grölten ein haarsträubend obszönes finnisches Lied, dessen erster Vers sehr vielversprechend folgenden Wortlaut hatte:

> Als man Rewicks Hochzeit feiert,
> Spielte ein Akkordeon,
> Und die Lippen wurden schlüpfrig
> Von dem Brandy mit drei Sternen.

Aber nicht Brandy, sondern Wein hatte das Unheil angerichtet. Die Eingeborenen nannten das Zeug „Plonk", was unsere Leute „Plunk" aussprachen. Die Flasche kostete zwei Shilling sechs Pence. Auf dem Weg zur Pier hatte ich Kroner und Sedelquist getroffen. Sie saßen fast nackt in einem auf den Strand gezogenen Boot, das sie, sobald es zu regnen begann, umkippten, um sich darunter zu setzen. So hatten sie die Nacht in betrunkener Seligkeit bei Rum und „Plunk" verbracht. Zu den Getränken mußten sie auf so geheimnisvolle Weise gekommen sein wie manche Sekten zu ihren Geldmitteln. Im Augenblick trockneten sie ihr Zeug im Winde. „Mensch, du", meinte Sedelquist, „hier ganz toll stramme Weiber gibt's — stark wie Känguruhs."

„Ein feines Pack haben wir gesehen", schränkte Kroner ein. „Wohin gehst du?" wandte er sich an mich.

„Aufs Schiff."

„Dann sag lieber nicht, daß du uns gesichtet hast." Ich versprach es.

Nach und nach kamen die Besatzungen über die Pier gestolpert. Sie tranken im Torkeln „Plunk" und trugen als Erinnerung an ihre Abenteuer Hüte, die ihnen nie und nimmer gehörten. Die Leute von der *Passat* waren in weit schlimmerer Verfassung als unsere, die, mittellos wie sie waren, nur weit bescheidenere Vergnügungen auskosten konnten, wenn sie nicht, wie ich, einen Wohltäter gefunden hatten.

Es wehte hart genau in die Bucht hinein. Um einen Bumbootsmann zu veranlassen, die drei Schiffsboote in Schlepp zu nehmen, wurde eine Geldsammlung veranstaltet. In unserer Gig saßen fünf von unseren Jungen, deren erste Reise es war, und ein Mann der *Passat,* der sich zu uns verirrt hatte. Achteraus im Boot der *Passat* tobte eine unbeschreiblich wilde Bande. Noch einmal sah ich Eddy und „Sweetheart", die mir Kußhände zuwarfen, ehe sie in einem Knäuel von Leibern verschwanden. Die Schleppfahrt war ein einziger Alpdruck. Nichts, was der unglückliche Australier tat, fand den Beifall der Seeleute. Ab und zu turnten baumlange, betrunkene Finnländer über die Schleppleinen, kletterten in sein Motorboot und drohten, ihn zu verprügeln. Der Mann wurde allmählich nervös und weigerte sich schließlich mit Recht, uns weiter zu bringen. Schon waren wir etwa vier Seemeilen vom Lande entfernt. Es stand eine ziemlich hohe See mit weißen Schaumkronen. Das Boot der *Lawhill* und unsere Gig nahmen Wasser über, so daß wir aus Leibeskräften ösen mußten. Ein spektakuläres Unglück schien unabwendbar. Um ihm zu entgehen, warf der Australier die Leinen los und drehte zum Land ab.

Sofort setzten die Insassen der beiden anderen Boote Luggersegel, die sie refften, und schoren nach Luv aus. Unsere Gig war hierfür zu seeuntüchtig, zudem besaß das Segel schon seit langem keine Reffnitzel mehr, falls überhaupt jemals welche daran gewesen waren. Bei schwerer See von achtern bemannten wir die Riemen und steuerten — rojen konnte man es kaum nennen — eine Seemeile vor dem Wind bis zu einem Inselchen, das nichts anderes als ein mit Gebüsch bewachsener Felsen war. Wir drehten das Boot mit der Nase in den Wind und ließen es auf der Leeseite an einer geeigneten Stelle zwischen hartem, zerklüftetem Fels aufsetzen. Die Insel ragte nur fünf Meter über die Meeresoberfläche und war keine fünfzig Meter breit. Kein Trinkwasser, keinen Unterschlupf fanden wir, zum mindesten nicht für uns. Wohl aber wimmelte es in Felsspalten von Schlangen und Eidechsen. Die Tiere versuchten bei unserem Näherkommen kaum, sich zu verstecken. Bald litten die „Plunk"-Trinker unter entsetzlichem Durst; sobald es aber in Strömen zu regnen begann, wurden ihre Qualen gelindert. Als eine Art Beschäftigungstherapie begannen wir, die weißen, flauschigen Kaninchen mit Steinwürfen zu erlegen. Die Tiere waren aber so töricht und schienen ihren Tod so sehnlich herbeizuwünschen, daß wir das Morden bald satt bekamen. Statt dessen bereiteten wir ganz dicht am Wasser ein Bett für uns vor, indem wir über scharfe Felskanten getrocknetes Gras packten. Vor den weiter im Inneren huschenden Schlangen hatten wir schreckliche Angst, wenn auch keiner davon sprach.

So verbrachten wir sechs eine scheußliche Nacht unter vier Ölmänteln.

Wind, Regen und Gischt fegten dauernd über uns hinweg. In den frühen Morgenstunden waren wir so durchfroren, daß wir, nur um ein wenig wärmer zu werden, unseren Widerwillen niederkämpften und uns, naß, wie wir waren, eng umschlangen. Um fünf Uhr hatte jeder Heißhunger, aber keiner etwas zu essen. So stolperten wir über den Strand und schlugen aufeinander ein, um das Blut in Bewegung zu bringen. Während der Nacht hatte es etwas abgeflaut, auch der Regen hatte aufgehört, aber es stand noch eine hohe Dünung. Das mittlerweile eingetretene Niedrigwasser hatte unser Boot hoch und trocken am Ufer zurückgelassen. Fünfundvierzig Minuten brauchten wir, um es über die Felsen ins Wasser zu schaffen. Nach einstündiger, recht schwieriger Segelei kamen wir unter das Heck der *Moshulu*. Den Jungen von der *Passat* hatten wir zuvor auf seinem Schiff abgesetzt. Eine kurze Jakobsleiter hing über der Heckreling. Immer wenn eine Dünungssee die Gig anhob, sprang einer hinüber und schwang sich an Deck. Für mich war die Sache deshalb schwieriger, weil ich dem Zweiten Offizier fünfhundert Patronen Munition mitbringen sollte, die auf alle meine Taschen verteilt waren.

Tria erwartete uns an Deck. Er hatte auch unsere Vorleine wahrgenommen und uns an Deck geholfen.

Strahlend meinte er: „Gerade rechtzeitig. Sieben Uhr."

„Rechtzeitig wofür?"

„Fürs Frühstück . . . mit Stockfisch", setzte er gewissermaßen in Klammern hinzu. „Und dann ‚skit hus' säubern. Darauf außenbords . . . Rost picken."

Drei Tage noch blieben Kroner und Sedelquist ohne Urlaub an Land. In dieser Zeit liefen sie dem Kapitän in die Arme. Aber dieser unberechenbare Mann lieh ihnen zehn Shilling aus eigener Tasche. Nach Rückkehr an Bord wurden ihnen die Heuer und weiterer Landurlaub gestrichen. Zehn Tage arbeiteten wir außenbords oder in der Bilge. Gelegentlich fuhren wir auf die *Passat*, und ich sah Eddy und „Sweetheart" ziemlich oft. Es war entsetzlich heiß, und in ganz Südaustralien wüteten Buschbrände.

Als die Besatzung noch einmal an Land durfte, blieben Kroner und Sedelquist unter dem Befehl des Ersten Offiziers als Wache an Bord. Am Sonntag um Mitternacht begann *Moshulu* bei SSO, Stärke 6 erneut zu treiben, worauf der Erste nochmals dreißig Faden Kette steckte.

Am 24. Januar kam endlich Order, in Port Victoria zu laden. Unser Agent Clarkson hatte uns eine Fracht für 27 Shilling sechs Pence die Tonne verschafft.

„Verdammt nichts hast du gesehen", sagte Tria zu mir, „solange du Port Vihk nicht gesehen hast."

„Wieso? Was gibt's denn da zu sehen?"

„Verdammt nichts."

Wir begannen den Ballast über Bord zu werfen. Die Steinbrocken wurden in große Weidenkörbe gewuchtet. Obenauf kam Sand. Im Nordatlantik war die Arbeit, weiß der Himmel, hart genug gewesen, aber unter der australischen Sonne wurde sie schlechthin grausam und der Laderaum zum Inferno. Fast fünfzig Grad zeigte das Thermometer.

An Deck betätigten sich die beiden Donkeymänner endlich auf ihrem ureigensten Gebiet, nämlich an den Winden, mit denen sie die Körbe aufheißten. Gelegentlich flog beim Anprall der Körbe gegen das Lukensüll ein Pflasterstein heraus und sauste wieder in den Raum. Wie üblich viel zu spät folgte dann der Ruf „Warschau!". Ging alles klar, dann packte der Erste, ein Satan voller Energie, der mit seinem Gehilfen auf einer Plattform stand, die Körbe und entleerte sie mit Getöse in den Golf.

Aber weder der Lärm, noch die Hitze machten uns so zu schaffen wie ein entsetzlicher Gestank. Der ekelhaft süßliche Geruch von verwesendem Fleisch hing wie eine Wolke im Laderaum. „Was stinkt da bloß so scheußlich?"

„Vielleicht der Käpt'n. Ich hab' ihn schon eine ganze Weile nicht mehr gesehen."

„Ich glaube eher, es ist ein blinder Passagier."

„Weißt du was", mischte Sedelquist sich ein. „Das ist ein verdammt nicht schöner Gestank. Ich werd' mich beim Konsul beschweren."

Am 30. setzten wir für die Fahrt nach Port Victoria Segel. Die Anker hatten wir mit eigener Kraft aus dem Grund gebrochen, indem wir uns gegen die Spaken des Spills auf der Back stemmten. Während wir die paar Meilen über den Golf zum anderen Ufer segelten, schaufelten wir immer noch Ballast. In zwei Tagen hatten wir dreihundert Tonnen über Bord gehievt. Um fünfzehn Uhr lagen wir vor Port Victoria, zwischen der Küste und Wardang Island, ein völliges Ödland, in diesem heißen Sommer.

Port Victoria — oder Port „Vihk", wie Tria und die übrigen es nannten — war von See her gesehen eher eine Fata Morgana als eine Stadt. Die ungeheure Sonnenhitze schien das feste Land aufzulösen und nichts als Spiegelungen zurückzulassen. Bäume, die ferne Alleen säumten, standen über schimmernden Seen hoch in der Luft, aber diese Seen wandelten sich ständig in ihrer Gestalt. Die zwischen uns und dem Ufer zu Anker liegende *Pommern* war ein unbeschreiblicher Anblick. Ihr haargenaues Spiegelbild schwebte, auf dem Kopf stehend, über ihr, und zwar Mastspitze auf Mastspitze.

Um in die Stadt zu gelangen, mußten wir an den weißen Ladeprähmen vorbeirojen, die sich an ihren Vertäuungen wiegten. Waren wir auf der hölzernen Pier, so ging es an einigen Schuppen vorbei in die Hauptstraße von Port Victoria. Sie war so breit wie die mittlere Fahrbahn der Champs

Élysées, aber ungepflastert. Auf beiden Seiten standen einstöckige, well-blechgedeckte Häuser, die einen derart provisorischen Eindruck machten, daß es mich immer wieder überraschte. Betrat ich das Postamt, das geheimnisvoll aussehende Hotel oder das Café Kneebone, dann war es mir immer, als habe ich die Tür in einer Filmkulisse durchschritten. Ich erwartete einen bis zum Horizont reichenden Blick auf unendlich weites Land und — in westlicher Richtung — auf den Golf.

Vom anheimelnden Beigeschmack eines Kurortes wie in Port Lincoln war hier nichts zu spüren. Port Vihk flößte einem irgendwie Furcht ein. Dadurch unterschied es sich von anderen kleinen Städten.

Die breite Hauptstraße, in der altmodische Autos bei sengender Sonne auf Besitzer warteten, die vielleicht nie wieder zurückkamen, schien auf irgendein welterschütterndes Ereignis zu lauern, vielleicht auf eine Prozession seelenloser Roboter, die aus der Wüste herankam und durch die totenstille Stadt ins Meer zog. Wenn ich bei Kneebone dankbar ein kühles Getränk genoß, so starrte ich bisweilen auf die Staubwirbel, welche die ganze Straße entlangtanzten, und sah in in ihnen die Vorboten dieses Geschehens.

Glücklicherweise verflog die unheimliche Atmosphäre sofort, wenn Bewohner der Stadt auftauchten; denn sie waren außerordentlich freundlich und gastfrei. Jedenfalls wirkte Port Victoria niemals so auf einen Fremden wie irgendein anderer x-beliebiger Hafen. In diesem Februar und März lagen fünf Viermastbarken auf der Reede vor Anker: *Moshulu*, *Olivebank*, *Pamir*, *Pommern* und *Viking* — vielleicht das letzte Beisammensein von großen, frachttragenden Segelschiffen, das die Erde sehen würde. Aber keine Scharen von Schaulustigen staunten sie an. Hier gehörten sie zum gewohnten Bild; denn Hafen und Stadt lebten vom Weizen, und das vergaß der Besucher keinen Augenblick. Überall gesackter Weizen, der hoch gestapelt darauf wartete, mit offenen Lastwagen auf die Pier gefahren, dort auf die Prähme umgeladen und zu den wartenden Schiffen gebracht zu werden. Die Stapel überragten alle Gebäude. Sogar vom Kirchlein waren schließlich nur noch der winzige Turm und das eiserne Dach zu sehen.

Rührend nahm sich jedesmal, wenn ich an Land kam, John Scott-Todd und seine Frau meiner an. Er war der mit der Befrachtung der *Moshulu* betraute Agent. Mit ihm fuhr ich zu nahe gelegenen Farmen, deren Besitzer mich mit einer Gastfreundschaft bewirteten, von der man sich in England nichts träumen läßt. Auch eine nächtliche Fuchsjagd quer über die riesigen Koppeln kennt man bei uns nicht. Wir standen mit Jagdflinten bewaffnet auf der gefährlich schwankenden Ladefläche des offenen Lastwagens, wo wir uns, mühsam das Gleichgewicht haltend, auf das Verdeck lehnten, unter dem der Fahrer saß. So feuerten wir munter auf die Füchse, die vor uns her über die Stoppeln fegten, um den auf sie gerichteten Scheinwerfern zu entgehen. Gewiß hätten Sie und waidgerechte Jäger einen Mordsspaß gehabt, wären Sie Zeugen gewesen, wie unser Wagen schließlich mit 45 Kilometer Geschwindigkeit in einen vorher nicht erkennbaren Graben fuhr, die Vorderachse brach und uns alle hoch in die Luft schleuderte.

Die Australier schienen um Mittel und Wege nie verlegen zu sein. Die jungen Männer fuhren weit mehr als hundert Kilometer, um etwa eine Stunde bei ihren Mädchen zu sein. Dadurch fiel auf den jungen Farmer etwas vom Glanz eines mittelalterlichen Paladins. Auch dieser Australier zog aus, ein hehres Gelübde einzulösen, wenn er bei bereits einfallender Dämmerung auf den Starter seines Motorrades trat.

„Na, dann auf Wiedersehen. Ich besuche meine Sheila in Kadina."

„Heißen denn alle Mädchen in Australien Sheila? Ich höre nie einen anderen Namen."

„Für uns ja", entgegnete der Paladin, während der Motor bereits aufheulte.

„Und wie weit ist Kadina?" fragte ich.

„Hin und zurück etwas über 350 Kilometer."

Mir schien das für eine solche Mission reichlich viel zu sein.

„Du hast ganz recht. Aber ich muß meine Sheila unbedingt sehen." Damit entschwand er hinter einer bläulichen Rauchwolke.

Einen Monat und zwei Tage lagen wir in Port Victoria, bisweilen nur eine Meile vom Ufer entfernt, so daß die weißen Prähme, mit Weizen beladen, dank ihrer Motoren schnell bei uns waren. Bisweilen ankerten wir aber auch weiter draußen, wo wir den restlichen Ballast außenbords warfen. In den ersten vier Tagen stauten die Hafenarbeiter mit Winden und dem Geschirr des Schiffes 7000 Sack in die Räume 2, 3 und 4. In einer Sprache, welche die unsrige geradezu hoffähig erscheinen ließ, beklagten sie sich bitter über den Gestank im Laderaum. Ihre Aussprüche sind der Nachwelt nicht erhalten geblieben. Aber wären sie es auch, die Niederschrift würde witzlos sein, bliebe das ewig wiederkehrende, leider aber nicht wiederzugebende Beiwort weg, das jedem Hauptwort zugeordnet wurde.

Vytautas bemerkte: „Irgendwo habe ich gelesen, daß sich die Tibetaner um so heiliger fühlen, je öfter sie ,Juwel der Lotosblume' sagen. Haben sie in dieser Beziehung ihr Soll erfüllt, dann bekommen sie Visionen. Vielleicht glauben auch diese Stauer, daß sie mystische Visionen kriegen, wenn sie nur oft genug ihr schlimmes Wort gebrauchen."

In diesem Augenblick rief einer der Schauerleute seinem Kameraden zu: „Mein . . . Gott! Es ist heiß auf dieser . . . Kuh."

„. . .", antwortete der andere. „Zu . . . heiß es . . . ist."

„Mir scheint, Vytautas, das ist dafür doch nicht ganz das richtige Wort."

„Ja", kam die unerwartete Antwort. „Dieses gemeine Wort für Gott ist gar nicht so schön. "

Ohne jede Verbindung mit dem Lande arbeiteten wir sechs Tage lang auf den äußeren Ballastgründen, um das Zeug möglichst schnell loszuwerden und gleichzeitig herauszufinden, was nun eigentlich im Laderaum so stank. Am fünften Tag gruben wir die völlig verwesten Reste eines großen Hundes aus, und am sechsten und letzten Tag, als wir uns nasse Tücher vors Gesicht gebunden hatten, fanden wir ganz zu unterst einen zweiten und schippten ihn über Bord — dankerfüllt, zugleich aber mit Flüchen auf die Belfaster Schauerleute wegen ihres perversen Sinns für Humor.

Anschließend säuberten wir die Bilgen, zementierten sie aus und segelten wieder nach Port Victoria. Von nun an verlief jeder Tag nach einer unveränderlichen Routine. Morgens um sechs Uhr zerriß der ohrenbetäubende Lärm von Winden und Hilfsmaschinen, die sich warmliefen, die Stille. Dann kamen die Prähme längsseits, und die Säcke — jeder nicht ganz zwei Zentner schwer — wurden in einem zwölf Stück fassenden Netz in den Laderaum der *Moshulu* versenkt, wo die Schauerleute sie stauten. Dabei schnitten sie einige Säcke auf, so daß sie „bluteten", was ein festeres Stapeln der ganzen Ladung ermöglichte. Außer an den Sonnabendnachmittagen und Sonntagen wurde täglich gearbeitet. Nur wenn Südwestwind in Stärke 5 oder mehr wehte, fiel das Laden aus. Auf diese Weise verloren wir drei volle Arbeitstage. Sonst schafften die Schauerleute von Montag bis Sonnabend 16 900 Säcke.

An zwei Wochenenden fuhr ich nach Adelaide, einmal mit Scott-Todd, das andere Mal mit einem Lastkraftwagen, in dem es so heiß wie in einem feurigen Ofen war. Auf dem langen Weg wurde mir wiederum eine Fata Morgana vorgeführt. Diesmal spielten dabei abgestorbene Eukalyptusbäume die Hauptrolle. Auch ohne Verzerrungen und Spiegelungen konnten diese Gewächse einem Alpdrücken verursachen.

In Adelaide traf ich unseren Kapitän. Er tat freundlicherweise so, als sehe er mich nicht. Etwas Merkwürdiges beobachtete ich in meinem Hotel. Wenn ich den Flur zum Badezimmer entlangging, öffneten sich einen Spalt breit die Zimmertüren, und man sah die geröteten, verstohlen blinzelnden Gesichter von Reisenden. Fraglos erhofften sie sich ein Stelldichein mit einem der drallen Zimmermädchen, über die das Hotel freilich in viel zu geringer Zahl verfügte.

Adelaide ähnelte mit seinen eingeschossigen Häusern und den Wellblechdächern eher einer Truppenunterkunft als einer Stadt. Es war von einem englischen Pionieroffizier angelegt worden, der vielleicht, wie der Baron Haussmann in Paris, von der Vorstellung besessen war, eines Tages werde man aufsässige Menschenmengen niederkämpfen müssen. „Wunderschön", hatte ein Besucher aus Amerika gesagt, als er die Stadt zum erstenmal sah.

„Wie das Innere eines Leichenschauhauses." Wahrscheinlich aber hatte jener Pionier seine Ideen nur unter das soldatische Gebot einer untadeligen Ordnung gestellt. Ganz gewiß würde Adelaide niemals Maschinengewehre zum Schutz der langen Allee brauchen, die jenseits der öffentlichen Parkanlagen in den Außenbezirken zu finden waren. Dort herrschte, besonders sonntags, eine geradezu unnatürliche Ruhe, ein „taedium vitae", das eindrucksvoller als der schottischste Sabbat war. Aber ich fand alles herrlich — die Buchhandlungen, die eisgekühlten Getränke, sogar, nun wo ich keinen Finger zu rühren brauchte, die fürchterliche Hitze. Auch die Mädchen kamen mir wie ein herrlicher Traum vor. Ich sah kräftige, strumpflose Geschöpfe, die mit der Geschwindigkeit von Känguruhs durch die Straßen eilten, um unerwünschte Begegnungen zu vermeiden. Sehr bald taten mir die Männer leid, denen es offenbar nie gelang, die jungen Damen zu einer geruhsameren Gangart zu überreden. Und doch brachte ich es fertig, mich zu verlieben. Freilich blieb es bei einer stummen Huldigung. Der Gegenstand meiner Verehrung ahnte gar nicht, was für ein Feuer sie schürte. Statt dessen plapperte sie ohne Erbarmen darauf los und gab mir alle nur denkbaren statistischen Informationen — Entfernungen, Bevölkerung, Einteilung des Landes und Erzeugnisse. Mit diesem Wissen scheinen übrigens alle Australier bereits auf die Welt gekommen zu sein, während dem Besucher nur ein schmerzliches Gefühl seiner Minderwertigkeit bleibt.

Nach drei Tagen schweigender Werbung kehrte ich mit englischen Taschenbüchern, Filmen und Andenken nach Port Victoria zurück. Die „Souvenirs" hatte ich übrigens im Auftrag von Kameraden eingekauft. Während ich noch auspackte, begrüßte Kroner mich mit der Miene eines Verschwörers. Was er mir aber auch anvertrauen wollte, geriet beim Anblick der Gegenstände, die ich auf der Back auswickelte, in Vergessenheit. „Was ist denn *das*?" fragte er angewidert. Dabei hielt er einen langen gewundenen Stab in die Höhe, der an eine Schlange erinnerte, die man gerade noch rechtzeitig totgeschlagen hat.

„Das ist der Spazierstock eines Ureinwohners."

„Seit wann haben sich denn die Burschen zu Spazierstöcken bekehrt?"

„Das kann ich dir auch nicht sagen. Vermutlich noch nicht sehr lange."

„Gut also — ein Spazierstock. Aber was zum Teufel sind das hier für Dinger?" Dabei hielt er eine Anzahl flacher, schokoladenbrauner Scheiben in die Luft. „*Die* kannst du doch wirklich nicht den Wilden anlasten."

„Die" waren dünne Tafeln aus Akazienstämmen gefertigt und dick mit Lack überschmiert. Darauf stand „Beste Wünsche aus Adelaide". Ganz gewiß ein unerfreuliches Beispiel für die Erfindungsgabe unserer zivilisierten Menschheit.

„Du, mit denen hab' ich großes Glück gehabt. Ich traf den Leiter der

Fabrik, und er ließ sie mir zum Engrospreis. Das fand ich sehr anständig von ihm."

„Dort, wo du hingehst, wirst du die Dinger wohl kaum brauchen", sagte Kroner mit derselben Miene tiefer Geheimniskrämerei, mit der er mich schon begrüßt hatte.

„Ja, warum denn nicht?"

„Du wirst in die Südsee gehen", entgegnete er unter Anwendung der amerikanischen Schocktherapie. „Aber komm' lieber an Deck. Ich treffe dich auf der Poop."

Dort, im Hauptquartier für die Bearbeitung unserer streng geheimen Angelegenheiten, erzählte er mir folgendes:

Der Kapitän einer längsseits der *Moshulu* liegenden Yawl hatte Kroner aufgefordert, nach Beendigung des Ladens mit mir zusammen auf sein Boot zu kommen. Zunächst ginge es nach Sydney und von dort zu den Südsee-Inseln, wo Handel getrieben werden sollte. Die Heuer schien enorm hoch, hatte er doch jedem zwölf Pfund im Monat geboten, verglichen mit den zehn Shilling, die wir augenblicklich bekamen.

„Welches Boot ist es?" fragte ich und sah zu den zwei längsseits liegenden Ketschen hin.

„Keins von den beiden", entgegnete Kroner. „Der Mann kommt morgen raus. Er braucht einen Seemann und einen Koch. Ich sagte ihm, du würdest einen guten Koch abgeben."

„Wie rücksichtsvoll von dir", gab ich zur Antwort. Dabei dachte ich an unseren ausgemergelten „Kock" und seine Dienststunden.

„Ach, das ist nicht der Erwähnung wert. Man muß ja nicht immer zuerst an sich denken", wies Kroner großmütig mein Lob ab.

Am nächsten Tag kam die bewußte Ketsch längsseits.

„Ist das der Kerl?" fragte ich und wies auf einen ungeschlachten einäugigen Schurken, der gerade mit Vehemenz und Zielsicherheit einen Strahl Tabaksaft über Bord spuckte.

„Ja, das ist er. Heißt Jelks."

„Ich überleg's mir nochmal."

„Entschließ' dich lieber gleich. Er will's bald wissen."

Als wir unter den argwöhnischen Blicken des Ersten vorausgingen, raunte ich Kroner zu: „Eines möchte ich gar zu gern wissen ... Was passiert mir wohl, wenn meine Kochkünste dem Kameraden Jelks nicht gefallen?"

Tagelang ging es noch weiter — geheime Zusammentreffen, bedeutungsvolle, verschwörerische Winke, schmutzige Papierfetzen mit unleserlichen Botschaften, von Hand zu Hand gereicht. Aber aus allem wurde nichts. Beim ersten Anblick von Kapitän Jelks und bei dem Gedanken, ich müsse für diesen Kerl kochen, hatte ich mich bereits entschieden.

Das Laden ging weiter: Mittwoch, der 1. März, 322 Säcke in Raum 3;

2883 in Raum 2. Donnerstag, 1627 Säcke in Raum 2. Freitag, 3670 in Raum 2. Sonnabend, der 4. März, 1004 Säcke in Raum 2. „In einer Woche werdet ihr ausgelaufen sein", meinte Scott-Todd. „Zeit für eine Abschiedsparty . . . mit'm Tröpfchen Bier."

Spät nachts am Tage dieser Party entschied der Gastgeber, wir müßten unbedingt noch ein Hühnchen essen. Mit einer großen Axt bewaffnet ging er in den Hinterhof, um eine Bewohnerin des Stalles zu erlegen. Bald drangen schreckliche Laute ins Haus, so daß ich ihm zu Hilfe eilte. Er stand mutterseelenallein im hellen Mondlicht und wirbelte die Waffe über seinem Kopf, während das erkorene Opfer mühelos jedem seiner Hiebe auswich.

„Müssen wir denn wirklich noch ein Hühnchen essen?" fragte ich besorgt, während ich abwechselnd hin und her sprang oder mich duckte, um Scotties sausender Axt zu entgehen. „Das Kochen dauert doch stundenlang, und Feuer ist auch nicht mehr im Herd."

„Hühnchen *muß* sein", wiederholte er trotzig. „Is' doch *Party*." Dann setzte er sich plötzlich auf den für die Hinrichtung des Opfers vorgesehenen Haublock und begann blöde zu kichern, stand bald wieder auf, hieb die Axt in den Block und marschierte mit strammem Schritt aufs Haus zu.

„Völlig richtig. Kein Hühnchen. Lieber noch tüchtig Bier", rief er mir, nunmehr seiner Sache sicher, über die Schulter zu.

Am Montag, dem 6. März, erfuhren wir, daß wir bald auslaufen würden. Das Laden wurde beschleunigt, und trotz starken SSO-Windes stauten die Schauerleute 1620 Säcke in Raum 4 und 2442 in Raum 3. Am Dienstag stellten sie einen Rekord auf: 4654 in Nr. 2. Mittlerweile schlugen wir bereits die Segel an und heißten sie mit Hilfe des Donkeys an Jolltauen vor. Am Donnerstag, dem 9. März, kamen die letzten Säcke über. Nun lag *Moshulu* bis zur Ladelinie eingetaucht klar zur Heimreise. Sie hatte 59 000 Sack oder 4875 Tonnen Weizen an Bord.

18. Das letzte Weizenrennen

Moshulu verließ Port Victoria am Sonnabend, dem 11. März 1939, um sechs Uhr dreißig; ihr Bestimmungshafen: Queenstown for orders. Drei Tage zuvor war bereits die *Pamir* unter Kapitän Björkfelt ausgelaufen, während *Passat* unter Kapitän Lindvall am 9. von Port Lincoln versegelte. Der *Exodus* hatte am 16. Februar mit dem Auslaufen der *Viking* (Kapitän Morn) aus Port Victoria begonnen. Es luden noch: *Archibald Russell* (Sommarlund); *Winterhude* (Holm); das schwedische Schulschiff *Abraham Rydberg* in Port Germein; *Lawhill* (Söderlund); *Kommodore Johnsen* (Clausen) vom Norddeutschen Lloyd und *Padua* (Wendt) in Port Lincoln. *Padua* war erst am 8. März von Valparaiso eingetroffen, während *Pommern* (Broman) und *Olivebank* (Granith) noch in Port Victoria lagen. Von den verbleibenden Erikson-Schiffen stand die *Killoran* (Leman) mit einer Ladung Guano irgendwo zwischen den Seychellen und Auckland. Sie traf erst am 3. Juni in Port Lincoln ein. *Penang* war in Gothenburg aufgelegt und versegelte gar nicht. Im ganzen nahmen dreizehn Schiffe an den Fahrten des Jahres 1939 teil.

Die *Kommodore Johnsen* besaß als einziges Schiff eine Hilfsmaschine. Solche Fahrzeuge machten selten so schnelle Passagen wie Schiffe, die nur unter Segeln fuhren. Vielleicht wirkte der Propeller sich hemmend aus, oder das Vorhandensein einer Maschine beeinflußte die Arbeitsmoral der Besatzung. Was immer der Grund sein mochte, niemals erreichte eine Bark mit Hilfsmotor auch nur annähernd eine Rekordpassage in der australischen Weizenfahrt.

Priwall, das andere rahgetakelte Hochsee-Frachtschiff mit Hilfsmaschine, nahm in jenem Jahr ebenfalls nicht am Weizenrennen teil. Nach einer Passage von 98 Tagen mit Salpeterladung — von Iquique bis Dover — traf sie am 14. April in Hamburg ein.

Zwei Nächte und einen Tag hatte *Moshulu* bereits segelklar und tief beladen gelegen, denn der Wind kam nur gelegentlich in müden Stößen. Aber in den frühen Morgenstunden des Sonnabends, als der Mond noch am Himmel zu sehen war, briste ein frischer Nord auf, und wir hievten den Anker kurzstag.

Ich war ein wenig aufgeregt. Geräusche ringsum, die ich schon fast wieder vergessen hatte: die Rufe der Crew beim Steifsetzen einer Schot; das schwerfällige Klack-Klack, als die Ankerkette, an der das Wasser herabströmte, durch die Klüse kroch. Aber auch andere, vertrautere Töne: ein fernes Klappern des Donkeys auf dem Vordeck, der Funken und Ruß spie. Dichter Qualm zeigte, daß die Winschen angewärmt wurden.

Die Silhouette der kleinen Stadt stand scharf vor der ersten Morgenröte. Die Wellblechdächer und der Turm des Kirchleins zeichneten sich über der harten, dunklen Küstenlinie ab. Noch machte die See einen kalten Eindruck. Ebenso grau wie sie, schob sich eine tiefgeladene Ketsch auf die *Pommern* zu. Als der Anker los war, wurden die Schratsegel geheißt. Das Schiff drehte langsam vor den Wind, und als es genügend Fahrt aufgenommen hatte, wurden die Rahsegel ausgeschüttet und, sobald der Wind von achtern einfiel, die Schoten der Mars- und Untersegel steifgesetzt, die der Schratsegel gefiert. Der Mond kapitulierte vor der Sonne; das Rot ihres Lichts hatte sich bereits in Gold verwandelt. Geballte, vor dem Wind herjagende Wolken kündigten schlechtes Wetter an. Nun standen alle Segel bis zu den Royals. Als uns salziger Wind ins Gesicht fuhr, als wir die Bewegung unseres Schiffes spürten, das durch das warme Wasser des Golfs nach Süden schnob, als sich über uns die hohen Bogen der Leinwand bauschten, waren fast alle glücklich, das Land hinter sich zu lassen. Wir fühlten uns frei und friedlich nach dem unerträglichen Lärm auf der Reede. Fern das ohrenbehämmernde Brüllen der Winschen, die heiseren Rufe der Schauerleute, vorbei Schmutz, Unsauberkeit und Unordnung, die während des Ladens das Schiff verschandelt hatten.

„Schön, wie?" sagte der Segelmacher und sah zu seinen Segeln empor.

„Doch. Sehr schön", entgegnete ich. Unter keinen Umständen wollte ich ihm die Stimmung durch eine unangebrachte Sentimentalität verderben.

„Verdammt nochmal. Warum sagst du's dann nicht?" nörgelte er. Dann aber fügte er sanfter hinzu: „Segel — das Schönste, was der Mensch geschaffen hat. Wenn dieses Schiff je eine gute Passage macht, dann dieses Jahr. 38 war sie lausig — 112 Tage! Warum? Weil sie toppslastig war. Dieses Jahr ist sie achterlastig. Haben wir aber Wind, und hält der Käpt'n durch und gibt ihr so viel Leinwand, wie sie verträgt, dann wird sie auch laufen. Du wirst's ja sehen."

Ab und zu kam der Wind bereits aus Westen; der Himmel bezog sich. Wir heißten die Anker binnenbords. Bislang hatten sie noch mit dem Kreuz unter Wasser gehangen. Sandell wurde über Bord gefiert, um den Ring in den Haken des Davits einzulegen und zu sichern. Dabei planschte er eine Zeitlang bis zum Bauch im Wasser, bis wir die Anker nacheinander mit dem Gangspill so weit geheißt hatten, daß sie über ihren Halterungen auf der Back schwebten.

„Orlright", sagte der Erste, nachdem wir die Ungetüme festgezurrt, die Ketten losgeschäkelt und durch die Klüsen wieder an Deck geholt hatten. „Nun laßt die Vögel schlafen."

„Und du", fuhr er, zu mir gewandt, fort, während seine anderen Zuhörer ihr Einverständnis durch breites Grinsen zum Ausdruck brachten: „Du wirst deine Brüder säubern."

„Deine Brüder" waren vier ausgewachsene Schweine. Ein fettes weißes und drei schwarze, die in den Koben an der Achterkante der Back hausten. Das weiße war eine Sau. Sie hatte sich bei der ausschließlich männlichen Umwelt nie recht mit uns anfreunden können. Im Gegensatz zu den drei schwarzen Ebern bekam sie auch keinen Namen und wurde verspeist, lange ehe wir am Kap Horn waren. Die drei schwarzen Bestien hießen August, Philimon und Fabian, waren üble Rowdies und sahen sich zum Verwechseln ähnlich. Sie lebten in ganz engen Koben und liefen aus humanitären Gründen häufig frei herum. Erst als wir sie besser kennenlernten, konnten wir sie leidlich voneinander unterscheiden. Im Augenblick genossen sie ihr Dasein in vollen Zügen. Nichts war bei ihrer unstillbaren Neugier vor ihnen sicher. Kein Wunder, daß Schnauzen und Körper von Mennige bedeckt waren, so daß sie wie Indianer auf dem Kriegspfad aussahen. Außer ihrer Vorliebe für Mennige fraßen sie besonders gern Seestiefel, Hemden, Segelleinwand und alte Malerpinsel, an denen sie freilich nur herumkauten. Bei dieser Beschäftigung erinnerten sie an russische Karikaturen übler Kapitalisten, die Zigarren rauchen. Ein Göttermahl aber waren für sie Kohlenstücke. Deshalb lauerten sie den Männern auf, die den kostbaren Brennstoff in die Kombüse brachten. Von beiden Seiten führten sie dann den Angriff mit dem Ziel, den Kohleneimer umzuwerfen. Gewöhnlich glückte es ihnen, wenigstens einen fetten Brocken zu ergattern, mit dem sie lostobten. Sie kickten ihn wie Schulbuben ihren Fußball vor sich her, bis er auseinanderbrach, und fraßen die kleinen Stücke.

Schon ganz früh am Morgen tollten sie auf dem Vordeck herum, stanken entsetzlich, grunzten, schnauften und scheuerten sich an denen von uns, die in Hängematten schliefen. Einmal erwachte ich, um festzustellen, daß Fabian langsam, als denke er angestrengt nach, meinen Schlafsack verzehrte. Fabian schien ein wahrer Fußfetischist zu sein. Immer versuchte er, durch die Decken hindurch an die Füße der Schläfer zu gelangen. Die übelsten Streiche aber blieben August vorbehalten. Ihm glückte es, Hermansonn dadurch aus der Hängematte zu stürzen, daß er auf dem Bauch unter sie rutschte und plötzlich aufstand. Alle Schweine liebten Frischwasser und deshalb auch den Koch, der es ihnen aus einem Krug in die Schnauze träufelte. Auch Jansson mochten sie gern. Er zwang sie, die Vorderbeine auf ein Faß gestellt, auf den Hinterfüßen zu stehen und aus einer Flasche zu trinken. Aber „Kock" schoß doch den Vogel ab; denn die

Viecher waren stinkend faul und Janssons „Dressur" strengte sie zu sehr an. Stundenlang konnten sie vor der Kombüse lauern, wobei sie die entsetzlichsten Töne von sich gaben. Kam der „Kock" nicht heraus, dann wurden sie kühner und stürmten die Kombüse, aus der sie prompt von ihm verjagt wurden. Eine solche Profanierung seines fleckenlos sauberen Reiches brachte ihn in helle Wut.

Ich zeigte mich über das Ausmisten der Ställe keineswegs erfreut, hatte ich es doch schon gar zu oft ausführen müssen. Die Schweine schliefen auf Reservelukendeckeln, die erst einmal aus dem Stall, in den sie fast haargenau paßten, herausbugsiert werden mußten. Einen Handgriff zum Anfassen hatten sie nicht, und schlüpfrig waren sie auch.

„Laß sie ja nicht warten", drängte der Erste. Ich sah ihn mit unverhohlenem Widerwillen an und holte mir das nötige Reinigungsgerät. Bei der Arbeit schnupperte Philimon an meinem Hacken und gab sich alle erdenkliche Mühe, mich umzuwerfen. Ich überlegte, weshalb ich eigentlich beim Ersten Offizier immer unbeliebter wurde. Damals, als ich ihn erstmals ohne Bart gesehen hatte, mußte er irgendeine Aversion gegen mich gefaßt haben, die er seither förmlich kultivierte. In Port Victoria hatte sie sich dann Luft gemacht. Eines Morgens war er nach einer ungewöhnlich alkoholreichen Nacht an Deck erschienen, wo ich gerade mit einem Topf Mennige in der Hand über Bord klettern wollte. Er sagte etwas, was sich wie „Glockel, glockel, glockel" anhörte.

„Wie bitte? Ich habe Sie nicht verstanden", entgegnete ich und gab mir alle Mühe, frohgemut und arbeitswütig auszusehen. Und wieder jenes verwunderliche Sammelsurium von irgendwelchen Lauten, die sich diesmal freilich ganz anders anhörten.

„Bitte sprechen Sie deutlicher", sagte ich, wobei ich versuchte, nicht allzusehr wie „das Fräulein vom Amt" zu klingen.

„Hier oben etwas ausgehakt?" schrie er und wies auf seine Stirn.

„Das *tut* mir aber leid. Ich wußte wirklich nicht, daß Sie dort Beschwerden haben."

Einen Augenblick glaubte ich, er werde mich schlagen. Aber ihm muß furchtbar zumut gewesen sein; denn er faßte sich mit beiden Händen an den Kopf und verschwand stöhnend.

Für diesen kurzen und billigen Triumph mußte ich nun schwer büßen.

Um fünfzehn Uhr passierten wir etwa fünf Seemeilen an Steuerbord Wedge Island. Am Ostende erblickten wir einen breiten braunen Klippenabfall; auf dem höchsten Punkt stand sehr exponiert ein Leuchtturm. Es kam der Wachwechsel, und die Steuerbordwache ging ins Logis. Jetzt arbeiteten wieder alle Hände, sogar der Zimmermann, der jammervoll aussah, nachdem ihm auf einen Sitz 24 Zähne gezogen worden waren. Auch Duhnkie war jetzt dabei. Auf der Ausreise war er in schrecklich schmierigen Overalls an Deck herumgeschlurft. Aus der Gesäßtasche ragte stets ein Patentschlüssel heraus. Mit einer riesigen Ölkanne schmierte er weiß Gott was ab. Bis zum Eintreffen im Spencergolf hatte er es verstanden, sich an dieser „Arbeit" festzuhalten. Anders der Zimmermann, der beim Verlegen eines neuen Decksbelages wie ein Sklave geschuftet hatte.

Gegen achtzehn Uhr frischte der Wind aus Nordwesten auf. Geballte, ungewöhnlich finstere Wolken hingen drohend über dem Schiff. Dadurch und durch das rapide fallende Barometer beunruhigt, befahl der Skipper, die Royals zu bergen. Två vissels. „Bräck gårdingarna på kryss royal och horry op!" brüllte der Erste.

„Horry op, horry op — mein Arsch", murrte Hermansonn vor sich hin. „Satan, Kossuri. Is' doch Affenschande, dies horry op", schimpfte er in ungewohnt freundlicher Anwandlung weiter, als wir zum Gut des Kreuzmastes gingen.

„Gigtåget! Kom on, get sem to blocks. Hermansonn, halt' deine große Schnauze", schnaubte der Offizier, der selbst wie der Teufel arbeitete.

„Und nun das Oberbram", fuhr er fort und führte uns zu den Gordingen der Oberbramsegel. Er sprang sie förmlich an und riß die Stopper durch sein eigenes Gewicht aus. Während der Arbeit lag fast etwas wie Meuterei in der Luft. Betrübt dachte ich über meine schwindende Hochachtung vor unserem Kapitän nach, hatte ich doch gehofft, er werde sein Schiff „knüppeln". Statt dessen mußten wir bei der ersten Regenwolke Leinwand bergen. Zehn Minuten später hatten uns die dunklen Wolken im Griff, und wir waren inmitten eines eindrucksvollen elektrischen Sturms. Unablässig Flächenblitze, die mir die Haare zu Berge stehen ließen, wenn ich sie hoch oben am Mast beobachtete. *Moshulu* hatte fast sieben Meter Tiefgang, die See schäumte in den Leewassergang, und wir hörten dauernd das melancholische Klappen der Lenzpforten, wenn sie sich unter dem Gewicht des dagegen drückenden Wassers öffneten, um das Schiff davon zu befreien. Mit den Unterbramsegeln lief es dreizehn Knoten. Als wir wolfshungrig zum Abendbrot ins Logis gingen, überließen wir das Auftuchen der Segel den Kameraden von der Steuerbordwache. Mittlerweile empfanden wir etwas Reue. Wie die Jünger des Herrn fühlten wir sehr wohl, daß es uns an Glauben gefehlt hatte. Halb und halb erwartete ich, der Kapitän werde selbst kommen und uns wegen dieses Versagens schelten. Zum Glück aber war es diesem prachtvollen Mann total gleichgültig, was wir damals oder zu irgendeinem anderen Zeitpunkt dachten.

Während des Sonntags krimpte der Wind zunächst auf West, dann auf Südwest, und schoß anschließend wieder in der Nacht auf Nordwest aus. Er fiel nun achterlicher als dwars ein und jagte *Moshulu* quer durch die Randgewässer der Bass-Straße, westlich von Tasmanien, mit zehn bis zwölf Knoten in den südlichen Indischen Ozean hinein. Mittags hatten wir

247 Seemeilen abgelaufen. Wie zu unserem Empfang und als wolle er uns in die weltfernen Zonen geleiten, stieß ein Albatros vom Himmel herab und kreise in steilen Abstürzen um uns herum. Bald kamen weitere, und nach einer Stunde waren es schon zwölf. Wie stets verstärkten sie in uns das Gefühl, auf diesen Wasserwüsten ganz allein gelassen zu sein. Man konnte es kaum glauben, daß es eine Tages- und Nachtreise von hier entfernt Bungalows mit roten Dächern, Kinos und junge Männer gab, die ihre „Sheilas" auf Motorrädern besuchten.

„Nur noch 5000 Seemeilen bis zum Horn", sagte Kroner, als wir die Falle auf den Belegnägeln aufschossen. In dem ewigen Brassen infolge des ständigen Umspringens des Windes war nämlich eine hochwillkommene Ruhepause eingetreten. „Wir sind so gut wie da."

„Halt doch bloß den Mund", fuhr ich ihn an. „Du bist wohl verrückt. Willst du etwa, daß wir bekalmt werden?"

Tatsächlich krimpte der Wind wiederum auf Südwest und — schlief ein, so daß das Schiff müde dümpelte.

An den folgenden Tagen trafen wir Vorbereitungen für die in den hohen Breiten zu erwartenden Stürme. Überall wurden Rohröffnungen mit Holzpflöcken verschlossen, Rettungsleinen auf dem Hauptdeck gespannt und Netze in Nähe der Großbrassen an der Verschanzung angebracht, damit wir nicht über Bord gespült werden konnten, oder, wie Tria grimmig bemerkte, damit nicht etwa einer von uns durch die folgende See wieder an Bord gespült werde. Auch die Luken mußten besser verschalkt werden. Als damals die letzten Säcke verstaut worden waren, hatten wir noch in Port Victoria Lukenbalken aus lufttrocknetem Eichenholz in die entsprechenden Aussparungen der Sülls gelegt, darüber schwere dreizöllige Lukendeckel. Alle Zwischenräume waren fest mit Werg ausgestopft worden. Über jeden Lukendeckel kamen zwei neugeteerte Schutzhüllen aus Leinwand. Der Segelmacher hatte sie so zurechtgeschnitten und gesäumt, daß sie genau aufeinanderpaßten. Durch biegsame Stahlbänder wurden sie am Süll gehalten, stramm verkeilt, und die Keile mit Nägeln zusammengeschlagen.

Jetzt aber begann erst die richtige Arbeit. Auf die Leinwandhüllen kamen schwere Balken, sechs Meter lang und fünfzehn Zentimeter hoch; quer darüber solche von 4,20 Meter Länge und zehn Zentimeter Höhe. Das Ganze wurde mit Drahtstroppen am Lukensüll festgelascht, und zwar mit Hilfe des Spills. Häufig brachen die Stroppen unter der Belastung, so daß die ganze Arbeit von vorn begann.

„Weißt du", meinte Kroner, als wir zur Kaffeepause ins Logis gingen, „das Verschalken der Luken wäre gar nicht so schlimm, wenn nicht der Erste immer so wütend würde. An Luke 3 brachen doch nur drei Stroppen. Fast könnte man denken, er besitze Aktien der Reederei oder sonstwas."

„Ich nehme an, der Offizier macht dir die Hölle heiß, weil sie ihm der Skipper heiß macht, und Gustav — na, der macht sie allen heiß. Jedenfalls wird so in England überall verfahren, wo es gut und teuer ist . . . in Schulen, Gefängnissen, Firmen . . . na eben überall."

„Woher weißt du denn das?"

„Also, erstens bin ich einmal zur Schule gegangen. Dann war ich in einer Firma. Deshalb weiß ich damit Bescheid. Später traf ich einen Mann, der hatte eine Public School besucht und auch im Zuchthaus gesessen. Er erzählte mir, er würde lieber nochmal fünf Jahre dort absitzen als seine Schulzeit wiederholen."

„Was sind eigentlich diese ,Public Schools'?" fragte Kroner.

„Nichts weiter als gute Schulen. Leute, die sie besucht haben, lassen ihre Kinder schon bei der Geburt dafür vormerken."

„Aber warum um alles in der Welt, wenn sie genau wissen, wie es da zugeht?"

„Das kann ich dir auch nicht sagen. Vielleicht möchten die Eltern nicht, daß ihre Kinder irgend etwas verpassen."

„Das ist doch nicht zu glauben. Sind denn eure englischen Schulen alle so?"

„Nur die guten."

„Ich werde wahnsinnig", sagte Kroner. „Laß uns mit diesem Thema aufhören." Nach kurzem Schweigen fragte er mich: „Warum hinkst du eigentlich?"

„Irgend etwas ist mit meinem Knie los. Es ist gerade so, als sei etwas gerissen."

„Kenn' ich", meinte Kroner ohne jedes Mitgefühl. „Es tut bei der Arbeit weh, nicht wahr? Vielleicht hast du's dir in Australien geholt. Wie dieser Maler, der dann in der Südsee daran starb. Der hatte auch jahrelang ein schlimmes Bein."

„Du meinst Gauguin. Der hatte Syphilis", antwortete ich hitzig.

„Vielleicht hast du sie auch." Kroner begeisterte offenbar der Gedanke. „Geh' lieber gleich zum Käpt'n. Vielleicht läuft er Neuseeland an."

„Der Gauguin hatte sie gar nicht im Bein", versuchte ich ihn zur Vernunft zu bringen. „Das Bein wurde schlimm, weil er über irgend etwas gefallen war."

Aber Kroner hörte mir überhaupt nicht zu. „Viel besser, du fragst den Kapitän."

„Was den Kapitän fragen?" mischte Hilbert sich ein, der gerade hinzukam.

„Newby glaubt, daß er Syphilis hat", erläuterte Kroner.

„Na, nun hast du ja was Schönes angerichtet", sagte ich. Die Schmerzen in meinem Bein wurden immer schlimmer. Bald konnte ich kaum noch

herumhumpeln. Da aber keiner der Offiziere daran dachte, mich deshalb
nicht mehr entern zu lassen, und da die Geschichte von der Syphilis sich
immer weiter herumsprach, bat ich schließlich den Zweiten, sich doch einmal das Bein anzusehen. Daran, mich an den Ersten zu wenden, hinderten
mich unsere gespannten Beziehungen.

„Beug's mal", sagte der Zweite. Ich tat es. „Und nun wieder strecken."
Ich tat auch das.

„Tut's beim Entern weh?" Das bestätigte ich. Nachgerade bekam ich eine
sehr hohe Meinung von seinen ärztlichen Fähigkeiten. „Und nun. Tut's
hierbei weh?" Dabei hatte er meiner Kniescheibe mit der Handkante einen
harten Schlag versetzt.

„Ja!!" brüllte ich lauthals.

„Ich würde das Knie mal waschen", meinte er gelassen. „Die Beratung
kostet übrigens nichts."

Ich befolgte seinen Rat und legte heiße Kompressen auf das Knie. Bereits
nach einer Woche war es besser.

Bald war nur noch Luke 1 an der Achterkante der Back offen. Eine große
Dieselwinsch stand eben vor der Kombüse bei Ladeluke 2. Duhnkie hatte,
als er sie auseinandernahm, hart gearbeitet. Anschließend sollte er ganz
zur Steuerbordwache treten. Gelegentlich verschwand das Vordeck in
Gischtwolken; auch von Duhnkie war nichts mehr zu sehen. Aus dem
sicheren Port des Logis machte die Freiwache ihre Randbemerkungen, die
für ihn aber gar nicht tröstlich waren.

„Bringt mal eben das Winsch-Ding da ins Zwischendeck", befahl uns der
Erste bei der Musterung in der Kuhl.

Auch teilweise zerlegt, stellte die Winde ein ehrfurchtgebietendes Objekt
dar. Zunächst einmal besaß sie ein gußeisernes Fundament, eine massive
Trommel und ein schweres Schwungrad. Sie zum vorderen Teil des Mittel-
decks zu transportieren, erwies sich als eins der schwierigsten Manöver,
das wir je ausführten. Mit Hilfe eines am Großstag angeschlagenen Blocks
und eines doppelten Giens gelang es uns, das ganze „Winsch-Ding" mit
Spillkraft anzuheben, über die Lukensülls zu jonglieren und auf einen
behelfsmäßigen, aus Lukendeckeln gefertigten Schlitten zu setzen. So
hofften wir, es über Deck zerren zu können. Aber nicht um einen Zentimeter ließ es sich verrücken. Furchtbare Visionen tauchten vor uns auf,
wie die Winde bei ausgewachsenem Sturm übers Deck donnerte und alles
zerschmetterte, was ihr in den Weg kam. Auf den alten Linienschiffen sollen Vorderlader so etwas getan haben.

„Versucht mal mit Schweinekot", riet Sedelquist. „Der ist schön schlüpfrig.
Ich hab' mich gerade mit dem Arsch reingesetzt."

Mit Rollen, Hebeln und Taljen, die zum Spill verfahren wurden, versuchten wir, die Winde über das Deck zu bewegen, eine halsbrecherische

und entmutigende Schufterei, mit dem Bau eines Obelisken vergleichbar. Alle Augenblicke war uns irgend etwas im Wege — Klampen, an denen die Fockschot belegt war; das Kesselhaus; das Spill selbst. Alles warf Probleme auf, die dadurch gelöst werden mußten, daß Taljen verfahren und neue angeschlagen werden mußten, damit der Schlitten seinen Zickzackkurs fortsetzen konnte.

Nach fünf Stunden waren wir endlich bei Luke 1 angelangt. Jetzt war eine Talje am Fockstag angeschlagen, und zwei weitere sollten ein seitliches Pendeln verhindern. So heißten wir die Winde über die Öffnung, die nur zweieinhalb Meter im Quadrat maß.

„Orlright. Fier weg", rief der Offizier in ganz unbekümmertem Ton. Der Mann am Spill verstand den Befehl allzu wörtlich, und schon sauste die Winde von einer Tonne Gewicht einen halben Meter herab, wobei sie hart auf das Lükensüll aufschlug.

„Fe — e — est!" kreischte der Erste verzweifelt, während die Winde an dem am Fockstag angeschlagenen Takel auf- und niedertanzte, das Stag selbst aber wie die Saite einer riesigen Harfe vibrierte. Hilflos, aber auch aufs höchste interessiert starrten wir auf das Geschirr, das einer so ungebührlichen Beanspruchung ausgesetzt war, und warteten darauf, daß alles von oben käme.

„Wer zahlt eigentlich, wenn das Ding zum Teufel geht?" fragte ich Sedelquist, den geborenen Prozeßhansl, der mir für die Beantwortung dieser Frage der richtige Mann zu sein schien.

„Der Erste", sagte er mit unverhohlenem Vergnügen.

„Das würde er sicherlich nicht gern tun. Als ich ihn neulich anpumpte, besaß er nur noch drei Shilling sechs Pence."

„Auf ‚gern' kommt's nicht an." Und mit einwandfreier Logik fuhr Sedelquist fort: „Du hast auch nicht ‚gern' für deinen Hammer bezahlt, aber, verdammt nochmal, bezahlt hast du doch."

Schließlich stand die Winsch, noch dazu wie durch ein Wunder unbeschädigt, im Zwischendeck. Höchst anschaulich hatte der Erste sie als „die mistige Winsch, diese Satanswinsch aus der Hölle" bezeichnet. Zum letztenmal und mit größtem Widerwillen schlugen wir unsere Taljen an, schleppten sie an die vorgesehene Stelle und zurrten sie fest. Der „Umzug" hatte zehn Mann sechs Stunden gekostet.

Am Montag und Dienstag unserer ersten Woche auf See hatten wir kaum Wind und liefen in 24 Stunden nur 91 Seemeilen. Unsere Position an jenem Montag war grob gerechnet 200 Seemeilen genau westlich von Kap Grim, der Nordwestspitze von Tasmania. Das Logbuch vermittelt einen Eindruck von jenen langweiligen Tagen:

> Montag, 13. März: Morgens Wind SW 3 sieben Knoten. Mittags Wind SW 2. Um Mitternacht Ost drei bis sechs Knoten.

Dienstag, 14. März: Morgens Wind SO 1, kaum Ruder im Schiff. Mittags SO z O, ständig wechselnd. Mitternacht Ost drei bis sechs Knoten.

Mittwoch wurde es etwas besser. Unter kaltem und bedecktem Himmel lief *Moshulu* am ganzen Tag zehn bis elf Knoten. Am 16. sprang der Wind auf WNW. Für 45 Grad Südbreite war es ein schöner, warmer Tag, das Meer tiefblau. Ab und an lief eine Dünungssee über die Luvreling. Dann kam eine herrliche, warme und klare Nacht. Der Mond stand als schmale Sichel im Osten. Das Schiff lief mühelos, ohne unnötiges Knüppeln. Schoten und Brassen brauchten nicht bedient zu werden. Am nächsten Morgen mußten wir als Entgelt für diesen idyllischen Zustand die Drahtbrassen und Schoten der drei Untersegel einfetten. Ich benutzte einen alten Lappen, um das ekelhafte schwarze Zeug auf die Stahlleinen aufzutragen. Es schien ein Gemisch aus Teer, Graphit, Fett und Farbe zu sein. Der Erste sah mir bei der Arbeit an der Fockschot zu und bemängelte sie.

„Na schön. Dann mach ich's vielleicht besser so", entgegnete ich und schmierte die schwarze Substanz mit den Händen auf. Zu meiner Überraschung fand er das herrlich: „Jo, jo ... viel bessär. Mach weiter mit Händen." Damit ging er fort, und ich machte ein sehr dummes Gesicht.

Am Nachmittag drehte der Wind auf NNW und frischte etwas auf. Das Wetter sah ein wenig bedrohlich aus, denn überall standen dunkle Regenwolken. Dann wurde es doch wieder klar. Trotz des hellen Sonnenscheins lag jedoch ein kalter Unterton in der Luft. Am Spätnachmittag erinnerte mich ein bläulicher Dunst an Herbstabende in England.

In der Nacht merkten wir erst, was wir mit dem Einfetten der Stahlleinen angerichtet hatten. In rostigem Zustand kosteten sie viel Arbeit und Schweiß. Nun, da sie biegsam waren, bildeten sie Kinken, und sehr bald brannten unsere Hände wie Feuer. Nach dem Brassen der Rahen sollte zum Beispiel die Fockschot mittschiffs mit der kleinen Winde am Schanzkleid steifgesetzt werden. Die eingefettete Leine ließ sich aber auf der Trommel nicht halten. Immer wieder schlierte sie und vibrierte, während wir sie aufzulegen versuchten. Bald waren wir über und über mit der schwarzen Schmiere bedeckt. Als wir um vier Uhr früh ins Logis gingen, bekamen die Decken in den Kojen und die Wände auch noch eine ganze Menge davon ab.

Am 18. März standen wir auf 47° S und 153° O weit südöstlich von Tasmania. Der Himmel hatte sich bezogen, aber tagsüber sahen wir ihn kaum, denn nun hieß es wieder „knacka rost" unter der Luke 1. Ganz benommen vom Rauch qualmender Laternen, kratzten und schrappten wir die eisernen Träger. Der Rost kam uns in die Augen, so daß wir kaum noch etwas sahen. Er rieselte in unsere Hemdsärmel und den Rücken hinunter. Am ganzen Körper juckte es scheußlich.

„Schade, daß Schraper nicht so viel Rost vom Schiff wie Fleisch von verdammten Händen runterkriegen", meinte Alvar am dritten Tag dieser Arbeit. Wie stets beim „knacka rost" versuchte ich an gar nichts zu denken. Seltsamerweise beschwor ich damit aber nur Visionen von allen möglichen Unannehmlichkeiten herauf: Bankrotterklärungen oder Todesfälle durch irgendwelche schmerzhaften Leiden infolge dieser gräßlichen Arbeit. Bisweilen plagten mich alle Ängste, die den Menschen unserer Zivilisation bedrohen. Wie unter dem Geheiß eines nie geäußerten Gedankens gab Alvars Bemerkung den Anstoß, nur noch so wenig wie irgend möglich zu arbeiten. Als Tria, unser Sklavenaufseher, einmal fortgegangen war, ruhten schlagartig alle Hände. Statt dessen räkelten wir uns auf Stapeln von Segeln, behielten freilich die Steigeisen in dem Raum scharf im Auge. Außerdem schlug Hermansonn ab und zu mit dem Schraper zur Vorspiegelung falscher Tatsachen gegen die Bordwand. Als eine halbe Stunde später Trias Seestiefel in der Luke auftauchten, begannen wir wütend darauf loszuhämmern und zu kratzen. Wir hätten uns diesen Aufwand an Energie sparen können, denn im selben Augenblick legte sich die *Moshulu* mit gefährlicher Schlagseite weg. Als sie unter vollem Zeug vor einer mäßigen WNW-Brise lief, hatte sie eine schwere Bö von vorn getroffen.

Noch während wir an Deck kletterten, hörten wir „två vissel". Die gewaltigen Untersegel schlugen und peitschten in einem ständig an Stärke zunehmenden Wind. Der winzige Taanila versuchte verzweifelt Ruder zu legen, und der sofort an Deck gekommene Kapitän half ihm dabei.

„Förbrassar!" befahl Tria und warf bereits die Buchten der Hanfleinen von den Nägeln, während wir die Winde besetzten. In diesem entscheidenden Augenblick ging eine der Winschtrommeln zu Bruch. Vierunddreißig Jahre lang war sie abwechselnd gebraucht und vernachlässigt worden. Jetzt legte sie die ganze Winde lahm.

„Duhnkiehus ... horry ... horry", schrie Tria, aber Sandell hatte sich bereits in Trab gesetzt.

Uns kam es wie eine Ewigkeit vor, während der wir ängstlich nach oben auf die Leinwand starrten, die sich zu merkwürdigen Gebilden formte. Wir erwarteten, daß die Schoten oder das Bramstag brechen würden. Endlich kam Sandell mit Hammer und Brecheisen. Als die Winde wieder klar war, konnten die Rahen am Fockmast gebraßt werden, so daß der Wind nun nicht mehr von vorn in die Segel fiel. Dann jagten wir achteraus und braßten auch die Rahen am Groß- und Kreuzmast. Der Erste hatte mittlerweile sofort das Gaffeltoppsegel weggefiert. Nichts war passiert, keine Leinwand war weggeflogen. Der Wind kam von nun an stetig aus Süd, und wie liefen mit dichtgeholten Schoten über Steuerbordbug. Es war alles gerade noch einmal klargegangen.

Eine Woche standen wir jetzt wieder in See. Schon begann ich zu fürchten, daß wir vielleicht gar nicht den eindrucksvollen Sturm erleben würden, auf den Mountstewart um meinetwillen so sehr hoffte, jenen wilden Sturm, der ein unentbehrliches Requisit all derer ist, die Seereisen schildern. Ganz insgeheim flehte ich, es möchten doch die großen Winde wehen. Ich zeigte Mountstewarts Brief dem Segelmacher und Kroner. Dieser Brief begann mit einigen ziemlich abgedroschenen Floskeln, von der Höflichkeit diktiert, um dann eine große Zahl technischer Fragen zu stellen, etwa über Nieten, welcher Stahl beim Bau der *Moshulu* zur Verwendung gekommen sei und ähnliche Dinge.

Du wirst diese Fragen wohl kaum selbst beantworten können, fuhr der Schreiber fort. Sowieso wäre es mir lieber, du fragtest deinen Kapitän. Der Brief schloß: Ich hoffe, daß du inzwischen das große Glück gehabt hast, einen wirklichen „Southerly Buster" oder Zyklonischen Wirbelsturm mit sehr hohen Seen, die wir „Graubärte" nannten, zu erleben. Sie kommen von achtern angerollt — ein unvergeßlicher Anblick. Mir tut es nur leid, daß dein Schiff kein langes durchgehendes Deck hat. Ein sogenanntes „*Liverpool-Haus*" mittschiffs hindert die Seen, von vorn bis hinten darüber hinwegzufegen, was die Wirkung doch sehr beeinträchtigt.

Ich dachte nicht im Traum daran, mich an unseren gefürchteten Kapitän mit Fragen zu wenden, die er vermutlich auch nicht beantworten konnte. Zunächst gab ich Kroner den Brief zu lesen. „Weißt du", meinte er, „dein Freund Mountstewart stinkt zum Himmel. Wofür zum Teufel hält er eigentlich solche Reise – für einen Film oder so was?"

Nicht viel anders reagierte der Segelmacher. „Dämlicher alter Quatschkopf", grollte er. „Soll sich mal seinen Kopf untersuchen lassen. Vielleicht bekommen wir mehr auf die Nase, als wir vertragen. Ich will nur hoffen, daß du nicht auch so blödsinnige Gedanken hast", fügte er vorwurfsvoll hinzu. Ich versuchte, ihn in diesem Punkt zu beruhigen, aber er blieb argwöhnisch und brummte noch im Weggehen: „Kopf mal untersuchen . . ."

Es wurde immer kälter. In der Nacht zum 20. März verausgabte der Kapitän vor dem Kartenhaus an jeden Mann der Besatzung einen großen Holzlöffel voll Rum, wie ich ihn noch nie geschmeckt hatte. Er mußte ganz hochprozentig gewesen sein, denn seine Wirkung konnte man wirklich nicht besser als mit dem Ausdruck „Knüppel auf den Kopf" beschreiben. Als ich ins Logis kam, lagen fast alle bereits in den Kojen — blau wie die Veilchen, aber keineswegs so sanftmütig.

Noch ehe ich meine Seestiefel ausgezogen hatte, ertönte es schon „Licht aus!" Ich nahm keine Notiz davon. Aber nun waren es bereits sechs Stimmen, die drohend forderten: „Mach' das Scheißlicht aus!" Fluchend beugte ich mich vor, holte ganz tief Luft und blies die Lampe aus, zugleich freilich ein säuberliches Loch in den Zylinder. „Dieser gottverdammte Bastard, dieser dreckige", schimpfte Hermansonn, während ich vor mich hinkichernd und fröhlich rülpsend in der Koje lag. In diesem Augenblick kam Bäckmann ins Logis. Wie ich, hatte er länger an Deck arbeiten müssen. Er war nicht gerade erfreut, als er den Raum ohne Licht vorfand. Während er das Ölzeug verstaute, konnte man seine Bewegungen an der glühenden Zigarette verfolgen. Er stolperte hin und her und fragte schließlich, wer eigentlich das Licht ausgemacht habe.

„Kossuri", verkündetete Taanila. „Kossuri, das Roßbief. Kossuri hat's Licht ausgemacht."

Mir war es schon lange völlig gleichgültig, was die Backbordwache oder irgend jemand sonst über mich dachte. Seit meinem Kampf mit Hermansonn konnten mir alle den Buckel runterrutschen.

„Du bist erste Nummer Ausguck, Taanila", sagte ich, „und ich hoffe von ganzem Herzen, daß du dabei erfrierst. Und ihr übrigen — hol' euch alle der Teufel!"

Damit schlief ich glückselig ein.

19. Sturm im Südlichen Ozean

Am 20. März stand *Moshulu* in der Nähe der Snares, einer Gruppe unbewohnter Inseln auf 48 Grad, südlich von Neuseeland. Bei Wachwechsel um Mitternacht am 19. lief das Schiff bei NNW-Wind dreizehn Knoten. Brodelnd schob sich die See unter dem Bug hervor. Ich war erste Nummer am Ruder. Kurshalten verlangte allergrößte Aufmerksamkeit.

Ich ließ die Kompaßrose keinen Augenblick aus den Augen, war ich doch fest entschlossen, nicht derjenige Rudergänger zu sein, der den Untergang der *Moshulu* durch Querschlagen verschuldete. Um ein Uhr früh wurde ich abgelöst. Völlig durchnäßt und durchfroren wollte ich gerade als „Påpass" aufziehen, als mir der Erste befahl, die Wache zu purren. Einen Schläfer nach dem anderen schüttelte ich, bis er wach war, und kein einziger war darüber begeistert. Ungeduldig trabte inzwischen der Offizier an Deck auf und ab. Endlich waren alle aus dem Logis. „Wo habt ihr die ganze verdammte Nacht gesteckt?" schnauzte er, „Nun mal schnell. Bräck bukgårdingarna på kryss royal."

Während wir über das glatte Deck zu den Gordingen des Royals am Kreuzmast stolperten, verfluchten wir lautstark den Offizier und etwas gedämpfter den Kapitän. Nachdem Yonny Valker und ich das vom Regen nasse Royal des Großmastes aufgetucht und an Deck die Leinen aufgeklart hatten, war es glücklich zwei Uhr fünfzehn geworden. Längst hätte ich als Ausguck aufziehen müssen. Aber Sorge deswegen wäre ohnehin überflüssig gewesen; denn Sedelquist erschien nicht um drei Uhr, um mich abzulösen. Eindreiviertel Stunden starrte ich also nur in den Regen.

Endlich nahte das Ende dieses „endlosen" Ausgucks. Zwanzig Minuten vor vier Uhr ging im Steuerbordlogis Licht an. Etwa eine Viertelstunde darauf stand ein Häuflein dunkler Gestalten an der Vorkante des Brückendecks. Der abzählende Offizier stellte fest, daß ein Mann — es handelte sich um Duhnkie — fehlte. Also sauste der „påpass" los, um ihn nochmals zu wecken. Höhnische Mißfallensäußerungen begrüßten ihn, als er endlich an Deck schlurfte.

Der Rudergänger wurde abgelöst. Ein Gedränge entstand an der Tür zum Logis, als die Freiwache unter Deck ging.

„Laternen brennen", sagte ich zu Vytautas, der mich ablöste, „und verdammt kalt ist es auch, und du kannst den Regen haarscharf sehen."

„Gar nicht so schön, wie?" sagte Vytautas, der weit wärmer und trockner war als ich. „Hei, wie sie läuft."

„Ich auch", gab ich zur Antwort und sauste davon, um dem Wachhabenden „Laternen brennen" zu melden. Dann ging ich halb erfroren und hundeelend ins Logis. Irgend etwas mußte zur Belebung meiner müden Lebensgeister geschehen. Als Ausguck war mir bereits der Gedanke gekommen, eine Fünfpfunddose Marmelade zu öffnen, die mich in Port Lincoln drei Shilling sechs Pence gekostet hatte. Nun setzte ich den Entschluß in die Tat um, schnitt mir eine dicke Scheibe Brot ab und bestrich sie in gleicher Dicke. Offengestanden hatte die Marmelade schon visuell keinen sehr verlockenden Eindruck gemacht. Trotzdem war ich nicht darauf vorbereitet, daß sie nach „verdammt gar nichts" schmeckte. In Port Vihk hatte eine gleichgroße Dose einen Shilling weniger gekostet. Immerhin hatte ich mich mit dem Gedanken getröstet, ich hätte gewiß für den zusätzlichen Shilling eine bessere Qualität erstanden. Und nun sah ich all die herrlichen Marmeladen vor mir, die ich mir hatte entgehen lassen. Bäckmann — Pfirsiche, köstlicher als alles, was ich bislang gekostet hatte. Alvar — Feigen; Sedelquist — Quitten; Hermansonn — Brombeeren. Und wie lecker sahen sie aus. Nur mir war es doch wahrhaftig gelungen, in einem Land, in dem alle Obstsorten der Erde überreichlich wuchsen, eine teure Marmelade zu kaufen, die nach nichts roch und wie „Zunge aus dem Fenster" schmeckte.

Keiner an der Back schien darauf erpicht zu sein, mir seine Dose zum Tausch anzubieten. Eines Tages wollte ich Sedelquist etwas abgeben. Er meinte: „Sind ja nur Apfelsinen drin. Schmeckt nach alten Bällen."

„Nach Bällen?"

„Jo, jo. Alte Golfbälle. Mußt mal Quitten versuchen. Sehr schön."

„Au fein, die würde ich sehr gern mal . . ."

Aber ungerührt fuhr er fort: „Schade daß deine Marmelade beschissen schmeckt."

Dreizehn Tage nach dem Verlassen des Spencergolfs überquerten wir den 180. Meridian. Weil die Uhren zurückgestellt wurden, erlebten wir in unmittelbarer Folge zwei Freitage. Sedelquist war tobend wütend, weil er auf zwei Sonntage hintereinander gehofft hatte, und ich stöhnte über einen zusätzlichen Tag als Backschafter. Nur Yonny Valker, dieses sture Fossil aus der Steinzeit, strahlte. Freitag und dann nochmals ein Freitag — das war ein Problem, für dessen Lösung gewiß niemand die erforderliche Geduld aufbringen würde.

„Kommt Sturm", sagte Tria am Nachmittag des ersten Freitags, als ich gerade mein Abwaschwasser über Bord kippte.

„Fein."

„Nein, nicht fein. Kommt böser Sturm", entgegnete er besorgt.

Ich fragte ihn, woher er das wisse.

„Ich weiß nicht woher, aber im Wind sitzt was Komisches, was Böses."
Da in diesem Augenblick niemand auf dem Brückendeck war, fragte ich
ihn, ob ich schnell einen Blick ins Logbuch werfen dürfe.

„Orlright", sagte er widerstrebend. „Aber laß dich ja nicht vom Käptn
erwischen." Der Skipper sah das nämlich gar nicht gern. Blitzschnell las
ich unser Mittagsbesteck:

> „24. 3. 39 — Breite 51°4' S. Länge 176°37' W. Kurs Ost.
>
> Versegelt: 282. Bar. 4 Uhr a. m. 758 mm. Mittags 754 mm.
>
> **Wind: WSW, Stärke 4."**

Ich blickte auf das Barometer. Seit Mittwoch früh war es ständig gefallen,
also bereits seit zwei Tagen. In dieser Zeit hatten wir, abgesehen von
gelegentlicher leichter Nordbrise, auf einer See bekalmt gelegen, die
grau und einförmig wie eine Steppe war. Die Albatrosse waren verschwunden. Um Mitternacht am Mittwoch war eine leichte Nordwestbrise
durchgekommen, und am Donnerstag nachmittag lief *Moshulu* bei WNW-
Wind zwölf Knoten. Als er um zwanzig Uhr auf West drehte, hatten wir
die Rahen vierkant gebraßt, die Besansegel und das Gaffeltoppsegel wurden geborgen. Über uns hin jagten graue und weiße Wolkenfelder nach
Osten. Es war jetzt sechzehn Uhr am 24. März. Der Wind stand aus WSW
und trieb das Schiff in leicht wippender Bewegung über Wogenkämme,
die eine gewaltige Höhe und Kraft hatten. Aber nicht der Wind schien
sie aufgetürmt zu haben, weit eher ausgedehnte Erschütterungen tief unten
in Meer. Rings um uns schäumte es, sprang in Schaumfontänen hoch,
schlug gelegentlich bei den Brassen des Kreuzmastes an Bord und füllte
das Hauptdeck mit quirlendem weißem Wasser. In der Luft war ein
bitterer Geschmack, und ich sah Trias Atem vor dem Mund.

„Mir will alles in Ordnung scheinen", sagte ich zu ihm.

„Jetzt gleich kommt's auch nicht, aber sehr bald kriegt dieser verdammte
Kahn mehr ab, als er verträgt. Hör's dir nur an, wenn du aufenterst."

Der Segelmacher trat zu uns. Eine Zeitlang blickte er zum Großroyal
empor, das der Wind prall füllte, dann über Bord auf die immer höher
laufende See. „Kommt Sturm", sagte er.

Hilbert stürzte gerade aus dem „Vaskrum" über Deck. Er hatte nur
frisches Unterzeug und Holzpantinen an, kein Wunder, daß ihm die
Zähne klapperten. Er sagte nur „Wind" und verschwand im Logis. Der
Erste blickte vom Mittschiffsdeck auf uns hinunter. Im Plauderton begann er: „Wird etwas zu viel Wind geben."

Ein wenig zu laut sagte ich: „Um Himmels willen."

Jetzt erst sah er mich und fauchte: „Was zum Teufel tust du hier?"

26. Ein in den Wassergang geschwemmter Mann versucht wieder auf die Beine zu kommen.

27. *Auftuchen der Bagien während einer Hagelbö. Ein Mann der Stb.-Wache sitzt auf dem Pferd und macht eine Zeising fest.*

28. *Aufklaren der Bauchgordinge bei Sturm auf dem Mitteldeck.*

29. *Ein paar Sekunden später: Der Sprung nach dem Stecktau, als eine schwere See an Bord schlägt.*

30. *Sturm: Die Stb.-Wache birgt das Großsegel.*

„Backschafter, Sir."

„Das dauert nicht einen ganzen verdammten Tag. Marsch in den Laderaum zur Backbordwache und Rost klopfen."

Ich führte den Befehl aus. Die Männer arbeiteten auf Plattformen, die über einer der Zwischendecksluken hingen. Nur noch neben Taanila war ein Platz frei. Der kleine Kerl ähnelte mit der großen Schutzbrille noch mehr als sonst einem Zwerg. Ich schwang mich zu ihm hinauf, und beim dadurch hervorgerufenen Schwanken der Plattform drehte er sich zu mir um. „Ich glaube . . .", begann er. Was, das hätte ich in diesem Augenblick wirklich gern gewußt. Glaubte er etwa, ich habe einen Messerstich in einen empfindlichen Körperteil dringend nötig? Oder glaubte er wieder einmal, er müsse mich an meine unglückselige Nationalität erinnern? Oder wollte er mir seine unmaßgebliche Meinung über das Rostklopfen nicht länger vorenthalten?

„Ich glaube, es wird . . ."

„Halt. Nicht sagen. Laß mich mal raten . . . Es wird Sturm kommen."

„Jo, jo. Woher weißt du?"

„Weil ich verdammt schlau bin."

Um siebzehn Uhr brach die schwere Kettenschot des Fockroyals an Backbord. Es gelang uns gerade noch, die Leinwand zu bergen, bevor sie in Fetzen davonfliegen konnte. Auch alle übrigen Royals mußten fortgenommen werden, dann der Jager, und schließlich enterten alle auf, um ein Gleiches mit den Untersegeln am Groß- und Kreuzmast zu tun. Während der ganzen Nacht standen zwei Mann am Rad. Der Wind legte zu, die Seen liefen immer höher und schlugen wieder an Bord. Während der Freiwache lag ich wach und horchte auf das Klappern der Lenzpforten auf dem Hauptdeck, bald auf dieser, bald nach dem Rollen auf der anderen Seite. Beunruhigt aber lauschte ich, wie durch eine Spalte über Bäckmanns Koje unablässig Wasser ins Logis tropfte. Das schien unser Wohlbefinden weit mehr zu bedrohen als das Toben der Elemente an Deck.

Am zweiten Freitag um fünf Uhr dreißig fuhr *Moshulu* immer noch die Oberbramsegel, begann aber unter dem Aufprall der hohen Seen, die wie Sturzbäche die Decks überfluteten, schwer zu arbeiten. Es war noch stockdunkel, als sechs von uns das Unterbramsegel am Kreuzmast aufgeiten. Ich war Tampsgast und konnte nur die gekrümmten Schultern des vor mir stehenden Jansson sehen, hörte jedoch Trias Anfeuerungsrufe. Wir hatten das Segel nahezu aufgegeit, als es plötzlich fast ganz windstill wurde. Uns allen war klar, daß wir im Wellental einer weit höheren Woge liegen mußten, als wir sie bisher erlebt hatten. Zu sehen war gar nichts, wohl aber spürten wir, wie sie herankam. Ganz wenig holte das Schiff nach Backbord über, um ihr zu begegnen.

„Festhalten!" brüllte jemand. Es wurde um uns noch dunkler, und dann war das Unheil da. Plötzlich drohte eine Wand über der Verschanzung. Da ich am Tampen des Geitaus stand, konnte ich im letzten Augenblick noch einen Törn der Leine um den Leib nehmen und irgendwo festen Halt suchen. Im nächsten Augenblick stürzten die Fluten über uns zusammen. Nicht daß mir die Leine fortgerissen wäre; es war eher so, als habe eine Riesenhand ganz zart über meine Knöchel gestrichen. Wie unter einem Zwang öffneten sich die Finger, und das Tau spulte wie Garn von der Rolle ab. Ich wurde fortgewaschen, stieß gegen einen anderen Körper und bekam von einem Seestiefel einen Schlag an die Schläfe. Darauf war ich ganz allein, wurde weiter gerissen und überschlug mich immer aufs neue. In meinem Kopf blitzten helle Lichter auf und verschwanden, als stehe ich nachts am Rande einer Autobahn. In den Ohren brauste es, als spiele ein großes Orchester auf gänzlich verstimmten Instrumenten. Trotz allem blieb Zeit für Überlegungen, vor allem für die eine: Das ist das Ende! Gleich darauf fielen mir die Worte eines Gedichtes ein, die durchaus auf das Geschehen paßten:

Zehn Mann holten die Fockbraß in Lee —
Sieben noch, als verbraust die Bö . . .

Das alles muß sich in Sekunden abgespielt haben. Nun schoß ich richtige Purzelbäume und stieß dauernd gegen irgend etwas Flaches, vielleicht das Süll der Luke 4 oder das Dach des Kartenhauses. Dann mußte endlich dies Hindernis hinter mir liegen. Ich hatte sehr viel Wasser geschluckt und empfand furchtbare Angst. Ist es so, wenn man ertrinkt? Ohne weiterhin gegen irgend etwas zu stoßen, trieb ich immer noch unter Wasser. Vielleicht war ich gar nicht mehr auf dem Schiff, sondern bereits über Bord gewaschen und mutterseelenallein im Indischen Ozean. Doch dann teilte sich das Wasser. Mein Kopf hieb hart gegen etwas Festes, und ich fühlte Grund unter den Füßen. Es war der Wassergang in Lee. Mein Kopf klemmte zwischen dem Deckel einer Lenzpforte und der Verschanzung. Das letzte abfließende Wasser rauschte gerade an meinen Ohren vorbei. Panische Angst packte mich, die nächste an Bord schlagende See könne mich wie Fleisch durch einen Wolf nach außenbords pressen. Das aber konnte nur mein Ende bedeuten. Taumelnd raffte ich mich auf. Das wassergefüllte Ölzeug bauschte sich um mich. Der Schlag gegen den Kopf hatte mir soweit die Besinnung geraubt, daß ich keinerlei Angst verspürte. Andererseits besaß ich noch Geistesgegenwart genug, um nach dem an Steuerbordseite ausgebrachten Strecktau zu jumpen, weil bereits die nächste See brodelnd über das Backbord-Achterschiff stürzte. Ohne etwas sehen zu können, zappelte ich hoch über dem Deck an der Leine. Gierig zerrte das Wasser an meinen Seestiefeln. Jetzt erst machte ich mir klar, welches Glück ich gehabt hatte, ohne ernstliche Verletzung davonzukommen. Mein hurtiger Sprung nach dem Strecktau hatte bewiesen, daß mir außer jenem Schlag gegen den Kopf nichts passiert war. Immerhin war mir der Klimmzug trotz des schweren Ölmantels gelungen.

Nun konnte ich auch den Weg verfolgen, den ich, unter Wasser Purzelbäume schlagend, zurückgelegt hatte. Die See faßte mich auf Höhe der Nagelbank, an der die Leinen des Kreuzmastes belegt wurden, und schwemmte mich diagonal über das Deck an den Braßwinschen vorbei. Wie leicht hätte ich mich an ihren langen Kurbeln aufspießen können. Dann war die tolle Fahrt weitergegangen — an der Nagelbank am Kreuzmast vorbei genau über Luke 3 bis in den Wassergang bei den Großbrassen vor der Kapitänskajüte.

„Wo warst du denn", fragte Tria vorwurfsvoll, als ich zu dem kleinen Häuflein der Männer stieß, die sich bis zum Bauch im Wasser den Weg übers Deck erkämpften. Sie fluchten alle und spien Seewasser aus. Hocherfreut, daß wir immer noch sechs waren, entgegnete ich Tria: „Och, nur so'n bißchen geplanscht."

„Orlright", gab er zur Antwort. „Dazu braucht man aber nicht den ganzen Tag." Keine Spur von Mitgefühl war herauszuhören. Und schon kam der Befehl: „Tag i gigtåget. Und nochmal... Uuh... eeh... uuh! Bräck sem!"

Später fragte ich Jansson: „Was ist denn eigentlich los gewesen?"

„Verfluchter Valker! Hat Schiff zu viel aufkommen lassen. Bin quer über ganzes Scheißdeck geschwommen."

Am zweiten Freitag war *Moshulus* Mittagsbesteck 50°19,4' S, 170°36,9' W. In 23½ Stunden hatte sie 296 Seemeilen abgelaufen.* Das war das beste Etmal, das sie je geschafft hatte, seit sie Erikson gehörte. Nur ganz selten konnten die Deutschen mehr aus ihr herausholen; zweimal im Jahre 1909 auf der Fahrt von Newcastle, Neusüdwales, nach Valparaiso. Damals hatte sie in 24 Stunden mit einer Fracht von 5 000 Tonnen Kohlen 300 Seemeilen zurückgelegt.

Um Mitternacht wehte es in Stärke 6 aus Südwesten. In den frühen Morgenstunden des Sonnabends enterte ich zusammen mit Hermansonn bei Graupelböen auf, um das Oberbramsegel am Großmast festzumachen. Mittlerweile stand frischer Sturm, Stärke 8, und die Rah schaukelte wie verrückt, so daß wir uns sehr schwer mit dem Segel taten. Einige Zeisinge hatten sich in den Gordingblöcken festgeklemmt und waren nicht herauszubekommen; andere fehlten ganz. Die Graupeln ließen unsere Finger absterben, bis wir vor Kälte am liebsten geheult hätten. Unter uns schufteten acht Jungen in der Takelage des Fock- und Kreuzmastes beim Auftuchen der Unterbramsegel. Am Kreuzmast waren zwei Gordinge weg-

---

Läuft man auf Südbreite nach Osten, so hat der Tag von zwölf bis zwölf nur etwa 23½ Stunden.

geflogen. Nun mußte die Leinwand mit Ersatzleinen an die Rah geholt werden, die an Deck zum Spill verholt wurden. Da ab und zu immer noch Tonnen von weißschäumendem Wasser über das Schanzkleid strömten, sahen wir die Männer an den Spillspaken immer wieder Hechtsprünge nach den Rettungsleinen machen.

„Puuh! Eine Saukälte!" schrie Hermansonn. „Raus, Kossuri. Alter Bulle ... Roßbief ... Raus auf die Nock!"

Gerade hatten wir die Rahnock erreicht, als wir ein Geräusch hörten, als ob etwas zerrisse. Es schien von unten zu kommen. Ganz benommen beugten wir uns über die Spiere, um festzustellen, ob etwa das Obermarssegel zerfetzt wäre. Dann begann Hermansonn trotz des Sturms und unserer ungemütlichen Lage herzlich zu lachen. Sofort war mir klar, daß *mir* irgendein betrübliches Mißgeschick widerfahren sein mußte. So herzlich lachte Hermansonn nämlich nur, wenn einem anderen etwas schiefging.

„Hahaha", übertönte er den brausenden Sturm. „Haha ... zum F ... lustig!"

„Was ist denn los? Sag's doch!" brüllte ich ihm ins Ohr.

„Deine Hosen. Haha ... englische Hosen sind beschissen."

Leider hatte er diesmal recht. Die Hosen meines Ölzeugs waren von oben bis unten aufgerissen, und das war wirklich ein großes Malheur. Mitten im Südlichen Ozean, einem Seegebiet mit den schwersten Stürmen, die es auf dem Erdball gibt, mit zerfetzter Ölhose arbeiten müssen — das konnte man getrost als Katastrophe bezeichnen. Im Augenblick blieb aber gar keine Zeit, mir deswegen Sorgen zu machen. Der Sturm war schreckerregend, nicht nur so stark, daß wir uns oft festklammern mußten, bis er ein wenig abflaute, er stöhnte auch so grauenhaft, wie ich es noch nie gehört hatte. Dieses Stöhnen schwoll an und schwoll ab, wie es Winde tun, die in Winternächten um alte Häuser heulen. Trotz seiner Stärke schien er aber nur der Nachzügler eines noch wilderen Aufruhrs zu sein, der sich weit von uns entfernt abspielte. Das also hatte Tria gemeint, als er mir riet, ich möge beim Aufentern genau hinhören.

Und doch gab es bei diesem Wetter an Deck sogar noch schlimmere Arbeiten. So versuchte der Zimmermann mit zwei Matrosen, die Rohre im Klosett abzudichten. Jedesmal, wenn das Schiff in ein Wellental hinabzugleiten begann, steckte es die Nase bis fast zur Back weg. Dadurch drang Seewasser in die Rohre und schoß in kompakter, eiskalter Fontäne, wie sie ein Walfisch ausstößt, in den Raum. In solchen Augenblicken standen die drei Männer in Gefahr abzusaufen und spuckten furchtbar. Mittags stand Westsüdwest, Stärke 9, und eine tückische See lief. Noch führten wir Ober- und Untermarssegel, Fock, Stagfock und Stagsegel am Besanmast. Den Vormittag verbrachte ich mit dem Versuch, die zerrissene Ölhose mit einer Segelnadel zu flicken. Hoch über uns plagte sich die Steuerbordwache mit dem Scheren neuer Bauchgordinge für das Unterbramsegel des Kreuzmastes. Die Außentüren des Logis waren zwar geschlossen, ließen aber Wasser durch, so daß es bald mehr als fünfzehn Zentimeter hoch im Spind für Seestiefel und Ölzeug und halb so hoch über dem Boden des Logis stand. Alle paar Minuten mußt ich meine Stichelei unterbrechen und mit einer Kakaobüchse ösen. Die anderen Männer schliefen. Wie kampferfahrene Krieger nutzten sie jede Minute freudig für den Schlaf, als sei er eine Medizin. Selig schnarchten sie in einem wirklich unvorstellbaren Höllenlärm. Allerdings klang das Kreischen des Windes in den Wanten und um die oberen nackten Rahen, das auf dem offenen Deck so schreckerregend gewesen war, hier wie ein fernes Murmeln, das noch vom Knirschen und Stöhnen des schwer arbeitenden Rumpfes und vom Rauschen des Wassers übertönt wurde: Wasser, das durch die Lenzpforten nach außenbords geschleust wurde; Wasser, das auf allen möglichen Kanälen ins Logis einsickerte und über den Boden floß.

Als ich mit meiner Hose fertig war, fing auch schon wieder der Dienst an, und zwar als Backschafter. Nachdem ich mich versichert hatte, daß Kroner das Abwaschwasser auf den Herd stellte, wartete ich auf ein vorübergehendes Abflauen, um auf die Back zu stürzen, von wo aus ich das ganze Schiff überblicken konnte.

Moshulu lief in der schwersten See, die ich bisher gesehen hatte, zehn Knoten. Als ich achteraus sah, begann die Poop vor meinen Augen wegzusacken. Gleichzeitig schob sich am Heck vor den Horizont ein hoher, wie Marmor glänzender kompakter Wasserwall. Immer tiefer sank das Schiff achtern, bis es aussah, als stürze es über den Steven rückwärts in einen tiefen Graben vor jener drohenden Wand — tiefer, immer tiefer bis zum Grunde des Meeres. Als es schien, wir müßten von der stahlharten Masse hinter uns unfehlbar verschluckt werden, öffnete sich an deren Oberfläche ein Spalt, und die Wand stürzte zusammen. Das Wasser wühlte sich unter den Rumpf, hob ihn an, und was eben noch eine träge, plumpe Hulk zu sein schien, verwandelte sich in einen über die Wasseroberfläche gleitenden Vogel, den der Sturm hoch über das Wellental hinweg trug.

Es war Mittag geworden. Am frühen Nachmittag fiel das Barometer auf 742 Millimeter. Eben noch ritt *Moshulu* im hellsten Sonnenschein auf den Wogenkämmen, im nächsten Augenblick rutschte sie einen langgestreckten Wasserberg hinab, auf den Regen und Hagelkörner herniederprasselten. Dabei gierte sie und begann zu rollen, wobei sie eine See so hoch wie das Kartenhaus übernahm. Wir alle waren triefend naß und keiner besaß noch trockene Sachen. Auch in meinem Vuitton war die Nässe eingedrungen. Während des ganzen Nachmittags schoren wir neue Drahtleinen als Bauchgordinge, eine kalte Arbeit, bei der wir uns nicht viel bewegen konnten. Zur Kaffeepause war eins meiner Hemden am Kombüsenfeuer trocken geworden, und überglücklich zog ich es an. Freilich dauerte meine Freude nicht sehr lange.

Kaum kam ich an Deck, als jemand meinen Namen rief. Es war der Kapitän im Ledermantel mit einer Tweedmütze auf dem Kopf. Er sah so aus, wie früher der exzentrische Engländer gern karikiert wurde. „He du", rief er mich an, „hol' mal die Lose in der Bagienschot etwas durch." Ich sprang aufs Hauptdeck, wo mich prompt eine an Bord schlagende See an Deck schleuderte. Nun, wo ich mein erstes Bad hinter mir hatte, war es mir gleichgültig, ob ich noch nasser wurde. Immerhin angelte ich bei gefährlich hohen Seen nach der Rettungsleine.

Um achtzehn Uhr flaute es ein wenig ab. Ich war gerade als Rudergänger abgelöst worden, als der Skipper schon wieder eine Arbeit für mich hatte. Er blickte prüfend nach oben, als wäge er die Chancen ab, wie ein Spieler, der sehr viel Geld für eine recht unsichere Sache einsetzen will.

„Enter auf und reiß das Großunterbramsegel aus. Woll'n mal sehen, wieviel sie verträgt. Aber etwas eilig!" Im Fortgehen hörte ich, wie Sedelquist, der mit mir am Rad gestanden hatte, vor sich hin brummte: „So'n verrückter Hund."

In meinem Innern stimmte ich durchaus mit ihm überein, schwang mich aber von der Nagelbank ins Großwant. Hoch oben schien mir der Wind so stark wie immer. Von hier aus sah das Deck so schmal wie ein Lineal aus, auf dem die Männer der Wache als winzige Puppen beisammenstanden. Sie warteten auf die vertrackte Arbeit, die Schoten des durch mich von den Zeisingen befreiten Segels durchzusetzen. Ein mir vom Wind zugetragener Ruf zeigte an, daß an Deck alles klar war. Ich warf die Zeisinge in Luv los, holte sehr viel Lose der Bauchgordinge durch, turnte zu den Wanten, wo ich mich festklammerte, als gelte es mein Leben. Die Rah begann zu wippen und zu schlagen, die Gordinge zerrten an den Blöcken, die an den Wanten festgelascht waren, so daß die Webeleinen zitterten, auf denen ich stand.

Als ich wieder an Deck kam, meinten alle, *Moshulu* werde diese zusätzliche Leinwand niemals tragen können. Nun wo die Schot des Unterbramsegels steifgesetzt war, erwies sich die Gesamttakelage als überbeansprucht. Um zwanzig Uhr brach die Schot des Obermarssegels, so daß dieses Segel geborgen werden mußte, außerdem das gerade erst gesetzte Unterbramsegel.

Die Nacht des 24. März, unseres zweiten Freitags, war gekommen. Wir alle waren durchnäßt und hatten die Arbeit gründlich satt. Wenn wir aber auch die *Moshulu* und ihren Kapitän verfluchten, so machte es uns im Grunde doch Spaß, daß er sein Schiff bis an die Grenze des Möglichen vorwärtspeitschte.

„Dieser Kapitän ist bei Sturm richtiger Bulle", meinte Sandell nach Verausgabung einer Rumration und von gutem Labskaus, einem nahrhaften Haschee aus gestoßenem Schiffszwieback, Kartoffeln und „Buffalo".

„F . . . den Skipper", entgegnete Sedelquist, der von jedem Menschen nur das Schlimmste dachte. „Der will nur seinen Namen in den Zeitungen lesen, wenn du mich fragst."

„Wenn er reinkommt, stehen wir doch auch drin", wagte ich einzuwerfen.

„Jo, Jo — in Scheißzeitung. Aber gleich auf erster Seite, mit dickem schwarzem Rand . . . unter ‚Vermißt'. So wird's aussehen."

Es war zu kalt, um sich zu streiten. Ich kroch in nasser Unterwäsche mit zwei Pullovern darüber in meine Koje. Über den Kopf hatte ich mir eine langhaarige Wollkapuze mit angestricktem Schal — einen sogenannten „Balaclavahelm" — gezogen, die über Ohren und Kinn reichte. Ich sah darin wie ein Krimkrieger vor Sewastopol auf einer bislang nicht veröffentlichten Fotografie aus.

Das Logis glich nun nicht mehr einer menschlichen Behausung. Mehrere Zentimeter hoch stand das Wasser an Deck. Mit schlurfendem Geräusch schwammen darin Hosen, Seestiefel und Ölröcke, die von den Kleiderhaken gefallen waren, langsam hin und her. Ich klemmte mich, so gut es ging, in der Koje fest und versuchte, den Leitartikel der „Times" über die Entlassung von Dr. Schacht zu lesen. Der Stoff schien mir aber so weltenfern, daß ich das Licht ohne Widerspruch löschte, als Alvar das wünschte. Kurz vor Mitternacht weckte mich die Stimme des „Påpass". Mein Unterzeug dampfte wie ein Kessel. An Deck war es entsetzlich kalt, so daß ich möglichst viel Zeug übereinander anzog, zumal ich als Ausguck aufziehen mußte: ein nasses Unterhemd und Hosen, die ich damals in der East India Dock Road gekauft hatte, zwei weitere Pullover zu den beiden, in denen ich geschlafen hatte, und meinen schweren Wachmantel. Alles troff von Wasser.

„Denk an ‚Admiral Karpfanger' und halt' gut Utkik. Kann hier viel Eis sein", brüllte Tria mir vergnügt ins Ohr und verschwand.

Angespannt blickte ich voraus, sah aber gar nichts. Rings um das Schiff Schaum, der sich wie Nebel vom Wasser hob. Der Wind war so stark, daß man sich gegen ihn lehnen konnte. Hoch über mir war der Rest der Wache in der Dunkelheit damit beschäftigt, eine neue Kettenschot am Großobermarssegel anzuschlagen. Als dies geschehen war, wurde die Rah vorgeheißt. Die Übersetzung der Winde war sehr groß, und die Arbeit dauerte lange. Erst um drei Uhr früh war die Spiere dort, wohin sie gehörte. Das Segel und außerdem das Großunterbramsegel wurden gesetzt, denn der Kapitän wollte auch dieses unbedingt fahren.

Umsonst. Das Barometer fiel weiter, und um fünf Uhr mußte die Steuerbordwache es wieder festmachen. Es war der 25. März.

„Ich glaube, es kommt Sturm", sagte Tria.

„Und was haben wir nach Ihrer Meinung jetzt?"

„Verdammt gar nichts."

„Allmächtiger!"

Nach dem Frühstück machte ich in äußerst schlechter Laune Backschaft, war ich doch von einer See an Deck geworfen worden, als ich ins Steuerbordlogis wollte, und hatte mein schönes heißes Wasser eingebüßt.

Plötzlich tauchte Taanila auf. „Komm", sagte er.

„Wieso? Ich bin Backschafter."

„Offizier, er sagt: ‚Bräck gårdingarna på stur övre märs'."

„Da haben wir's", meinte Kroner, als ich nach achtern ging. „Die Obermarssegel. Nun wird's wirklich ernst."

„Das verdammte Backschaftmachen ärgert mich. Ich hab' doch kein heißes Wasser."

„Ich setz' was für dich auf", antwortete er. „Du findest es vor, wenn du zurückkommst."

„Vielleicht komm' ich gar nicht zurück", sagte ich und kam damit der Wahrheit näher, als ich es mir träumen ließ.

Als wir alle beisammen waren, löste der Erste die Handbremse an der Winde für das Obermarssegelfall und ließ die Trommel rotieren. Die fünfundzwanzig Meter lange Spiere begann die eingefettete Schiene an der Vorderseite des Kreuzmastes hinabzugleiten. Während die Luvschot immer weiter gefiert wurde, geiten wir in Luv auf und besetzten die Bauchgordinge. Auf der Leeseite war die Arbeit leichter, und ohne Zwischenfall wurde das Segel aufgetucht. Am schwierigsten war das Fockobermarssegel. Alle Gordinge klemmten, und mehr als die Hälfte der die Leinwand am Jackstag festhaltenden Bändsel war gerissen. Auch der äußere Block für die Gordingleine hatte sich selbständig gemacht und schlug wild umher. Als wir die weggefierte Rah in vierundzwanzig Meter Höhe über dem Meer erreicht hatten, zögerten wir, bevor wir auf den Fußperden zur Rahnock hin auslegten, weil der nicht dichtgeholte Bauch des Segels häufig vom Sturm über die Spiere geschlagen wurde. Aber dann trieben uns die Rufe der Offiziere „Schneller! Schneller!" doch weiter. Der Sturm war von unvorstellbarer Stärke. Man konnte nicht mehr von einem Brüllen, Kreischen, Heulen oder Singen sprechen. Kraft und Lärm dieses Windes, je nach der Masthöhe, auf der man von ihm gepackt wurde, ging weit über diese Begriffe hinaus. Das war kein Stürmen mehr, vielmehr schien es, als werde die Atmosphäre buchstäblich zerfetzt. Kraft und Toben waren von einer Allgewalt, so ungeheuerlich wie der Himmel, gewaltiger als das Meer. Der Menschenverstand bäumte davor zurück und flüchtete sich ins Nichts.

In diesem Zustand eines völligen geistigen Vakuums, in dem man alles

gelassen hinnimmt, sogar die Möglichkeit des Todes, geschah es — —.
Ich stürzte rückwärts von der Rah.

Ich hatte ganz außen an der Luvseite gearbeitet und warf gerade eine
Zeising los, ehe der eigentliche Kampf mit der Leinwand begann, als
das Segel ohne jede Warnung urplötzlich aufwärts schlug. Das halbe Fußliek des Marssegels, zwölf Meter Segeltuch so hart wie Eisen, traf mich
und fegte mich wie ein Blatt Papier vom Fußperd.

Zeit zur Überlegung blieb mir nicht. Keine plötzlichen Gewissensbisse
wegen begangener Missetaten; kein blitzschnelles Abspulen meines bisherigen Lebens vor meinem inneren Auge. Dafür ein beglückender Ruck,
und ich fand mich im Luvwant wieder, etwa anderthalb Meter unter der
Rah. So schnell ich konnte, kletterte ich auf sie zurück und arbeitete weiter.
Furcht empfand ich auch jetzt noch nicht. Sie überfiel mich erst sehr viel
später. Dreiviertel Stunden brauchten wir für das Festmachen der Luvseite. Immer wieder hatten wir das Segel fast auf der Rah und immer
wieder entriß es der Sturm unseren Fingern.

Mein Nebenmann am Mast war Alvar gewesen. „Was war los?" fragte
er, als wir wieder an Deck standen.

„Ich bin abgestürzt."

„Hab' nicht gesehen", sagte er ganz enttäuscht. „Ich glaub' dir auch
nicht."

„Verdammt nochmal. Nur weil du's nicht gesehen hast, mach' ich es nicht
noch einmal."

„Ich glaub' nicht."

„Also gut. Das nächste Mal sag' ich's dir vorher, wenn ich abstürze."

„Is' auch bessär", war Alvars Antwort.

Am Sonnabend, dem 25., standen wir auf 50° 7' S, 164° 21' W. Das Etmal
nach gegißtem Besteck betrug 241 Seemeilen, nach Gestirnsbeobachtungen
228 Seemeilen. An den beiden vorangegangenen Tagen hatte *Moshulu*
296 und 282 Seemeilen abgelaufen, aber infolge der hohen See und der
erforderlichen Kürzung der Leinwand verminderte sich ihre Fahrt durchs
Wasser zusehends. Das Barometer fiel in den Keller: 746 ... 742 ... 737
Millimeter. Achteraus ging die Sonne unter und warf ein wäßriggelbes
Licht auf die über uns hinwegjagenden schwarzen Wolken. So kalt wie
jetzt war es noch nicht gewesen. Windstärke 9, also ein starker Sturm,
schleuderte hohe Seen an Bord. Ich fühlte mich schrecklich verlassen. Das
scheinbar so riesige und starke Schiff war zu einem Nichts, zu einem Staub-
korn im Ozean geworden. Wir standen 2000 Seemeilen östlich von Neuseeland, 3000 Seemeilen von der Küste Südamerikas entfernt. Vom nächsten bewohnten Land im Norden — Cook Islands und Tahiti — trennten
uns 2000 Seemeilen freien Seeraums. Im Süden aber lag nur das Eis der
Antarktis und Finsternis. *Moshulu* lief vor Seen, die in ozeanischer Weite,

wie es sie sonst nirgendwo auf der Erde gab, bergehoch getürmt worden waren. Diese Seen stürmten so gewaltig und groß daher, weil sie auf der Jagd rund um den Erdball kein Hindernis fanden. Aber auch der Wind ließ das Schiff zwergenhaft klein erscheinen. Schon jetzt hatte er eine unbeschreibliche Stärke erreicht. Tria aber meinte, das sei erst der Anfang.

In diesem Augenblick wußte ich zum erstenmal in meinem Leben mit unumstößlicher Gewißheit, daß es einen allmächtigen, aber auch einen barmherzigen Gott gibt. Fast alle an Bord empfanden ähnlich, wenn auch keiner darüber sprach. Was wir hörten und sahen, ging weit über das hinaus, was Menschen für gewöhnlich erleben. Es flößte uns tiefe Ehrfurcht ein.

Bis Mitternacht war ich Rudergänger, und Jansson half mir. Wir lösten Yonny Valker und Bäckmann ab. Mit dem üblichen „Törn om" trat ich neben Yonny auf das Podest und tastete mit dem Fuß nach dem Pedal der Bremse. „Törm om", wiederholte Yonny, um zu zeigen, daß er sich als abgelöst betrachtete. „Ossnorross", lispelte er und gab mir den zu steuernden Kurs an: ONO. Noch im Weggehen fügte er hinzu: „Nicht mehr Backbord." Das leuchtete mir durchaus ein, denn im Augenblick lagen wir ONO ½ O an. Da das Schiff stark rollte, war es schwer, haargenau Kurs zu steuern. Jedenfalls deutete ich seine Bemerkung dahin, daß er das Ruder bereits so weit nach Backbord gelegt hatte, wie er es für erforderlich hielt.

Sehr schnell mußte ich meinen Irrtum erkennen. Yonny hatte mir das Rad in Hart-Steuerbord-Lage hinterlassen. Kein Wunder, daß das Schiff weiter nach Steuerbord wegdrehte. Ehe Tria begriffen hatte, was vorging, zeigte *Moshulus* Nase nach Südost. Leider verlor der Dritte völlig den Kopf, begann furchtbar zu brüllen und drehte die Haube des Kompasses auf Jansson zu, aber nicht weit genug, denn im Endeffekt konnten wir nun beide die Rose nicht mehr sehen. In diesem Augenblick tauchte der Erste Offizier auf. In der Annahme, Jansson sei der eigentliche Rudergänger, entlud sich über dessen Haupt ein furchtbares Donnerwetter. Nicht einmal die Tatsache, daß ich in Luv stand, brachte ihn zu der Einsicht, daß ich der Schuldige war. Die Muskelkraft von uns vier Männern war erforderlich, um das Schiff wieder auf Kurs zu bringen. Dann entlud sich ein weiteres Gewitter über dem armen Jansson, der schon eine ganz rote Nase bekommen hatte.

„Ich war schuld", schrie ich dazwischen, laut genug, um den Sturm zu übertönen.

„Halt's Maul! Halt's Maul!" brüllte der Erste derart wütend, daß ich nichts mehr zu sagen wagte. „Halt's Maul oder, Hölle und Teufel, es geht dir verdammt dreckig." Und ich hielt mein Maul.

Später entschuldigte ich mich bei Jansson, es täte mir wirklich sehr leid.

„Orlright", meinte er. „Kopf fast ab, aber nicht ganz. Komm, kochen wir uns Kakao im Duhnkie-Haus."

Bei fallendem Barometer legte der Sturm immer mehr zu. Um vier Uhr früh 733 Millimeter, nach der Beaufort-Skala war das Windstärke 10, also voller Sturm. Die Steuerbordwache barg um drei Uhr das Großobermarssegel. Nun liefen wir unter Untermarssegeln und Fock vor dem Sturm. Achtern war das ganze Deck überflutet.

„Noch bißchen mehr", sagte Sandell, „Sie verträgt noch bißchen mehr." Ganz langsam begann es zu dämmern, weil nachtschwarze Wolken dicht über dem Schiff hingen. Hagel, peitschender Regen und Schneegestöber wechselten ab. Um fünf Uhr wurde die Wache gepurrt. Noch ehe der Offizier seine Befehle gab, wußten wir weshalb. „Undra märs skot", sagte Sedelquist. „Müssen Untermarsschoten schricken, bevor zu spät."

Das Hauptdeck ähnelte einem Riff. Nur gelegentlich ragten die oberen Hälften der Winden und die Luken aus dem Wasser hervor. Es war merkwürdig: noch vor einer Woche hatte ich beim Verschalken der Lukendeckel durch schwere Balken solche Vorsichtsmaßnahmen für überflüssig, zum mindesten für übertrieben gehalten. Nun aber fragte ich mich, was wohl geschehen werde, wenn eine der Seen, die erschreckend an Klippen gemahnten, uns einholte und von achtern überlief.

An Deck brodelten häufig tosende Wassermassen um uns. Dann jumpten wir nach den Strecktauen, an denen wir bisweilen minutenlang zappelten. Nach dem Schricken der Schoten lief das Schiff jedoch ruhiger, und auch die Gefahr, daß Segel aus den Lieken wehten, hatte sich verringert.

Um sechs Uhr gingen wir durchfroren, aber mit dem Gefühl, Sieger geblieben zu sein, zum Kaffeetrinken unter Deck.

„Was für ein Schiff", sagte Sandell. „So was hab' ich noch nicht erlebt. Die meisten Schiffe — Fock weg und beidrehen. Die hier aber liebt Wind — jawohl, sie liebt Wind." Dann fügte er hinzu: „Aber wenn wir Fock bergen müssen ... mein Gott! ... das wird was!"

Die Wolken verzogen sich. Es wehte bei ganz klarem Himmel in Stärke 10. Um acht Uhr erreichte der Sturm seine höchste Geschwindigkeit — nach Beaufort-Skala Stärke 11. Ein Schiff aus Holz hätte dabei sehr wohl untergehen können und ein weniger seetüchtiges als *Moshulu* hätte beigedreht und wäre nach Lee abgetrieben, während es unter einem Trysegel am Wind gehalten wurde.

Solange der wilde Sturm dauerte, hatten die Schweine erbärmlich gequiekt. Das konnte ihnen in ihren engen Stahlsärgen wirklich kein Mensch übelnehmen. Um sechs Uhr begannen wir, ihre Koben auszumisten, auf einem vor sehr hoher See laufenden Schiff ein schwieriger Job. Drei Mann wurden dafür benötigt.

„Um Himmels willen, laß sie bloß nicht weglaufen", warnte Tria, als wir die eisernen Freßtröge mit Brechstangen durch die Tür hebelten. Kaum hatte er es gesagt, als August und Philimon, in der Annahme, das Schiff gehe unter, die aus Lukendeckeln gebaute Sperre durchbrachen, vermutlich um sich Plätze im Rettungsboot zu sichern. Philimon, der die Führung übernommen hatte, tobte zwischen Trias Beinen hindurch. Prompt setzte sich der Dritte in den stinkenden Brei, den wir aus den Koben geschaufelt hatten. August folgte dicht auf. So schlitterten sie auf ihren Achtersteven in den Lee-Wassergang. Es war ein Kunststück, sie wieder herauszubekommen. „Wohl besser, wir essen sie, bevor sie außenbords gehen", meinte ich, während wir mit August kämpften, der unter Wasser strampelte.

„Von mir aus möglichst bald", stimmte Tria zu.

Moshulu trug weiterhin ihre Leinwand, der Sturm aber trat in sein letztes und eindrucksvollstes Stadium. Wohl waren wir kalt und naß, aber viel zu aufgeregt, um schlafen zu können. Einige gingen auf die Back, blieben aber nicht lange, denn bei einem solchen Sturm war es schwer, sich dort auf den Beinen zu halten. Andere standen im Schutz der Back und blickten nach achtern, wo Seen so hoch wie ein dreistöckiges Haus auf uns zu rollten. Ebenso imponierend wie ihre Höhe war übrigens ihre Länge. Die Entfernung zwischen den Kämmen zweier Wellenberge ließ sich nur ungefähr nach der Länge unseres Schiffes abschätzen. Wir kamen zu dem Ergebnis, es sei annähernd die vierfache Länge, also rund 460 Meter oder ungefähr der vierte Teil einer Seemeile.

Pechschwarz und schimmernd wie Jet näherten sich die Riesen bedachtsam dem Heck. Die stiebenden weißen Kämme leuchteten in der Sonne und zischten unheimlich, wenn feiner Schaum bis zur Höhe der Rah des Großsegels emporgeschleudert wurde.

Ich enterte am Fockmast auf. In Lee des gewaltigen Untersegels war man bis zum Mars noch leidlich geschützt. Von dort ging es wesentlich schwerer hinauf zur Saling, wo ich mich fest an die Wanten preßte. In einer Höhe von 39 Metern und bei einer Windgeschwindigkeit von 110 Stundenkilometern hörte ich ringsum nichts als ein ganz und gar unirdisches Kreischen. Über mir stand die nackte Oberbramrah und über ihr die des Royals, zu der ich jetzt hinaufturnte. An derartige Höhen hatte ich mich mittlerweile gewöhnt. Die kahle, im Sonnenlicht gelb schimmernde Rah stöhnte und knarrte unheimlich in ihrer Führungsschiene. Das hohle Pfeifen des Windes durch den Block des Falls und hoch darüber ein blaßblauer, kalter, in seiner Unendlichkeit beklemmender Himmel — alles erfüllte mich mit großer Angst und brachte mir meine Winzigkeit zum Bewußtsein. Das Schiff tief unter mir bot ein unvergeßliches Bild. Bisweilen wurde das ganze Achterdeck mit Luken, Winden und allem anderen fortgewischt, wenn eine Wasserwand darauf stürzte. Aber wie ein Wild, das die Hunde bereits niedergerissen hatten, schüttelte sich die tapfere *Moshulu,* hob sich und gab die ihr auferlegte Wasserlast durch die Lenzpforten dem Meer zurück.

Ich öffnete meine Kamera und wollte den Linsendeckel aufsetzen. Aber der Sturm wehte ihn überBord. Infolge des Sprühnebels konnte ich im Sucher fast nichts erkennen. Ich stellte den Zeiger auf „unendlich" und knipste. Schon das war schwer genug.

Als ich kurz darauf dicht hinter dem Kartenhaus stand, fegte eine Riesensee über die Verschanzung und zerstob auf seinem Dach. Ich konnte gerade noch die Kamera schließen, aber nicht mehr das Futteral. In trüben Vorahnungen ging ich ins Logis. So naß der Apparat auch geworden war, der Film wenigstens hatte keinen Schaden genommen. Die Kameraden sahen mir interessiert zu, als ich die Kamera auf den Kopf stellte und als Wasser aus dem Kompurverschluß tröpfelte. „Ich muß ihn schon auseinandernehmen, sonst rostet er", erklärte ich. Alle hielten das für einen weisen Entschluß, den ich sofort in die Tat umsetzen müsse.

„Nein. Erst wenn der Sturm nachgelassen hat. In dem Ding sind wer weiß wie viele Federn."

„Steck's in Offen", riet Sedelquist. „Ich würde Kock bitten. Soll's austrocknen."

Mittags lagen weitere 228 Seemeilen hinter *Moshulu.* Seit dem Beginn des Sturms hatten wir achtzehn Längengrade überquert, und jetzt stieg das Barometer stetig. Die Steuerbordwache setzte erneut die Fock- und Großobermarssegel, und im Lauf des Nachmittags schütteten wir weitere Leinwand aus. Immer noch schlugen hohe Seen an Bord, und häufig mußten wir von den Fallwinschen zu den Rettungsleinen flüchten. Als ich aufenterte, um die Bauchgordinge zu überholen, kam ich in ganz schlechter Laune wieder an Deck, denn nun war mir auch noch mein Messer über Bord gegangen.

Um einundzwanzig Uhr hatte es sich ausgestürmt, aber es lief immer noch eine gewaltig hohe See. Die Luft war klar und kalt, und am Himmel stand die dünne Sichel des zunehmenden Mondes. Um zwei Uhr morgens — am Montag, dem 27. — wurde das Großroyal gesetzt. Zwei Stunden darauf liefen wir unter vollen Segeln.

20. Am Kap Horn

Nach jedem schweren Sturm erwachte meine Liebe zu unserem Schiff aufs neue. Zunächst war die Leinwand dunkel von der Nässe. Da waren sie alle wieder: Obermarssegel, Bramsegel, Royals; schließlich die Schratsegel — die Klüver und die am Besanmast. Strebte das ganze Gebäude himmelhoch, dann trocknete alles sehr schnell, und auf blendendem Weiß flimmerte die Sonne, und der Wind umspielte es.

Diesmal freilich währte es nicht lange, genau gesagt nur einen Tag, dann wehte es wieder hart aus WNW und NW. Von Dienstag bis Mittwochmitternacht loggten wir bei Windstärke 6 bis 8 297 Seemeilen; von zwölf bis zwanzig Uhr lief das Schiff am schnellsten. In diesen acht Stunden schaffte es 114 Seemeilen. Bisweilen kam es sogar auf fünfzehn Knoten. Dann stand das ganze Schanzkleid unter Wasser. Die Mittwochnacht war bei Windstärke 8 schwarz und eiskalt. Alle Hände mußten ran, um Leinwand wegzunehmen. Das Schiff stampfte, segelte aber hervorragend.

So blieb es zunächst. In neun Tagen brachten wir 2450 Seemeilen hinter uns und liefen von 176° 37′ W bis 119° 12′ W. Diesen Meridian kreuzten wir am 1. April, immer noch südlich vom 51. Breitengrad. Wir froren mittlerweile entsetzlich und zogen soviel Kleidung wie möglich an. Sogar die Finnen jammerten und erschienen in wild aussehenden Schafpelzen mit schwarzen Pelzmützen auf dem Kopf. Jeder ließ seinen Bart mit mehr oder weniger großem Erfolg wachsen. Meiner gehörte zu den scheußlichsten, und mein Gesicht erinnerte fatal an eine Stachelbeere. Viele Sachen übereinander zu ziehen hatte nur als Rudergänger und Ausguck Sinn. Alle Arbeit in der Takelage dagegen wurde dadurch schwieriger, manchmal sogar gefährlich. Auch für den Ausguck konnte es sich nachteilig auswirken, wie das folgende Beispiel zeigt:

Eines Nachts befahl mir Tria, die Backbord-Positionslaterne nachzusehen „Qualmt wie Höllenfeuer. Trimm mal Docht", sagte er. Zu der überdachten Halterung der Laterne gelangte man vom Inneren des „Båtsmans Skap" durch eine enge Öffnung. Ich trug vier Pullover und darüber den Ölmantel. Kein Wunder, daß ich in der Öffnung klemmte. Ohne eine Möglichkeit, mich bemerkbar zu machen, geriet ich in Gefahr, am Rauch der

Laterne zu ersticken. Hilflos hing ich eingezwängt und litt sehr unter Klaustrophobie*. Endlich gelang es mir nach vieler Mühe, die qualmende Lampe zu löschen. Wenn mich nur nicht ein Mann wie Hermansonn befreite! Sein skurriler Sinn für Humor würde ganz bestimmt aus meiner Lage reiches Kapital schlagen. So verging eine lange Zeit, bis plötzlich jemand meine Seestiefel packte und sie mir auszog. Einen Augenblick überfiel mich panische Angst, der Betreffende wolle mich an den Fußsohlen kitzeln. Zum Glück aber war es Tria, der nicht zu so albernen Scherzen aufgelegt war.

„Was fällt dir ein, hier die ganze Nacht zu verbringen?" fragte er, nachdem er mich herausgezerrt hatte. „Förste Styrman tobend wütend. War schon lange acht Glasen, und von dir kein Ton."

Vom Deck her drang die Kälte durch die Sohlen unserer Stiefel. Kroner und ich litten darunter am meisten, weil wir Gummistiefel trugen. Alle Finnländer und die Männer von den Åland-Inseln besaßen dagegen Lederstiefel, die sie gut einfetteten. Demnach erwiesen sich die Erzeugnisse eines nicht industrialisierten Landes als überlegen.

„Ich lese gerade ein Buch von Watkin, ‚Die letzte Expedition'", erzählte mir Kroner in einer bitterkalten Nacht, in der ich ihn als Ausguck ablöste. „Darin heißt es, das beste Mittel gegen Fußkälte sei ein Auspolstern der Stiefel mit Gras."

„Großartig! Erinnere mich bloß daran, daß ich auf der nächsten Reise ja nicht vergesse, etwas Gras einzupacken."

„Ich glaube nicht, daß es für mich eine nächste Reise geben wird", entgegnete Kroner.

Der Kapitän sorgte für uns, so gut er konnte. Nach besonders schwerer Nachtarbeit bekamen beide Wachen häufig Rum. Gegen fünf Uhr stand dann in der Morgendämmerung ein durchnäßtes und durchfrorenes Häuflein vor dem Kartenhaus. „Nimmst du Wasser?" fragte der Skipper jeden einzelnen, genauso, wie vermutlich meine Mutter auf der anderen Hälfte der Erdkugel zu einem Gast sagte: „Nehmen Sie Milch ... oder Zucker?" Wir verzichteten alle auf Wasser.

Mit dem Rum im Leibe verging der Rest der Wache wie im Traum. Sogar das Ausmisten der Schweinekoben machte mir nichts mehr aus, zumal die lieben Tiere durch die Trostlosigkeit des Meeres beachtlich geläutert zu sein schienen und keinen Ärger mehr machten. Erst wenn die Wirkung des Rums verflogen war und ich mich in dem feuchten, ungeheizten Logis umblickte, wo stets eine Wolke kalten blauen Dunstes hing, wünschte ich mir, ganz woanders zu sein. Die Kälte und das Bedürfnis, unsere Blutzirkulation in Gang zu bringen, ließ uns in der Freizeit Ringkämpfe auf-

---

* Angst vor geschlossenen Räumen.

führen. Im allgemeinen aber wechselte unser Leben zwischen Essen und Schlafen. Zur Abwechslung spleißte Yonny Valker eines Tages ein Grummet aus Tauwerk und forderte uns zum Tauziehen auf. Der ehrliche Wettstreit wurde so ausgetragen, daß sich die Gegner an der Back gegenübersaßen, das Grummet gepackt hielten und aus Leibeskräften zogen. Dann kam Hermansonn auf den Gedanken, die Hände aus dem Spiel zu lassen und dafür die Schlaufe um den Hals zu legen. Bei den Vorrunden versammelte sich stets ein zahlreiches Publikum in der Hoffnung, mindestens einer der Kämpfer werde erwürgt. Zu meiner großen Überraschung überstand ich alle Kämpfe siegreich. Sofort bemühte sich das Backbordlogis darum, einen Champion zu ermitteln, leider aber dachte kein Bewohner des Steuerbordlogis daran, an einem Strangulierungs-Wettbewerb teilzunehmen. Sie schworen alle auf die altmodische Methode des Ziehens mit einer Hand. Die Endrunde wurde also vorerst abgesagt.

Lag das Schiff zwischendurch einmal leidlich ruhig, dann versuchte ich meinen Compurverschluß zusammenzusetzen. Seine Teile bewahrte ich in einer Zigarrenkiste auf und arbeitete oft stundenlang. Dabei kauerte ich auf meiner Koje und war vor Ärger bisweilen den Tränen nahe. Es war aber auch wirklich zum Verzweifeln. Manchmal öffnete sich der Verschluß und blieb offen. Ein andermal blieb er hartnäckig geschlossen oder surrte wie eine Kuckucksuhr und blinkerte ununterbrochen. Traurig und neidisch dachte ich an die Feinmechaniker in Jena, von denen ich durch die halbe Welt getrennt war. Endlich nach einer Woche harter Arbeit erreichte ich es, daß Momentaufnahmen von etwa $^1/_{25}$ Sekunde möglich waren. Damit mußte ich mich zufrieden geben.

Vier weitere Tage kamen, an denen das Wetter für diese hohen Breiten ganz ungewöhnlich schön war. Es wehte ein strammer Dwarswind, und das Barometer stand hoch. Gelegentlich kamen Regenböen. In der Nacht herrschte fast immer eisige Kälte. Am Himmel wechselten herrliche weiße Kumuluswolken und tiefschwarze Wolkenbänke ab. Hin und wieder zeigte sich der Mond zwischen ihnen. Einmal sahen wir sogar bei hellem Mondschein einen Regenbogen. Standen wir Ausguck, dann hielten wir gute Ausschau, nicht nur nach Eisfeldern, sondern auch in der Hoffnung, *Pamir, Passat* oder *Viking* zu entdecken, die sich irgendwo in dieser Wasserwüste herumtreiben mußten. Albatrosse gab es nur wenige, weit weniger, als wir im Indischen Ozean gesehen hatten.

Am 4. April — unser Standort war 51° S und 107° W und der Wind Südost — hielten wir endlich, mit dichtgeholten Schoten über Backbordbug segelnd, auf Kap Horn zu.

Am 6. April wurde die große weiße Sau geschlachtet. Während sie selig eine Lockspeise aus Kartoffeln mampfte, erhielt sie den tödlichen Schlag. Die ganze Besatzung sah dem grausigen Schauspiel zu.

„Fein. Morgen Pfannkuchen", sagte Jansson.

„Wie kannst du aus Schweinefleisch Pfannkuchen machen?"

„Mit viel Blut und Marmelade. Toller Fraß."

Der 27. Tag der Heimreise war Karfreitag. Es herrschte Kälte, und Sturm schien im Anzug. Dazu stand eine gewaltig hohe See, und Regenböen prasselten unablässig aufs Deck. Beim Mittagsbesteck standen wir auf 54° S, 88° W. Sehr schnell näherten wir uns der Küste Patagoniens. Das Mittagessen wurde zum orgiastischen Verzehr von Schweinebraten und Blutpfannkuchen, die ekelhaft aussahen. Wir aßen sie mit Melonen-Marmelade. Nach dem Schweinefleisch waren sie des Nahrhaften fast zu viel. Wir fühlten uns alle wie erschlagen. Ich unterhielt mich mit Kroner über Diktaturen und Diktatoren und meinte: „So eine Mahlzeit müßte man Hitler täglich geben. Das würde ihm das Handwerk legen, denn mit so viel Schweinefleisch im Bauch kann kein Mensch arbeiten."

„Immerhin kannst du trotzdem finstere Gedanken wälzen, wie ich es im Augenblick gerade tue."

„Das mag stimmen, aber einen Unterschied gibt's da wohl doch. Du würdest wohl kaum Leute umbringen — Juden und andere."

„Fast jeden würde ich liebend gern umbringen, ganz gewiß alle, die nicht mehr jung und tüchtig sind. Hinterher würde ich alles niederbrennen . . . Häuser, Bibliotheken, Museen . . ., den ganzen Mist. Und dann würde ich mit den paar vollkommenen Exemplaren der Menschenrasse, die übriggeblieben sind, eine neue Aufzucht beginnen."

„Und das unter freiem Himmel? Du hast doch eben erst sämtliche Gebäude verbrannt."

„Wen ich auch sonst noch umbringen würde, mit dir würde ich ganz bestimmt anfangen. Du bist der typische Engländer. Nichts nimmst du ernst, und schwachsinnig bist du auch. Du hast schon lange aufgehört, deine Daseinsberechtigung unter Beweis zu stellen — also weg mit dir!"

„Seit ich dir zuhöre, habe ich meine Ansicht über Hitler geändert. Jetzt glaube ich nicht mehr, daß er nur von Salat und Nüssen lebt. Jetzt bin ich fest überzeugt, daß er insgeheim Schweinefleisch futtert."

So ging es noch eine ganze Weile weiter. Dann sagte Kroner: „Weißt du was, Newby? Im Grunde ist mir alles scheißegal, aber was mir einen Haufen Spaß macht, das ist wirklich bitterböses Polemisieren."

Zum Abendessen gab es wiederum Schweinefleisch. Die Nacht war sehr dunkel und kalt; ein leichter Regen fiel. Der Wind stand in Stärke 5 aus Südwest. Wir liefen dreizehn Knoten und nahmen viel Wasser über. Mir war richtig übel, als ich von der Back in die unter dem Steven brodelnde See blickte. Sehnlich wünschte ich, ich könnte einmal nach Herzenslust seekrank sein. Am folgenden Tag klarte es auf, und der Wind sprang auf SSO. Zwei Mann standen am Rad. Mittagsbesteck: 80° W, 55° S. In den letzten 23¹/₂ Stunden hatte *Moshulu* 283 Seemeilen gesegelt und acht Längengrade überquert.

„Sieht vergnügt aus", sagte Sails und deutete auf den Skipper, der von der Poop aus sein Schiff überblickte. „Er sagt, wenn möglich will er Land sichten."

Wir waren fast mit dem Essen fertig, als die Tür zum Logis aufflog. Pipinen in einem alten, geflickten Ölmantel tauchte auf. Sein Gesicht war weiß von verkrustetem Schaum.

„Alle Mann an Deck!" Schon war er wieder verschwunden.

„Was ist denn los?" fragte ich im Hinauslaufen.

„Der Jager", gab jemand zur Antwort, als wir auf die Back kletterten. Zwanzig von uns sammelten sich dort, und schon schrickte Pipinen die Schot des Jagers. Der Wachhabende warf das Fall los, und wir anderen besetzten den Niederholer auf dem Vordeck. Als sich das Segel senkte, knallte es wie Kanonenschüsse. Der Block der Schot hämmerte dauernd auf der Seereling. Plötzlich rauschte die Leinwand ganz schnell nach unten. Einen Augenblick leuchtete die Stablaterne des Offiziers auf.

„Orlright", hörten wir seine Stimme. „Newby, Taanila, Erikson … auslegen und festmachen. Eine Hand fürs Schiff!" Und dann: „Babordsvakt, bräck bukgårdingarna på kryss royal. In frivakt."

Wir legten auf den Bugspriettstagen zum Jager aus, also zum vordersten Klüver. Noch konnten wir ihn nicht sehen, hörten aber sein Schlagen. Das Schiff lief wie der Teufel — vierzehn Knoten. Das ganze Schanzkleid war unter Wasser. Die hochgeschleuderte Bugsee zerstäubte, und der Gischt wurde von der Backbordpositionslaterne rot angestrahlt. Der Bug grub sich in die See. Sie sprang uns Männer auf dem Bugspriet an, als wolle sie uns herunterspülen. Jetzt waren wir beim Segel und warfen uns darauf, als es in unserer Richtung wehte. Was der Offizier zuvor über „Eine Hand fürs Schiff" gesagt hatte, war hier fehl am Platz. Hier konnte es nur heißen: beide Hände oder gar keine Hand. Endlich hielten wir das Liek unter unsere Leiber geklemmt und trommelten mit den Fäusten den Wind aus der Leinwand. Dabei mußten wir gleichzeitig mit den allzu fest angezogenen Zeisingen kämpfen. Nach dem Loswerfen hatten wir sie um Segel und Bugspriet zu nehmen.

„Kossuri, halt mich mal an verdammte Hosen", schrie Taanila mir ins Ohr. Ich griff mit der Hand unter seinen Ölmantel und packte Gürtel und Hosen ganz fest, als er sich auf das Fußperd kniete. Dort fing er die Zeising auf, die Yonny und ich ihm zuwarfen, und nahm sie oben über das Segel und unter dem Bugspriet hindurch. Was für ein Glück, daß ihn dabei seine Mutter nicht sehen konnte. Vielleicht galt das gleiche für uns alle.

Die Royals waren bereits geborgen, und die Oberbramsegel würden bald folgen, als wir endlich wieder auf dem festen Deck standen. Für mich war es an der Zeit, den Rudergänger abzulösen. Die Offiziere hatten in den Luvwanten eine Persenning aufbringen lassen, in deren Schutz sie kauerten. Sie froren, während ich schwitzte, fühlte man sich doch nach dem Auftuchen eines so ungebärdigen Segels, wie es der Jager war, nicht viel anders, als wenn man ein paar hartumkämpfte Sätze Tennis absolviert hat. Nach kurzer Zeit öffnete sich in der Finsternis über uns ein schmaler Spalt, und es klarte auf. Hinter geballtem Sturmgewölk trat der Mond hervor und warf einen gespenstischen Schein über das Wasser. Ich mußte an die *Admiral Karpfanger* und ihre sechzigköpfige Besatzung denken, die irgendwo in dieser Wasserwüste spurlos verschwunden waren. Noch kein Jahr war das her. Als um Mitternacht Rum ausgegeben wurde, verflogen diese trüben Gedanken ein wenig. Naß, aber warm und vergnügt rülpsend krochen wir in unsere Kojen.

Gegen zehn Uhr am Sonntag erblickten wir, als sich ein Wolkenvorhang hob, etwa fünfzehn Seemeilen backbord querab eine Viermastbark. Offenbar kreuzte sie dicht am Wind wie wir nach Süden, stand aber in Lee von uns.

Eine gewaltige Aufregung bemächtigte sich unser. Es konnte sich nur um eins von drei Schiffen handeln: *Passat*, *Pamir* oder *Viking*. *Viking* hatte Port Victoria drei Wochen vor uns, am 16. Februar, verlassen. Eigentlich mußte sie längst Kap Horn gerundet haben und ziemlich weit nördlich im Südatlantik stehen. Auch *Pamir* war vor uns am 8. März versegelt, während *Passat* Port Lincoln am 9. verlassen hatte.

„Skepparen wird sich freuen", meinten alle, aber das war eine Untertreibung, denn der Skipper strahlte. Durchs Glas hatte er bereits festgestellt, daß der Unbekannte auch Bramsegel fuhr, die Bagien jedoch aufgetucht war. Ich hörte, wie er zum Zweiten sagte: „Wir wollen die Royals setzen." Sofort enterten drei Jungen zum Loswerfen der Zeisinge auf, während der Rest der Wache sich an den Royal-Fallen klarhielt. Die verbleibenden Stunden des Vormittags verbrachte ich beim Segelmacher. Wir sprachen über eine erstaunliche Vielzahl von Themen, aber zu allem wußte er etwas Vernünftiges zu sagen. In mein Tagebuch schrieb ich damals: Den Morgen verbrachte ich mit dem Segelmacher in seiner Kammer unter der Poop. Dorthin war er übergesiedelt, als es in der Segelkoje zu kalt wurde. Wir unterhielten uns nacheinander über Britannien in der Jungsteinzeit, Runen, Segelschiffe und Homosexualität. Von Zeit zu Zeit verließ ich ihn und kletterte bis zur Mastspitze des Besans, um nach der anderen Bark Ausschau zu halten.

Einmal konnte ich ihm melden: „Jetzt hat sie fast alle Segel gesetzt; gerade eben die Royals und die Bagien. Auch Stengestagsegel fährt sie. Vom Rumpf ist nicht viel zu sehen, aber größer als die *Viking* sieht sie mir aus."

Alle meine Nachrichten quittierte Sails mit einem lakonischen „Gut“. Jetzt aber wurde er gesprächig: „Die kommt uns niemals nahe. Kein Schatten einer Hoffnung. Kein Mensch darf unser Schiff langsam nennen. Nach dieser Reise nicht mehr, nicht, nachdem Mikael sie gefahren hat. Was denn? In zwei Stunden 27, in vier 57, in acht 114 und an einem Tage 296 Seemeilen, noch dazu an einem Tag von 23¹/₂ Stunden. Und das alles voll geladen! Wir werden's ihnen schon zeigen, besonders dem Arschloch X.“ Hier fiel der Name eines sehr eingebildeten und sehr unbeliebten Kapitäns von Erikson.

Aber meine Audienz bei Sails war vorüber. „Nun mach', daß du rauskommst“, sagte er und klemmte sich die Brille auf die Nase. „Will ja nicht den ganzen Tag mit dir vertrödeln, lieber noch ein bißchen lesen.“ Dabei schwenkte er ein Buch in der Hand.

„Was ist es denn?“

„Englische Geschichte fürs Volk . . . hab's schon dreimal gelesen.“

„Allmächtiger. Warum das?“

„Ich versuche herauszubekommen, weshalb die Limeys so dämliche Hunde sind.“

Ostersonntag. Der Koch hatte sich besondere Mühe gegeben. Es gab Tomatensuppe. Sie war aber viel zu heiß. Dann Schweinefleisch und eine große Schüssel voll Pudding mit Pflaumenmus. Da es ganz so aussah, als könne das Fleisch kalt werden, fingen wir damit an und gingen dann zum Pudding über. Anschließend kam die mittlerweile abgekühlte Suppe an die Reihe und nochmals das Fleisch. Danach war freilich für mich die Zeit gekommen, als Rudergänger aufzuziehen. Mit rebellierendem Magen stieg ich in meinen Wachmantel und schlich an Deck. Während ich Hilbert ablöste, enterte gerade der Erste nieder. Er hatte sein Doppelglas umgehängt und verkündete: „Es ist die *Passat*. Hab' sie gerade von der Saling aus erkannt. Der alte Lindvall wird bestimmt fuchsteufelswild sein. — Nun laß mal das Großroyal etwas voller stehen.“ Damit ging er lachend unter Deck, um dem Kapitän Meldung zu machen.

Über Backbordbug lief *Moshulu* zehn Meilen dicht am Wind. Die Rahen lagen fest an den Backbord-Backstagen an. Erst steuerten wir Ost zu Nord, aber als der Wind ein wenig raumte, Ost zu Süd. Eine Regenbö überfiel uns. Die Wolkenränder waren ausgefranst. Während ich noch mit dem Rad kämpfte, faßte uns der Wind bereits von vorn, und der soeben an Deck gekommene Kapitän fluchte vernehmlich. Wie aus Rücksicht auf ihn zog die Bö ab, der Regen hörte schlagartig auf, und blauer Himmel, mit Wattebäuschen von Wolken übersät, stand über uns.

„Paß gefälligst besser auf, du Held der Meere“, sagte der Kapitän voll beißender Ironie zu mir.

Die *Passat* mit ihrem schneeweißen Knochen vorn im Maul war ein herr-

31. *Sturm: Eine riesige See überschwemmt das Mitteldeck und ... die Kamera.*

32. Sturm: Festmachen des Obermarssegels am Kreuzmast – Wind WSW, Stärke 9.

33. *Orkan im Südlichen Ozean (Stärke 10 bis 11). Das Schiff fährt nur Unter-mars- und Untersegel am Fockmast. (Aufgenommen von der Rahnock die-ses Mastes nach achtern.)*

34. *Eine gewaltig hohe Wasserwand im Südlichen Ozean.*

licher Anblick. Mit einem Mal hatte unsere Reise ein ganz anderes Gesicht bekommen. Sie war zum Prüfstein seemännischen Könnens, zu einem richtigen Wettrennen geworden. Ich dachte an Eddy an Bord der *Passat* und wieviel Spaß ihm das alles machen würde. Beim Abschied hatte er noch gesagt: „Ich besuche dich in London, und dann kaufe ich mir einen riesengroßen Rasierpinsel aus Dachshaar in der Burlington Arcade."

Der Wind raumte ein, zwei Strich, so daß wir die Brassen ein wenig schrickten. Das Schiff sprang sofort darauf an und flog nur so durch den stiebenden Gischt.

„Können die da drüben uns schlagen?" fragte ich Sedelquist.

„Pah! Uns schlagen?" antwortete er triumphierend und fuhr ohne die ihm sonst eigene Überheblichkeit fort: „Niemand kann uns schlagen."

Und an jenem Tag dachten alle an Bord der *Moshulu* dasselbe. Mochte nun noch geschehen, was wollte, die Reise hatte sich gelohnt.

Um sechzehn Uhr hatten wir *Passat* weit achteraus gelassen, und als es dunkelte, verloren wir sie in einer Hagelbö ganz aus Sicht.

Wir sahen sie nie wieder. Um zwei Uhr dreißig am Montag früh brach die Großroyalschot, und wir mußten an anderes denken. Um drei Uhr sprang der Wind auf SSW, so daß wir nun nicht mehr mit dichtholten Schoten zu segeln brauchten.

„Heute runden wir Kap Horn", sagte Tria. Er war meine einzige Verbindung zum wirklichen Geschehen, der einzige der Achterwache, an den ich mich wenden konnte, wenn mir an einer Auskunft lag. Wohl ließen der Kapitän, der Erste und Zweite gelegentlich gegenüber den Rudergängern ein Wort fallen. Aber das waren Krümel, welche die Olympier gnädig denen streuten, die in abgrundtiefer Unwissenheit hinvegetierten. Im übrigen stammte unsere Weisheit nur aus Vermutungen und meinem winzigen Atlas. Nachdem Tria mich über unseren ungefähren Standort unterrichtet hatte, pirschte ich mich vorsichtig an das Kartenhaus heran. Mittlerweile hatte ich es gelernt, den dort drohenden Gefahren aus dem Weg zu gehen. Mit einem Ohr lauschte ich, ob etwa der Kapitän den Niedergang heraufkam, mit dem anderen auf die Schritte des Ersten an Deck. Gleichzeitig gißte ich unser ungefähres Mittagsbesteck. Schon am Tage zuvor hatten wir vor der südlichsten Spitze Südamerikas gestanden, also südlich von Tierra del Fuego und vom Kap Horn. Ich konnte mich eines Gefühls der Enttäuschung nicht erwehren. Als ich damals Mountstewart in seinem phantastischen Arbeitszimmer lauschte, wenn er von „Rund Kap Horn" sprach, hatte ich immer geglaubt, für die Kapitäne der großen Segelschiffe sei es ein ungeschriebenes Gesetz, in Sicht des Kaps zu runden — um mit meinem Mentor zu reden: „einen Steinwurf weit" von den schwarzen Klippen, jedenfalls so nahe, daß Indios, die dort oben zu Besuch weilten, ins Schiff hineinlugen konnten. Im Augenblick aber standen wir sechzig Seemeilen weiter südlich! Halb und halb erwartete ich, auf dem Wasser Bojen herantanzen zu sehen, die Flaggen mit der Inschrift trugen: „Sie sind jetzt im Mountstewart-Land."

Mir tat es auch leid, daß wir das Kap ausgerechnet am englischen Bankfeiertag rundeten. Irgendwie verlor das Ereignis dadurch an Romantik. Es hätte mich gar nicht so sehr überrascht, wenn Motorboote mit Feuerländern aufgekreuzt wären, deren Plakate besagten: „Rund Kap Horn und zurück!"

Aber trotz allem rechtfertigten im Lauf des Tages Meer und Wetter den ominösen Ruf dieser Gegend, die auf einmal alles andere als prosaisch zu sein schien. Vielleicht kam es daher, daß in diesem Seegebiet allzu viele Segelschiffe von Seen überlaufen oder entmastet, zu viele vom Eis eingeschlossen worden waren. Das Wetter änderte sich dauernd. Bald war es bitterkalt, und die Wolken hingen bei ungewöhnlich schlechter Sicht sehr tief, bald überschütteten Regengüsse das Schiff. Um zwanzig Uhr begann es zu schneien. Wenn auch keine rauhe See stand, so war doch das Wasser ständig in einer gewaltig schaukelnden Bewegung wie das in einer Badewanne hin und her schwappende Naß.

Genau wie bei Inaccessible Island wimmelte es auf dem Meer und in der Luft von Vögeln: Neugierige schwarzgesichtige Fulmare mit weißgefiederten Leibern und an der Oberseite braunen Schwingen, wandernde Albatrosse, silbergraue Sturmschwalben, die wie Perlen schimmerten, Petersvögel, die ziel- und hilflos in den Wellentälern flatterten und viel zu zierlich und winzig für diese öde Gegend schienen.

Um zwanzig Uhr mußte ich in die Takelage. „Noch ein paar mehr Anschlagbändsel ans Untermarssegel am Kreuzmast. Und halt mal gut Ausschau nach Diego Ramirez", hatte Tria gesagt.

Auf der Untermarsrah war es scheußlich kalt. Mein dicker Wachmantel schien bei einem Wind, der geradewegs vom polaren Eis her wehte, aus Papier zu sein. Eben wollte ich niederentern, als ich weit nördlich von uns eine Insel sichtete.

Der Käpten war an Deck, als ich unten ankam. Von dort aus war das Land nicht zu sehen.

„Land, Sir", meldete ich in der leisen Hoffnung, er würde mir dafür einen Sack Gold schenken, vielleicht gar meine Heuer erhöhen.

„Islas Diego Ramirez", antwortete er und las weiter aus dem Segelhandbuch für Südamerika, Teil 2, auf dem sein Unterarm ruhte, folgendes vor: „Der Gipfel ist 196 Meter hoch und schneebedeckt. Während der günstigen Jahreszeit sind die Inseln meistens bewohnt."

Sofort hatte ich wieder das mühsam verdrängte Gefühl von etwas ganz Prosaischem — Bankfeiertag in England. Plötzlich kam mir der Skipper wie ein „Beefeater" vor, wie einer jener mittelalterlich uniformierten Leibgardisten, die Besucher durch den Tower in London führen. Gut hätte ihm die Uniform zu Gesicht gestanden. Ich hörte förmlich, wie er sein Verslein herunterleierte: „Und hier ist das ,Verrätertor'. Früher wurden die Gefangenen auf der Themse hierher gebracht und dann die Stufen dort drüben zum ,Blutigen Turm' hinaufgeführt. Heute wird es nicht mehr benutzt."

Um siebzehn Uhr „rundeten" wir auf 56° 50' Südbreite Kap Horn. In den dreißig Tagen seit dem Verlassen von Port Victoria hatten wir mehr als 6000 Seemeilen gesegelt. Genau zwei Tage darauf standen wir querab vom Südteil der Falkland-Inseln, nachdem wir weitere 450 Seemeilen, meistens bei WNW-Wind, zurückgelegt hatten.

„Wir machen ganz bestimmt eine Rekordreise", sagte Kroner, als wir uns einmal kurz sprachen. Fast die ganze Freiwache verbrachten wir jetzt in der Koje, denn die Tage waren kalt und noch kälter die Nächte im Logis, wo alles die eisige Kälte des Todes atmete. Und nun rechnete Kroner mir vor: „Dreißig Tage von Port Vic bis zum Horn, stimmt's?"

„Das stimmt."

„Zwei Tage bis zu den Falklands, stimmt's?"

„Wird wohl." Diese Art einer rhetorischen Befragung verdroß mich, kannte ich sie doch nur zu gut aus vielen Unterhaltungen in irgendwelchen Kneipen.

„Kap Horn bis zum Äquator ist schon in achtzehn Tagen geschafft worden. Die Laeisz-Schiffe konnten es, also können wir es auch. Aber schön, sagen wir ruhig zwanzig. Das wären dann fünfzig. Äquator bis zum Lizard wurde schon in sechzehn abgesegelt. Wir können also die ganze Reise in sechsundsechzig Tagen schaffen. Soviel hat die *Swanhilda* gebraucht."

„Nimm lieber bis Queenstown dreißig Tage an."

„Orlright, also dreißig. Dann sind's immer erst achtzig. Besser als *Parma.*"

„Du bist vielleicht ein dußliges Luder", unterbrach ihn Sandell, der gerade vorbeigekommen war und uns zugehört hatte, denn Privatgespräche gab es an Bord nicht. „Wenn du wirklich glaubst, wir werden das schaffen, dann bist du blöde. Dies ist doch keine Scheißelektrische, sondern ein Segelschiff. Wenn wir viel Glück haben, brauchen wir bis Queenstown 95 Tage. Viel weniger gewiß nicht."

21. „Wie Frühling nach Winter"

Für die meisten von uns war die Reise bereits geschafft. Sobald wir im Südatlantik standen, verschlechterte sich unser Verhältnis zu den Offizieren. Für uns alle aber war Kap Horn ein „Memento mori" gewesen, ein Gerippe im Kleiderschrank.

„Nun kein Rostpicken mehr", sagte der Erste bald nach dem Passieren der Falkland-Inseln.

„Fein", entgegnete ich begeistert. Da er mir umgänglicher als sonst zu sein schien, fügte ich hinzu: „Das klingt ja fast zu schön."

„Jo, jo." Er äffte meine Stimme nach. „Zu schön. Dann fang nur gleich mit Putzen an."

„Was denn putzen?"

„Alle Deckslichter". Mit einer alles umfassenden Handbewegung deutete er an, daß sämtliches Teakholz an Bord gemeint war. Gleichzeitig behielt er mich scharf im Auge, um mich wenn möglich dabei zu ertappen, daß ich mich über sein schlechtes Englisch amüsierte. „Alles scheuern ... all das Tickzeug."

Später sagte ich zu Kroner: „Du, ich glaube, der Kerl spricht in Wirklichkeit gar nicht so schlechtes Englisch. Er möchte mich nur zum Lachen bringen, damit er mich dann wegen Unverschämtheit in Eisen legen kann."

„Ich bin sogar der Meinung, daß er zu eurem Secret Service gehört", spann Kroner den Gedanken weiter. „In Wirklichkeit ist der Bursche Engländer, der so tut, als sei er ein Finnländer schwedischer Abstammung, der einen Engländer nachäfft."

Wir wuschen das Teakholz zunächst mit Ätznatron und polierten es anschließend mit der sogenannten „Bibel"*. Die Spuren des Ätznatrons haben sich an meinen Händen nie ganz verloren.

Schon immer war der Erste arbeitswütig gewesen. Jetzt schien er gänzlich durchzudrehen. Kaum hatte er uns eine Arbeit zugewiesen, als er bereits schrie: „Är det färdigt?" Dann sagte wohl einer von uns, ein besonders

---

* Von jeher nennen Seeleute einen in Segeltuch gewickelten Holzklotz, den sie zum Deckscheuern usw. benutzen, eine „Bibel". Der Übersetzer.

wagemutiger Rebell, ohne die Lippen zu bewegen, aber vernehmlich vor sich hin: „Hau bloß ab."

Sogar Tria wurde unerträglich. Eines Tages verstieg er sich zu der Äußerung: „Schade. Verdammt schade, daß Scheißwind jeden Tag umspringt."

„Wieso schade?" fragte ein Matrose.

„Zu viel brassen, zu wenig Arbeitsdienst."

„Nanu. Arbeit ist doch wohl beides ..., oder wollen Sie sich einen Orden verdienen?"

Mit dem Ersten Offizier wurde es täglich schlimmer. Kaum hatte er uns zu einer Arbeit eingeteilt, als er uns schon an eine andere schickte. Eines Tages kam es zu einem gewaltigen Krach zwischen ihm und Tria, unserem Vorarbeiter und Sklavenaufseher in einer Person. Wir lauschten der Auseinandersetzung mit dem ehrfürchtigen Staunen von Kindern, die Zeugen eines Streits zwischen den Eltern werden. Worum es eigentlich ging, war mir klar, weil die Unterhaltung vorwiegend in Englisch, wenn auch in schlechtem, geführt wurde. Ob sich die beiden gar zur Übung in dieser Sprache zankten? Vielleicht war es in der finnländischen Handelsmarine bei der Kapitänsprüfung eine beliebte Aufgabe: „Führen Sie fünfzehn Minuten lang ein beliebiges Streitgespräch auf Englisch. Auf grammatikalische Richtigkeit kommt es dabei weniger an als auf den Gebrauch von Grobheiten. Sie werden in erster Linie zensiert."

Hinter Hermansonn, der an Deck sitzend mit einem Schraper hantierte, stand drohend der Erste. Plötzlich sagte er in eisiger Ruhe: „Dieser Stütze..." Was dann folgte, wurde herausgebrüllt:' „... hat verdammt kein Rost!" Tria stand in der Nähe und geriet außer sich. Auch er hielt einen Schraper in der Hand. Erst begann er, ihn wie ein Dirigent seinen Taktstock zu schwingen, dann feuerte er ihn wutentbrannt an Deck und schrie in derselben Lautstärke: „Was alle Teufel!"

Der Erste schien überzuschnappen. „Komm hierher", donnerte er. Tria kehrte sich nicht daran, sondern ging zum Mitteldeck, obwohl ihm nochmals die furchterregende Stimme des Ersten befahl: „Komm her!"

Ehe er im Offizierswohndeck verschwand, drehte Tria sich um und rief: „Ich geh scheißen. Wenn Sie reden, kackert's mich immer."

An jedem Sonnabend öffnete der Kapitän seine Schlappkiste. Dann wurde folgendes harte Urteil über ihn gefällt: „Dieser geizige Schuft! Ein Shilling neun Pence für fünfzig zollfreie Capstan-Zigaretten!" Tatsächlich bewies unser Skipper eine Geschäftstüchtigkeit, die allenfalls von der des „bloody Gustav" übertroffen wurde. Jeden Sonnabend versuchten wir aufs neue, den wirklichen Preis der Zigaretten festzustellen. Seine stereotype Antwort lautete: „Die hier sind billiger, die dort teurer." Am Ende der Reise erfuhren wir es dann genau, denn von unserer Heuer waren gewaltig hohe Schulden abgezogen.

Drei verschiedene englische Zigarettenmarken gab es in der Schlappkiste, außerdem finnländische in Packungen von fünfzig Stück. Das Zeug war so winzig und widerlich wie Taanila. „Kein Wunder", sagte Kroner zu Karma, „daß bei euch in Finnland die Geburtenziffer ständig sinkt."

Außer Zigaretten verkaufte der Kapitän noch australischen und holländischen Tabak, Zigarettenpapier, Streichhölzer und Sunlichtseife. Keinerlei Leckereien, nicht einmal Marmelade; keine Bedarfsartikel, nicht einmal Bordmesser. Der Kapitän nahm es jedenfalls in bezug auf eine vorsichtige Lagerhaltung mit jedem gewiegten Geschäftsmann an Land auf.

Während sich die Laune der Offiziere zusehends verschlechterte, besserte sich die Stimmung im Logis. Die Unterhaltungen beim Essen wurden in einem Kauderwelsch aus Schwedisch, Deutsch, Finnisch und Englisch geführt, mit viel Temperament und noch mehr Obszönitäten. Man hielt sich nicht mit Zweideutigkeiten auf, wie wir sie bei der Firma Wurzel gegenüber Miß Reidenfelt anzuwenden pflegten. An unserer Back wurden, meist mit vollem Munde, Eindeutigkeiten herausgebrüllt, an denen Rabelais seine helle Freude gehabt hätte. Perversitäten kamen nicht vor. Vielleicht waren wir dafür zu abgekämpft, vielleicht aber stanken wir auch zu sehr. In allererster Linie drehten sich die Gespräche ums Essen. Daneben standen freilich reizvolle Mädchenbilder aus Magazinen ebenfalls hoch im Kurs. Was aber im Logis aufgehängt wurde, bestimmte nicht der einzelne. Darüber entschied eine Kommission. Sie urteilte so streng, unberechenbar und völlig unlogisch wie eine ähnliche Körperschaft bei der Königlichen Akademie der Künste, nur daß unsere Jury weit anspruchsvoller war. Lautete das Urteil „Lausig scharf", dann durfte das Bild angeklebt werden, was mit einem Kleister aus Kartoffelbrei am Schott hinter der Koje des Besitzers geschah. War dann der betreffenden Schönen in schwülen Träumen Gewalt angetan, so geriet sie prompt in Vergessenheit. Erst wenn das Schott frisch gepönt werden sollte, was nicht gut ohne Entfernung des Bildes ging, erklärte der Besitzer entrüstet, es sei ihm schlechthin unentbehrlich.

Das viele auf die Back kommende Schweinefleisch und der scharfe Wind hatten unseren Appetit gewaltig gesteigert, so daß wir hungriger als je zuvor waren. An einem Sonnabend wurden drei Dosen kondensierte Milch wenige Stunden nach Verausgabung restlos vertilgt. Düster zeichneten sich sieben milchlose Tage vor unserem inneren Auge ab. Auf Nachtwachen machten wir uns dadurch das Leben zur Hölle, daß wir uns herrliche Diners vorgaukelten und sie in Gedanken verzehrten.

Zum Glück wurde es von Tag zu Tag wärmer, seit am siebenten Tag nach der Umrundung des Horns ein merklicher Wandel in der Temperatur eingetreten war. Nun konnten wir schon auf Freiwache in Arbeitshosen an

Deck herumlungern, statt unter vielen Schichten von feuchter Wolle vor Kälte zu zittern. Die See war nicht mehr wild und grau, sondern herrlich blau mit schneeweißer Garnierung. Das Schiff sah taufrisch und jung aus und war frühmorgens voller Sonnenschein.

„Wie Frühling nach Winter", meinte Sedelquist.

Im Hinblick auf den Passat schlugen wir eine Fock aus dem Jahre 1934 an, und prompt trat eine Wetterverschlechterung ein. Der Wind drehte von Ost auf Ostsüdost und dann auf Südost.

„Kommt großer Sturm auf", sagte Sandell, wobei er einen weiten Kreis mit seiner Rechten beschrieb. „Dreht rund."

„Woher weißt du das?"

„Woher? Weil Wind rechts dreht und bläst wie in Hölle. Jetzt Südost; nicht lange, dann West."

Es war die Nacht zum 20. April. Wir mußten das Fockobermarssegel festmachen. Dann schoß der Wind auf Südsüdost aus, und wir mußten auch das Großobermarssegel bergen. Um zweiundzwanzig Uhr wehte Südwind, Stärke 9. Die Untermarssegelschot brach, und das Segel wehte aus den Lieken. Im nächsten Augenblick war es nichts als ein formloser, peitschender Lappen. Es bedurfte aller Hände, um die Reste aufzutuchen. Während wir noch an den Geitauen arbeiteten, schlugen schwere Seen an Bord und erwischten die Backbordwache. Sechs von uns wurden von den Kreuzwanten fortgeschwemmt. Wieder einmal schoß ich Purzelbäume unter Wasser, und andere Jungen trieben in meiner Nähe.

Immer weiter drehte der Wind. Jetzt stand er bereits aus SSW in Stärke 10. Zum Glück hatte der Regen aufgehört. Mit achterlichem Wind von Backbord jagten wir unter nur drei Segeln vor dem Sturm her. Es handelte sich um zwei Untermarssegel und jene Fock aus dem Jahr 1934, welche die Beanspruchung überraschend gut aushielt. Um dreiundzwanzig Uhr ging die Steuerbordwache ins Logis, nachdem sie ununterbrochen elf Stunden an Deck gearbeitet hatte. Schon um Mitternacht löste sie uns wieder ab. Nach einer Stunde drehte der Wind weiter, über SW auf WNW.

Den ganzen Morgen verbrachten wir mit Segelsetzen. Allein bei der Marssegelrah mühten wir uns eine halbe Stunde an der Winde mit dem Fall ab, weil Duhnkie die Lager nachgezogen hatte. Endlich konnten wir gegen fünf Uhr unter Deck gehen. Auf der Back stand eine ganze Flasche Rum.

„Käpten will sich bei uns beliebt machen", sagte Sedelquist bei ihrem Anblick gallig. „Brauchst ihn ja nicht zu trinken, oder?" antwortete ihm Sandell. „Hei, sei mal etwas vorsichtig mit dem verdammten Korken, wenn du nichts haben willst."

Während des Nachmittags drohte ein finsterer Himmel, und das Barometer fiel auf 757 Millimeter ein. Um ein Uhr morgens am 22. wehten veränderliche Winde, und wir legten das Schiff auf Backbordbug, was für

nur eine Wache harte Arbeit bedeutete. Um drei Uhr fiel heftiger Tropen-
regen.

Plötzlich schlief der Wind ein. Es regnete nicht mehr. Totenstille herrschte, so daß ich Männer auf der Poop sprechen hörte.

Neben mir sagte Sandell: „Fällt mir doch nicht ein ... wie war Name? ...
komm nicht drauf ...“

„Welcher Name?“

„Name von verdammten Ding, was gleich passiert.“

Im selben Augenblick hörten wir schon die aufgeregte Stimme des Kapitäns
aus der Finsternis. „Bräck gårdingarna på kryss övre bram.“

Gerade hatten wir das Segel mit der auf höchsten Touren laufenden Winde auf die Rah hinuntergefiert, als auch schon das ganze Schiff vor und
hinter dem Kartenhaus in einer darüber hinweglaufenden See verschwand.
Mit einem explosionsartigen Knall barst das Oberbramsegel am Fockmast,
und im nächsten Augenblick wehte es, nur noch ein ausgefranster Leinwandfetzen, nach Lee davon.

Vier Stunden später, nachdem wir ein neues Bramsegel angeschlagen und
alle geborgene Leinwand aufs neue gesetzt hatten, sagte Sandell: „Jetzt
weiß ich. Heißt Pampero. Ganz dicker Wind aus Südamerika.“

Am 22. April fanden wir endlich auf 28° S und 30° W den Südost-Passat.
Nun konnten Kroner und ich die Freiwachen wieder in unseren Hängematten verbringen. Der frische, aber warme Wind schenkte uns erst eine
braune, dann eine nahezu schwarze Gesichtsfarbe. Geruhsam unterhielten
wir uns über eine Zukunft, die so fern schien, daß sie uns ganz unwirklich
vorkam.

An einem unwahrscheinlich schönen Tage beobachteten wir die fliegenden
Fische. Sie fegten dicht übers Meer, das von einer starken Briese zu weißem
Schaum gepeitscht wurde. „Weißt du“, meinte Kroner, „man müßte Hitler
und Mussolini als Wache auf ein Feuerschiff setzen, und es hier irgendwo
verankern. Dann konnten sie kein Unheil mehr anrichten. Sie würden auch
gar nichts anderes mehr tun wollen, als sich Schwielen ansitzen, bis sie eines
Tages vergnügt verhungert wären.“

„Jawohl. Genau wie wir ... Buffalo zum Mittag. Ich stehe jedenfalls
schon kurz vor dem Verhungern. Vergnügt bin ich aber gar nicht“,
entgegnete ich, weil ich keinerlei Lust zu einer pseudo-philosophischen De-
batte verspürte.

„Man kann mit dir einfach nicht ernst reden“, antwortete Kroner gereizt.
„Du denkst immer nur an deinen Bauch.“

Nachts kostete es große Mühe, sich wachzuhalten. Wenn ich Påpass war,
nickte ich meistens ein halbes dutzendmal ein. Als Gegenmittel rauchte
ich eine Zigarette nach der anderen, schirmte sie aber sorgsam gegen Sicht
nach achtern ab, wo die Offiziere waren. Auch das half wenig beim Kampf

gegen ein unbezwingbares Schlafbedürfnis. Erst wenn mir die Zigarette die Finger verbrannte, schreckte ich so weit auf, daß ich mir am Stummel eine neue anzünden konnte.

Schlimmer war noch die Zeit am Ruder. Einmal betrat ich nach der Ablösung das Kartenhaus, um Tria den Kurs zu melden. Sein Kopf ruhte auf der Seekarte des Südatlantiks. Mehrmals brüllte ich ihm „Nordnordost" ins Ohr, machte damit aber nicht den geringsten Eindruck. So ließ ich ihn friedlich weiter schlummern und schnarchen.

Mit dem schönen Wetter kehrten natürlich auch die Wanzen zurück, leider in noch stärkerem Aufgebot als auf der Ausreise. Ein paar qualvolle Nächte, dann überließen wir das Logis wiederum seinen Ureinwohnern. Vier Tage darauf, am 26. April, stand immer noch ein frischer Passat. Beim Wachwechsel um Mitternacht rief der Zweite: „Wer ist Ausguck?" Ich meldete mich. „Paß gut auf!" schärfte er mir ein. In der Annahme, wir würden auf meiner Wache eine vielbefahrene Route kreuzen, löste ich Kroner auf der Back ab. „Mir hat keiner was gesagt", meinte er. „Ich weiß nur, daß es verdammt dunkel ist."

Er hatte recht. Es war sogar unheimlich finster, und die Aufgabe des Ausgucks wurde dadurch sehr schwer. Ich starrte angespannt in die nächtliche Schwärze. Zu allem Unglück zogen auch noch unaufhörlich Regenwolken quer vor unserem Bug vorbei. Schließlich tanzten vor meinen Augen lauter dunkle Punkte und bunte Lichter, bis ich mir einbildete, es seien große Dampfer, die genau auf uns zuliefen. Um solche Zwangsvorstellungen loszuwerden, erprobte ich etwas, das Mountstewart einen alten Trapperkniff genannt hatte. Erst tat man so, als gehe einen die Sache überhaupt nichts an, und blickte ganz woanders hin. Ruckartig aber starrte man in die Richtung, aus der Gefahr drohen konnte. Ein wenig erinnerte dieses Verfahren an jenes Spiel, bei dem ein Kind den anderen, die sich heranpirschen, den Rücken kehrt. Dreht sich aber die Hauptperson blitzschnell herum, so müssen die Mitspieler zu Salzsäulen erstarren. Schon wollte ich des Spiels müde werden, als ich rechts voraus etwas entdeckte, das dunkler und unbeweglicher zu sein schien als die Wolken. Ganz dicht über der Oberfläche des Meeres lag es. Einen Augenblick zögerte ich. Dann aber wollte ich lieber für einen Idioten gehalten werden, als alle Verantwortung allein tragen. Ich packte schon den Glockenklöppel, um dreimal zu glasen, als plötzlich der Erste Offizier neben mir stand.

„Was ist? Sehen du Gespenster?" fragte er in überheblichem Ton. Statt einer Antwort wies ich stumm nach vorn, wo jetzt deutlich eine kompakte schwarze Wand zu erkennen war.

„Martin Vas", rief er und sauste über den Laufsteg aufs Brückendeck. Gleich darauf der laute Befehl an den Rudergänger: „Hård babord!" Die *Moshulu* begann abzudrehen. Nach zehn Minuten hatten wir drei einzelne

Felsen querab, die steil aus dem Meer stiegen; zwei lagen dicht nebeneinander, der dritte als einsamer Gipfel etwas weiter entfernt. Eine Stunde später war nichts mehr von ihnen zu sehen.

„Glück hade haft ... in halber Stunde wir genau in die hinein", schloß der Erste den Zwischenfall ab.

Das unerwartete Auftauchen von drei Felsen mitten im öden Südatlantik hatte auf mich einen tiefen Eindruck gemacht. Am folgenden Tag lieh Kroner meinen Gedanken Worte, als er meinte: „Ist doch schon seltsam. Drei Inseln — eben noch mutterseelenallein. Plötzlich aber für Augenblicke ein Schiff — Lichter — Menschen. Dann ist alles wieder verschwunden. Die Lichter verlöschen, die Stimmen verhallen. Nur noch kurze Zeit das Kielwasser — eine über Bord geworfene Zigarettenkippe, die sich auflöst. Dann nichts mehr. Nur der Wind, der über die drei Felsen fegt. Wie lange es wohl dauert, bis wieder ein Schiff kommt."

Und der Passat wehte. Westwind, Kälte, Nässe — fast schon eine schnell verblassende Erinnerung. Nun war der Dienst des Rudergängers viel leichter. Hatte er das Rad übernommen, so machte er es sich bequem. In einer Stunde brauchte er nur gelegentlich ein, zwei Speichen Backbord oder Steuerbord zu drehen. Nachts konnte der Påpass getrost auf einem Lukendeckel liegen, seine Pfeife rauchen und durch das schwarze Dschungel der Leinen zu den blendend weißen Segelpyramiden emporstarren, die vor dem klaren Nachthimmel standen. Sein einziges Problem bestand darin, nach vier Stunden die andere Wache zu finden, zu wecken und dafür zu sorgen, daß sie rechtzeitig zur Musterung an Deck kam. Leicht war das nicht, weil die Männer sich, im ganzen Vorschiff verteilt, irgendwohin verkrochen hatten: im Zwischendeck bei den Reservesegeln, auf dem Dach des Donkeyhauses, in Verschlägen aus Lukendeckeln, in Hängematten, die höher als zwei Meter hingen.

In einer solchen Nacht sollte ich als zweite Nummer am Rad stehen, aber Alvar hatte vergessen, mich zu wecken. Plötzlich stürzte er herbei, setzte meine Hängematte in starke Schwingungen und brüllte „Ut ... ut ... horry op". Wie so oft geriet ich in eine Panikstimmung und konnte meine Hosen nicht finden. Schließlich hielt ich es für besser, ohne sie zu gehen, zumal ich hoffte, die Dunkelheit und das Rad würden mich vor Entdeckung bewahren. Und wirklich ging in den ersten zwanzig Minuten alles klar, bis der Erste auf den Gedanken kam, umherzuwandern. Kaum hatte er entdeckt, was mir fehlte, als er nach dem Påpass pfiff.

„Hosen für Rudergänger."

Sehr bald brachte Yonny Valker meine dicksten Schlechtwetter-Hosen. Er reichte sie mir, als sei er ein Königlicher Kammerdiener, der seinen Monarchen ankleiden soll. „Zieh an die Dinger", knirschte der Erste mit wuterstickter Stimme.

Ich protestierte. „Die zieh' ich nicht an. Die sind ja fünfzehn Zentimeter dick. Darin krepier' ich."

„Zieh an diese Büchsen!" Die Stimme schnappte ihm über. „Zieh an oder zum Teufel du wirst eingesperrt!"

Was blieb mir übrig, als zu gehorchen. Auf diese Weise verbrachte ich vierzig sehr unerfreuliche Minuten.

„Schön dußlig, Hosen in Koje zu lassen", sagte Alvar, als ich ins Logis kam. Dabei blinzelte er den übrigen bedeutsam zu.

„Ich möchte nur wissen, warum du so gemein gewesen bist, Yonny diese Hosen zu geben", entgegnete ich.

Auf 5° S, 29° W am 1. Mai hörte der Südostpassat auf, der bislang in ziemlicher Stärke geweht hatte. Die Besatzung war der Ansicht, am 1. Mai müsse arbeitsfrei sein.

„Fragen wir den alten Bastard nicht, geschieht verdammt gar nichts", sagte Sedelquist und berief sofort eine Deputation aus Angehörigen der Backbordwache und den Freiwächtern.

„Sollten wir nicht die Steuerbordwache auffordern, mitzukommen?" fragte ich.

„Hör mal zu. Wenn Steuerbordwache frei haben will, sie kann bitten. Wir sind Backbordwache."

Der Kapitän lehnte in schneeweißen Leinenhosen mit dem Tropenhelm auf dem Kopf an der Tür des Kartenhauses. Er sah uns ein wenig neugierig an. Ich hielt mich ganz im Hintergrund und kam mir wie ein Meuterer vor, während Sedelquist sein Verslein aufsagte: „... allgemeiner Feiertag in Finnland ... auf anderen Erikson-Schiffen immer frei gehabt ... falls hier nicht, müßte ich es dem Konsul im Order-Hafen melden ... doppelter Sold ..."

Der Skipper hörte sich das alles geduldig an, ohne uns anzusehen. Als Sedelquist geendet hatte, erwartete ich, daß er die Offiziere und die andere Wache rufen werde, um uns alle in Eisen legen zu lassen. Statt dessen sah er auf und sagte nur „Orlright. Fifty-fifty ... Halber Tag frei."

Und so geschah es. Nur bis mittags wurde gearbeitet. Wir hatten also einen zusätzlichen freien Nachmittag herausgeschunden, während die Steuerbordwache ohnehin dienstfrei war. In der darauffolgenden Nacht wurde ich bei einem tropischen Regenguß geweckt, um als Rudergänger aufzuziehen. Die Besatzung sauste mit Pützen übers Deck. Um das Durcheinander vollkommen zu machen, waren Philimon und Fabian ausgebrochen und schlitterten in den Wassergang. Sie quietschten erbärmlich. Wenige Augenblicke später hatte es aufgehört zu regnen, und das Schiff lag auf ölglattem Wasser bekalmt. Wir waren in den Doldrums*.

---

* Kalmen

Um Mitternacht halsten wir. Es war erstickend heiß und regnete erneut in Strömen. Vier lange Stunden mußten wir die Rahen nach dem leisesten Windhauch brassen. Den ganzen folgenden Tag lag das Schiff bekalmt. Unablässig trommelte der Regen herab! Die Luft war mit Feuchtigkeit gesättigt, so daß wir wie Fische auf dem Trockenen nach Luft schnappten. Als ob das noch nicht genügt hätte, schickte mich der Erste zum Rostklopfen ins Offiziersklosett, wo Gestank aus den Ablaufrohren und von vergammelter Seife sich verheerend auf meinen leeren Magen auswirkte. Zum Frühstück hatte es ungenießbare Bohnen mit Schinken gegeben. Ich fühlte mich jammervoll und elend. Später stand ich apathisch am Ruder eines Schiffes, das sich gar nicht mehr steuern ließ und über das sich immer neue Regenfluten ergossen. Dann klarte zwar der Himmel auf, *Moshulu* lag jedoch immer noch bewegungslos zwischen ihrem über Bord geworfenen Abfall. Man hörte nur das Klappern der Blöcke, das Schlackern der Segel und ein schlürfendes Geräusch, wenn sich der Rumpf in der Dünung hob und senkte. Am Abend dieses Tages wurde die Endrunde des Tauziehens ausgetragen, noch dazu in Gegenwart des Kapiäns und der Offiziere, freilich nur deshalb, weil sie zufällig an Deck weilten und nichts besseres zu tun hatten.

Wie stets trug der Skipper schneeweißes Zeug und einen bildhübschen Tropenhelm. Der Erste war dagegen so schmuddelig wie sein Käptn sauber, ein unerfreulicher Gegensatz. Wie sie da nebeneinander standen, hätten sie für jedes Waschmittel eine gute Reklame abgegeben. Der Zweite trug nur eine Badehose und sah einem an Auszehrung leidenden Heiligen der frühchristlichen Zeit nicht unähnlich. Tria, in furchtbar zerschlissenen Hosen, hielt sich ganz im Hintergrund. Wir auf dem Vordeck sahen nicht viel anders aus.

Vom Lärm angelockt erschien der Zimmermann und wurde sofort zur Teilnahme an dem Wettkampf aufgefordert. Bislang hatte er sie aus purer Bescheidenheit vermieden. „Timmer" war der gutmütigste Mensch an Bord. So hatte er es stets geduldet, daß wir in seiner Werkstatt stundenlang mit seinen besten Stemmeisen herumfuhrwerkten und ihm dauernd in die Quere kamen. „Timmer" besaß aber auch Riesenkräfte. Mit der breiten Brust und den muskulösen Armen glich er einem starken Baum.

Jetzt trat er mit einem verlegenen Lächeln gegen mich zum Endkampf an. Mit seiner Riesenpranke, an der die ersten Glieder von Zeigefinger und Daumen fehlten, faßte er den Stropp. Das Ziehen begann. Nach endlos langer Zeit hatte keiner von uns auch nur den geringsten Vorteil erzielt. Dabei waren wir in Schweiß gebadet und die Augen traten uns aus dem Kopf. Wir waren an einem toten Punkt. Entsetzt betrachtete ich meine Hand. Der Stropp um mein Handgelenk hatte tief ins Fleisch geschnitten. Die Haut zeigte bereits eine beunruhigende blaue Verfärbung. Noch ein paar Sekunden, dachte ich bei mir, dann wird sie für immer abgestorben sein. Der Segelmacher brüllte ermunternd dicht an meinem Ohr. Es herrschte ein ohrenbetäubender Lärm.

„Orlright", schrie ich. „Hör auf . . . du hast gewonnen."

In meiner Hand war keine Spur mehr von Gefühl. So viel auch die Kameraden sie massierten, sie blieb abgestorben. Noch nach vier Tagen war am Handgelenk ein tiefer, blutunterlaufener Einschnitt zu sehen und noch immer waren die Finger empfindungslos.

Überall im Schiff hieß es: „Richtiger Bulle, dieser Timmer. Weiß gar nicht, wie stark er ist."

Noch eine Nacht und einen Tag lagen wir bekalmt. Die Rahen am Kreuzmast waren vierkant, die am Fock- und Großmast etwas nach Steuerbord gebraßt. In vierundzwanzig Stunden liefen wir sage und schreibe nur 24 Seemeilen. Am Tage reflektierte das Meer grelles Sonnenlicht. Achtern flatterten einige Vögel, die sich jedoch nicht näher wagten. Noch vor dem Frühstück brachten wir ein Jolltau auf und schlugen ein neues Royal an.

Unser Essen war ungenießbar: das Fleisch stank, das Brot war vertrocknet und die Margarine flüssig geworden, das Trinkwasser im Tank kam uns heiß vor. Trotz der Haie wagten wir ein Bad außenbords, fierten eine Stelling bis zur Wasseroberfläche und sprangen von der Verschanzung ins Meer, das hier 1800 Meter tief war. Im Schatten des Rumpfes schien es angenehm kühl, aber in der Sonnenglut glaubte man in einer Badewanne zu sein. Wir hielten uns dicht beim Schiff; nur Jansson schwamm weiter weg, kehrte aber sofort um, als irgend etwas unter ihm hindurch schwamm und ihn ins Bein kniff. Fünfzehn Minuten badeten wir oder hockten auf der Stelling, die sich in der Dünung hob und senkte. Die Steuerbordwache tat uns leid; denn während dieser Zeit arbeiteten die Männer, vor Hitze elend und schwindlig, in der Takelage.

Essen war zu einem leeren Wort geworden. Der „Kock" hatte den Kampf aufgegeben, was wir erbarmungslos mit schauerlichen Flüchen quittierten. Jedenfalls enterten wir hungrig zur Ablösung der Steuerbordwache auf.

Ein Dampfer von etwa 5000 Tonnen, mittschiffs weiß mit schwarzem Schornstein, passierte acht Seemeilen an Steuerbord. „Schweine", schimpften wir erbost, als er keinerlei Notiz von uns nahm.

Tief unter uns sahen wir die Steuerbordwache. Die Männer lagen auf Luke 2, spielten Karten, schliefen, lasen und sahen beneidenswert sauber und gar nicht erhitzt aus.

Am Donnerstag kam eine leichte Brise aus OSO durch. Der Kapitän war guter Laune und erzählte mir, die *Olivebank*, nur unter Oberbramsegeln, habe einmal beim Kap Horn die *Herzogin Cäcilie* abgehängt, die alle Leinwand einschließlich des Royalstagsegels gesetzt hatte. Sein früheres Schiff, die *Archibald Russell*, sei bei leichtem Wind sowohl der *Herzogin* wie der *Moshulu* überlegen gewesen, obwohl sie nicht eigentlich ein schnelles Schiff genannt werden konnte.

Mit Hermansonn zusammen mußte ich auf dem Achterdeck die Farbe mit Ätznatron abwaschen. Dabei fiel ihm eine schöne neue Pütze aus Teakholz über Bord. Sofort eine wilde Schimpfkanonade des Kapitäns, der anschließend unter Deck ging, um Hermansonns Konto zu belasten. Für mich erwies sich sein Verschwinden als ein großes Glück; denn durch seinen Wutausbruch war ich nervös geworden und ließ etwas Ätznatron an Deck fallen.

„Komm, laß uns abhauen und eine rauchen", meinte der tiefdeprimierte Hermansonn.

55 Tage nach unserem Auslaufen aus Port Victoria und 25 nach dem Umrunden des Horns passierten wir den Äquator. Es gab eine so große Rumportion, daß wir sie nicht bewältigen konnten. Es war eine glühendheiße Nacht. Wir flößten dem kleinen Taanila sechs Gläschen Rum ein, und bald schnatterte er idiotisch vor sich hin. Als er begann, splitterfasernackt an Deck herumzulaufen, mußten wir ihn ins Logis sperren.

Noch hatten wir mit der 83-Tage-Reise der *Parma* im Jahre 1933 Schritt gehalten. Damals hatte sie 30 Tage von Port Victoria zum Kap Horn, 26 Tage bis zum Äquator und 27 bis Falmouth gebraucht.

Am folgenden Tage fingen wir einen Hai. Der Messejunge hatte „Haj om babords!" geschrien, und alle waren an Deck gestürzt. Duhnkie hatte sich Zeit gelassen und einen großen, von ihm geschmiedeten Haken geholt, während Jansson beim Koch ein Stück Schweinefleisch erbettelte.

Man sah, wie der etwa anderthalb Meter lange Hai tief im klaren Wasser Kapriolen machte. Bald verschwand er in einem plötzlichen Wirbel, erschien dann wieder, hielt sich aber stets unter der Wasseroberfläche. Legte er sich halb auf den Rücken, dann sah man sein scheußliches Maul. Da meine Kenntnis über diese Bestien aus Groschenheften stammten — die unheimliche V-förmige Flosse durchbrach die Oberfläche —, hatte ich es bislang nie für möglich gehalten, daß ein Schwimmer den Hai nicht sehen könne, auch wenn er direkt unter ihm sei. Keine sehr erfreuliche Erkenntnis.

„Auf diesem Schiff gibt's für Kroner kein Schwimmen mehr", sagte dieser. „Ich warte lieber, bis ich wieder an der Schelde bin."

Der Haken war sehr stark und an einer Kette befestigt. Gleich darauf schnappte der Hai nach dem Köder. Von drei Männern wurde er hochgeheißt, während zwanzig andere aus sicherer Entfernung Ratschläge erteilten. Als das Tier aus dem Wasser war, regte es sich nicht mehr. Der Haken saß tief in dem ekelerregenden Schlund. Am Bauch des Hais saßen kleine schwarze Fische, die „Remora". Wir versuchten, den Fang über die Heckreling aus Teakholz zu zerren, aber das Tier schlug die Zähne tief hinein und riß ein ansehnliches Stück heraus. Ich mußte wieder an Mountstewart denken, der jetzt in seinem Element gewesen wäre. Im Grunde wünschte sich keiner von uns, den Hai an Bord zu haben, so daß wir erleichtert waren, als sich der starke eiserne Haken geradebog und die Bestie ins Meer zurückfiel, obwohl wir alle so taten, als seien wir tief enttäuscht. Nur der Segelmacher war ehrlich empört. „Saudämliches Bauernpack", grollte er. „Einen laufenden Pahlstek hättet ihr um den Schwanz nehmen müssen, dann die Leine lose geben und das Biest Schwanz voran an Bord holen. So haben wir Tiere von fünf Metern gefangen."

„Was zum Teufel sollen wir wohl mit einem von fünf Metern?" sagte Kroner. „Von mir aus können Sie sich jeden Tag so einen fangen."

22. Nördlich der Linie

Nördlich der Linie begann der Nordost-Passat zu wehen. Wir pönten das Logis hellgrau und weiß und rissen ein paar vergammelte Kojen heraus, deren Bretter wir außenbords warfen. Alle unsere Sachen hatten wir an Deck gebracht und beschlossen, das schlechteste Zeug den Brettern folgen zu lassen. Jeder lief vergnügt mit dem Eigentum anderer an die Verschanzung und rief: „Är de din? Är de din?" Antwortete der Besitzer nicht blitzschnell, wupp, flog wieder etwas in den Atlantik.

„Grade dein Unterhemd und dicke Hose in verdammtes Meer geschmissen", strahlte Sedelquist. „War Name drin."

„Das sag' mal lieber dem Alvar", antwortete ich belustigt.

„Wieso Alvar?"

„Weil ich sie ihm gerade für einen Topf Marmelade verkauft habe."

Später sprach mich Alvar an: „Du, wegen Hosen . . ."

„Wenn du die Marmelade meinst, die hab' ich schon lange aufgegessen."

Während wir nach Norden segelten und der Passat in den Wanten brummte, gingen Tage und Nächte fast unmerklich ineinander über, weil sie sich eigentlich nur durch die von ihnen hervorgerufene Stimmung unterschieden. In jeder Nacht stand der Pflug etwas höher, während das Kreuz des Südens immer ein wenig tiefer zu finden war, bis wir es schließlich überhaupt nicht mehr entdeckten.

Nachdem das Logis fertig war, mußten wir die zahllosen Farbspritzer beseitigen, die allzu begeisterte Verschönerungskünstler hinterlassen hatten. Einen ganzen, sehr unerfreulichen Vormittag verbrachte ich in Pfützen von Ätznatron unter den Kojen und bemühte mich mit der Entfernung von Flecken, die nicht wegzubekommen waren. Alle Augenblicke schielte der Erste, ob ich mit meiner Arbeit noch nicht fertig sei. Mit seinem ungepflegten Bart, dem zerzausten Haar, dem billigen, viel zu großen Tropenhelm und den schmierigen khakifarbenen Overalls entsprach er meiner Vorstellung von einem Gefangenenwärter auf der Teufelsinsel.

„Ar det färdigt? Horry op."

„Hmmm."

Als ich mit dem Logis fertig war und alles geschrappt und eingeölt hatte,

packte mich ein gewaltiger Stolz, so daß ich nur noch von „meinem"
Fußboden sprach.

Und wieder einmal tauchte der Erste auf. „Du kannst eben mal . . ."

„Ich weiß . . . ich weiß", gab ich zur Antwort.

„Na was?"

„Das Logis mittschiffs säubern."

Er schien besänftigt. „Jo, jo, das ist so", sagte er und es klang zugäng-
licher. „Nimm Alvar zur Hilfe."

Unter der Koje des Zimmermanns war so viel Farbe, daß sie mit bestem
Willen nicht fortzubringen war.

„Olle Timmer scheint Farbe zu pissen", meinte Alvar. „Diese Schraper
sind Scheiße."

Nach 68 Tagen standen wir am 18. Mai auf 26° N, 46° O am äußersten
Ausläufer der Sargasso-See. Vielleicht wegen des starken Windes sahen
wir keine ausgedehnten Flächen von Tang, sondern nur einzelne kleinere
Felder gelbbraunen Blasentangs mit kugelrunden Beeren.

Den Zweiten Offizier packte eine förmliche Begeisterung und oft und
lange fischte er das Zeug mit Hilfe eines Dregankers, den er aus einer
aufgebröselten Drahtleine gefertigt hatte. Ich benutzte für den gleichen
Zweck einen Bootshaken, aber wir beide hatten keinen Erfolg. Nach
einiger Zeit stellten wir unsere Versuche ein.

„1894 hab' ich von dem Tang etwas in eine Flasche getan und sie gut
verkorkt. Und jedes Jahr blüht er", sagte der Segelmacher.

„Ich sollte meinen", wandte ich ein, „nach so langer Zeit müßte das
Wasser jede Kraft verloren haben."

„Nicht, wenn's sein eigenes ist", war Kroners Erklärung für das Phäno-
men.

Am 20. und 21. lagen wir wieder einmal bekalmt. Dabei hätten wir eigentlich schon in der Zone der Westwinde sein müssen. Unser Mittagsbesteck:
32° N, 47° W. Die Aussichten, *Parma* zu schlagen, schienen nur noch
gering zu sein.

Sah man über Bord in die Ferne, dann schien eine Ölschicht auf dem
Wasser zu schwimmen, blickte man aber senkrecht hinein, war es glasklar.
Als ich meinen schrecklichen Bart abrasierte, fiel mir der Spiegel über
Bord. Fast eine halbe Minute konnte ich sein Versinken verfolgen, bevor
er nicht mehr blinkte.

Die interessantesten Arten von Meerestierchen, besonders Siphonophoren,
trieben an die Bordwand. Darunter waren Millionen von Staatsquallen,
sogenannte Portugiesische Galeeren, exotische und grellbunte Organismen
mit ruhelos wirbelnden Fangfäden. Ein besonders großes Exemplar holten wir in einer Pütze an Bord. Die herrlichen, malvenfarbenen und rosa
Antennen blähten sich auf und zogen sich wieder zusammen, während

das kleine Geschöpf ein verzwicktes Reffmanöver durchführte. Gleichsam als Gegengewichte wurden die kettenartigen Fühlfäden auf der einen Seite gesenkt, auf der anderen hochgestreckt; der durchsichtige kammähnliche Wulst, der als Segel diente, begann sich zur Seite zu legen und umzukippen. Schließlich war er nur noch ein stromlinienförmiger Ansatz. Verzaubert beobachtete ich alle diese Vorgänge und verbrachte fast den ganzen Vormittag mit dem Fischen dieser Hohltierchen. An einigen fand ich winzige, verzweifelt zappelnde Krabben. Offenbar führen sie ein gefahrvolles Leben, wenn sie sich von einem winzigen Inselchen zum nächsten bewegen. Außerdem fischte ich einen ganz jungen Seepolypen. Er konnte noch nicht lange tot sein, aber schon hatte sich eine Krabbe in der klaffenden Höhlung, wo der Tintenbeutel gewesen war, häuslich eingerichtet.

Kurz vor dem Essen schwamm schließlich noch ein tellerförmiges Gebilde vorüber — eine Schildkröte. Sie nahm ein Sonnenbad und ließ sich mit der Strömung treiben. Gelegentlich streckte sie den Kopf hervor, damit auch er die Wärme genießen konnte.

Alvar stürzte mit einer Jagdflinte an Deck und zielte auf das Tier, wobei er etwas verlauten ließ, das wie „Suppe" klang. Zu meiner großen Überraschung schlug ihm ausgerechnet Sedelquist den Lauf in die Höhe. „Sei nicht so verrückt, du verdammter Idiot. Hat dir doch nichts getan, die Kröte, wie?" Später sichteten wir noch eine zweite. Irgendeine Laune der Strömung ließ sie unentwegt Kreise beschreiben. Dabei schoß sie mit Hilfe ihrer Flossenfüße Kobolz und schien sich unbeschreiblich wohl zu fühlen.

Dann kamen Tage, die qualvolle Verzögerungen brachten. So liefen wir am 21. nur 38 Seemeilen, am 22. 78 und am 24. 70 Seemeilen. An diesen Tagen setzten wir fleißig Segel und gingen dem Käptn möglichst weit aus dem Wege. Am 23. schlug Philimons letztes Stündlein. Zum Frühstück und Mittagessen — Schweinefleisch, abends nichts als Schweinefleisch. Wir setzten uns bereits sehr zögernd an die Back, fühlten wir uns doch wie Testpersonen, an denen man Reaktionen nach ausgiebigem Verzehr feststellen will. Unsere Mahlzeit bestand aus Schweinebraten, Würstchen aus Dosen und Pfannkuchen mit Schweineblut zubereitet.

„Eßt mehr Schwein. Ein Schwein am Tag, und du brauchst keinen Arzt", zitierte ich.

„Was heißt das?" fragte Alvar argwöhnisch.

„Nichts."

„Will ich dir auch geraten haben."

Am Sonnabend, dem 27. Mai — es war der 77. Tag der Heimreise —, ereignete sich allerlei. Der Wind, der mehr oder weniger stetig aus SW geweht hatte, sprang um 180 Grad auf NO, so daß die Segel back kamen und eine Obermarssegelschot brach. Zum allgemeinen Entsetzen lagen wir eine Zeitlang SSO an.

Und wir verspeisten weiterhin Philimon — wir aßen ihn Sonnabend und wir aßen ihn Sonntag von früh bis spät. In unseren Mägen richtete er schreckliches Unheil an. Bei Nacht durfte der unglückselige Ausguck unter keinen Umständen seinen Posten verlassen. Es blieb ihm also nichts übrig, als ein dringendes Geschäft weit vorn auf dem Bugspriet zu verrichten, noch dazu bei peitschendem Regen, während *Moshulu* zehn Knoten lief. So hockte er auf den Bugstagen, als Tria ihn anrief: „Was denkst du eigentlich, wer du bist? Errol Flynn oder so was? Beeil' dich. Zeit zum Glasen."

„Hau bloß ab, du . . .", antwortete eine gequälte Stimme.

Zur Zeit steuerten wir Südostkurs, und spät in der Nacht wendeten wir, nachdem zuvor alle Leinen klargelegt waren und wir den Baum des Besans mittschiffs geholt hatten. Um dreiundzwanzig Uhr wurden auch die Freiwächter erbarmungslos gepurrt. Da aber die andere Wache unter Deck blieb, mußten drei Mann zum Rundbrassen der Fockrahen genügen. Um Mitternacht waren endlich alle Leinen wieder aufgeschossen. Obwohl völlig erschöpft, freuten wir uns doch, daß nun wieder N 15° O anlag.

Von Rechts wegen hätte der Pfingstmontag ein Feiertag sein müssen. Da es aber im Gesicht des Kapitäns wetterleuchtete, wagte diesmal keiner von der Entsendung einer Deputation zu reden. Dienstag, den 30. Mai, schien unsere Reise so gut wie vorüber zu sein. Nicht einmal mein kleiner Atlas konnte uns diese Zuversicht rauben. Töricht, wie wir waren, argumentierten wir: Bei diesem Wind können wir Falmouth oder Queenstown am Sonnabend erreichen.

Auch der Kapitän sah zufriedener drein und vertauschte Tropenhelm und Tropenzeug mit Tuchmütze und Ledermantel. Auch sonst wandelte sich einiges. Das Meer war nun nicht mehr von blauer, sondern von hellgrüner Farbe. Schon begehrte es wieder zornig auf und stürmte in Gischtwolken auf uns zu. Das Brausen des Windes und das Ölzeug der Besatzung weckte Erinnerungen an die Zone der Westwinde. Auf allen Vieren kriechend, scheuerten wir die Decks mit den schweren „Bibeln", während uns der Regen den Hals hinunterlief. Wir standen in einem vielbefahrenen Gebiet des Atlantiks. Die *Duea,* ein jugoslawischer Dampfer, passierte achtern von uns und meldete uns Lloyds. Zwei Tage später sichteten wir einen norwegischen Tanker, der den Namen *Sommerstad* in grellen, meterhohen Buchstaben an der Bordwand trug. Er kam in Ballast aus dem Osten und rollte gewaltig. Durch eine Kursänderung passierte er nur zweihundert Meter hinter unserem Heck. Die Freiwache rannte auf die Poop, und die Männer, die pönten, starrten von ihrem Arbeitsplatz zu dem Schiff hinüber. Wir sahen, wie ein Mann über die Laufbrücke eilte, hörten einen Hund aufgeregt bellen und dippten unsere Flagge. Dann legte der Kapitän sein Doppelglas fort und alles war wie zuvor. Am Nachmittag überholte uns noch ein großer italienischer Passagierdampfer, die *Belvedere*.

Sandell meinte bei seinem Anblick: „Si mangia bene in quella barca. Verdammt viel Fressen von früh bis spät."

Während die Offizierkammern gepönt wurden, brachte der Zweite sein Radio an Deck. „Englische Nachrichten", sagte er freundlich, als ich in Hörweite kam. „Willst sie hören?"

Eine unsympathische Stimme, deren Besitzer sich diesen Tonfall nur in Milwaukee angeeignet haben konnte, verkündete: „Gestern hat eine Bande plündernder Polen die Grenze verletzt. Bei einem feigen Angriff auf einen Posten wurde ein deutscher Soldat in den Rücken getroffen."

So ging es lange weiter — nichts als die deprimierendsten Nachrichten. Am amüsantesten war noch die Beschreibung eines Fackelzuges in Madrid zu Ehren Francos, wobei eine an Hysterie grenzende Begeisterung geherrscht zu haben schien. Mich entsetzte diese Reportage.

„Können Sie nicht ein bißchen Tanzmusik einstellen?"

„Gefallen dir die Nachrichten nicht?"

„Das sind doch keine Nachrichten. Das ist nichts als deutsche Propaganda."

„Wenn du mir den Unterschied erklären kannst, bist du verdammt schlau."

Bei Einbruch der Dunkelheit teilten Jansson und ich uns eine Zigarette. Wir lauschten einer südamerikanischen Station, die Rumbas sendete. Es war ein wunderschöner Abend. *Moshulu* lief unter einem hohen, kalten Mond stetige sieben Knoten. Starker Tau war gefallen, und das ganze Schiff glitzerte und funkelte. Noch lange nach Sonnenuntergang war der westliche Himmel in schönstem Blau und Gelb getönt. Jetzt war nichts mehr davon zu sehen. Ich fühlte mich ruhig und zufrieden.

„Nicht mehr lange", sagte Jansson, „dann viel Kummer."

„Was meinst du? Wind?"

„Nein. Krieg. Komm, laß uns schlafen. Immer viel Schlaf . . . das ist das beste."

Unsere Modellbauer kamen jetzt gut voran, da sie kurz vor dem Ende der Reise besonders fleißig waren. Das Modell des Zweiten konnte man getrost ein Kunstwerk nennen. Als er eines Tages daran bastelte, kam der Erste dazu und sagte mißgünstig: „Gar nicht so schlecht, könnte aber noch besser sein."

Darauf raunte mir der Segelmacher ergrimmt zu: „Scheißkerl. Was weiß der schon davon. Möchte wohl mal erleben, daß er so'n Modell macht."

Als er selbst die letzte Hand an seine Nachbildung der *L'Avenir* legte, saß ich bei ihm in der Segelkoje. Dieses Schiff ähnelte sehr der *Herzogin* mit ihrem riesigen Brückendeck von fast sechs Meter Länge. Das Rad stand auf einem hohen, nur durch eine Treppe erreichbaren Podest.

„Das würde mir gar nicht schmecken", meinte ich und erzählte ihm von jener Nacht mit Yonny Valker, als wir um Haaresbreite quergeschlagen wären.

„Puh", sagte der Alte geringschätzig und fluchte. „Genau das ist der *L'Avenir* passiert, als sie unter deutscher Flagge fuhr. Das weiß ich genau. Als sie Erikson gehörte, war ich Segelmacher an Bord. Siehst du die hohe Plattform? Wenn der Wachhabende den Kurs prüfen wollte, mußte er erst die Steigeisen hinauf turnen. Hier auf *Moshulu* kann er ihn jeden Augenblick kontrollieren. Ich möchte glauben, sie ging bei hoher achterlicher See in einer dunklen Nacht verloren, als zwei so schlechte Rudergänger am Rad standen wie du und Valker, vielleicht noch schlechtere, aber das ist wohl kaum möglich. Ehe noch jemand gemerkt hatte, was geschah, schlug sie quer, kenterte . . . kaputt!"

Ich legte keinen besonderen Wert darauf, daß er sich weiter über meine Qualitäten als Rudergänger verbreitete, die sich übrigens nach meiner persönlichen Ansicht erheblich verbessert hatten. Deshalb fragte ich ihn, ob sie auf *L'Avenir* Passagiere mitgenommen hätten.

„Ja, und fast alle waren verrückt. Verrückt mußt du ja schon sein, wenn du für so was auch noch bezahlst. Einmal fuhr achtern ein alter Farmer mit uns. Es handelte sich um die Ausreise, und der Zimmermann war beunruhigt, weil ihm irgend jemand die Holzkeile für die Luken klaute. Kaum hatte er neue eingeschlagen, da waren sie schon wieder weg. In Australien stieg der Alte aus, und hinterher stellte der Steward fest, daß alle Schrankfächer in der von ihm bewohnten Kammer mit Keilen vollgestopft waren. Wie der Steward erzählte, hatte er ihn einmal dabei überrascht, wie er einen Keil fotografierte. Wenn das nicht verrückt ist."

„Es ist schlimmer als verrückt. Das nenne ich pervers."

„Was heißt das nun wieder?"

„Ach, ist ja egal. Erzählen Sie doch bitte weiter."

„Also gut. Einmal hatten wir ein Mädchen, eine Kanadierin an Bord. Für die Hin- und Rückreise zahlte sie hundert Pfund. Die Jungen konnten sie nicht leiden, weil sie dreckiger als der dreckigste von ihnen war."

„Dreckiger noch als Alvar?"

„Du hättest nur sehen sollen, wie sie ihre Schlüpfer wusch. Fünf Minuten stellte sie eine Pütze voll Wasser auf den Herd, gerade lange genug, daß dem Wasser gar nichts passierte. Dann nahm sie die Hosen in zwei Finger . . . rein . . . raus . . . ausgequetscht."

„Keine Seife?"

„Nein. Keine Seife, und dann hängte sie das Zeug in *meiner* Segelkoje zum Trocknen auf. Das tat sie aber nicht sehr lange", knurrte er.

„Weshalb? Was geschah denn?"

„Damals arbeiteten zwei der Jungens bei mir. Der eine nahm ein großes Stück Holz und schnitzte einen verdammt großen ‚kock‘ daraus. Den steckte er in ihre Schlüpfer. Als sie die Dinger von der Leine nahm, wupp, kam er zum Vorschein. Sie bekam einen furchtbaren Schreck und ist nie wieder aufgekreuzt."

„Aber wenn sie so dreckig war, dann konnte ihr das bewußte Ding doch nicht gar so viel ausmachen, wie?"

„Versteh mich recht. Dreckig war sie nur in einer Beziehung", entgegnete der Segelmacher. „Und doch hätten die Jungen sie nicht angerührt, auch wenn sie die größte Dirne auf allen Ozeanen gewesen wäre. Niemand hat Weiber auf Schiffen gern, es sei denn im Hafen, und da auch lieber in einem Bett als in einer Koje. Nicht mal die Hosen kann die Besatzung ausziehen, und von früh bis spät sind sie seekrank."

Dann fuhr er fort: „Nur ein einziges Mädchen hab' ich auf einem Schiff wirklich gern gehabt. Eine junge Dame von siebzehn Jahren, die mit ihrer Mutter auf der kurzen Überfahrt von Ipswich nach Kopenhagen an Bord war. Ich erzählte den beiden allerlei Geschichten, weißt du, so etwas, wie ich dir bisweilen erzähle. Und dann schlich sie sich manchmal von hinten an mich heran und legte mir ihre weichen weißen Arme um den Hals. Dann sagte sie wohl: ‚Rat' mal, wer's ist, du lieber Alter.‘ Bei solcher Gelegenheit merkte ich, daß ich noch nicht ganz zum alten Eisen gehörte."

„Sie sollten sich in Ihrem Alter mit guten Büchern begnügen", riet ich ihm. „Das ist nicht so beunruhigend wie der andere Kram."

Aber er hörte mir gar nicht zu. „Auf derselben Reise war ein Reporter an Bord. Der schrieb dann einen ganzen Haufen dummes Zeug in der Zeitung. Ich sei ein alter Mann, der den beiden weiblichen Passagieren mit freundlicher Gesinnung entgegengekommen sei."

Die Hoffnung, wir könnten die *Parma* schlagen, war ganz geschwunden. Nun war es der 30. Mai und der achtzigste Tag unserer Reise. *Parma* aber hatte 83 Tage bis Falmouth gebraucht. Die widrigen Kalmen nördlich des Äquators hatten *Moshulu* zuviel Zeit gekostet.

Als Sedelquist mittags vom Rad kam, verkündete er: „Noch 650 Seemeilen, und wir laufen neun Knoten."

Aber es war wirklich wie verhext. Der Wind schlief ein . . . sieben - vier - zwei Knoten. Um Mitternacht lagen wir fast völlig bekalmt. Der Käptn spie Gift und Galle. Als ich das Rad übernahm, meinte Vytautas: „Bessär, heut' gut Kurs halten. Er heute sär böser Mann."

Ich verkroch mich hinter dem Rad. Der Kapitän schoß auf den Kompaß los und hoffte, mich bei einer Kursabweichung zu ertappen. Leider mußte ich ihn enttäuschen. Nach meiner Ansicht konnte er auch sonst kaum einen Grund zur Klage finden, aber mit unvergleichlichem Spürsinn fand er ihn doch. Als ich mich unbeobachtet glaubte, steckte ich die Hand in die Tasche, um mein Taschentuch herauszuziehen. Wie ein Blitz fiel er über mich her: „Boy, hast du kalte Hände?"

„Nein, Sir."

„Also raus aus der Tasche. Benimm dich gefälligst wie ein weißer Mann. Nur gottverdammte Dagoes stecken die Hände in die Taschen."

Nachts kam ein Schiff von achtern auf und passierte dicht an Steuerbord. Eine heisere, unbeschreibliche komische Stimme rief uns von der Brücke an. Wir standen alle an der Verschanzung aufgereiht. Als der Fremde querab war, beleuchtete Sandell plötzlich mit einer starken Taschenlampe unsere Gesichter. Dabei brach er in lautes Gelächter aus und rief: „Sie werden uns sicher für eine Bande verf . . . Irrer halten."

„Und wofür hältst du uns?" fragte Sedelquist.

Den ganzen Freitag hindurch wehte kaum ein Lüftchen. Alle Untersegel waren aufgegeit. Hoch oben in den Masten quietschte und kreischte es, als beklage das Schiff seine Hilflosigkeit, während sich die unteren Rahen widerwillig an den Backstagen rieben. Hundert Blöcke schlugen klappernd an Masten und Rahen.

„Eigentlich komisch", meinte Kroner. „So viele Leute an Land meinen immer, auf einem Segelschiff herrsche völlige Ruhe. Wenn aber der Spektakel hier noch viel länger dauert, schnappe ich über. Im übrigen glaube ich wirklich, daß ich keinen einzigen hier an Bord in absehbarer Zeit wiedersehen möchte."

„Mich auch nicht?"

„Dich schon gar nicht."

Sonnabend. Der Wind kam jetzt aus allen möglichen Himmelsrichtungen. Wir konnten es daran erkennen, wie er mit dem schwarzen Rauch aus unserem Kombüsenschornstein umsprang. Eben noch hatte er ihn dem Rudergänger ins Gesicht geweht, im nächsten Augenblick trieb er ihn als Wolke zum Bug hin.

Zwei ganz erschöpfte Schwalben ließen sich an Deck nieder. Wir streuten ihnen Brotkrumen hin. Sie waren offenbar so müde, daß sie sogar ihre Angst vergaßen und wir sie mit der Hand greifen konnten.

Unser Mittagsbesteck lautete: 49° N, 19° W. Wenn die Tierchen in ununterbrochenem Fluge vom nächsten Land her zu uns gekommen waren, dann mußte es eine sehr lange Reise für sie gewesen sein. Auch eine Brieftaube landete sterbensmatt an Bord. An einem Bein hatte sie einen numerierten Ring und eine leere Metallhülse. Der Koch streute ihr etwas Haferflocken hin, aber sie war scheu und zog es vor, auf der Rahnock zu bleiben. Gleich darauf fiel eine der Schwalben vor Erschöpfung über Bord. Tria versuchte noch, sie mit Hilfe einer Pütze herauszufischen, aber das Tier war schon zu weit abgetrieben. Alles war schrecklich deprimierend.

Am Sonntag wiederum kein Windhauch. Was eine hervorragende Passage hätte werden können, schien infolge launenhafter Kalmen zu einer ganz und gar normalen zu werden.

„Noch dreihundert Seemeilen bis zu dem verfluchten Queenstown", stöhnten wir am Montag, als wir über meinem nun schmierigen, mit Eselsohren verzierten Atlas brüteten.

Am Dienstag kam ganz wenig Wind durch, Stärke 1. Erst stand er aus WzN, dann aus NNW und schließlich aus NO, so daß wir wahrhaftig über Steuerbordbug vier Knoten liefen. Um Mitternacht am Mittwoch legte endlich der Wind zu, und *Moshulu* kam auf neun Knoten. Die Wolke von Trübsinn, die über ihr gelegen hatte, verzog sich.

150 Seemeilen bis Queenstown. Jetzt erblickten wir Kormorane und Möwen rings um das Schiff. Die zweite Schwalbe verließ uns. Nur die Taube, eigenbrötlerisch von Anfang an, blieb zurück.

23. Das Rennen ist gewonnen

Der Nacht folgte eine wilde, herrliche Morgendämmerung. Geballte schwarze Sturmwolken türmten sich vor einem Himmel von einzigartig grüner Farbe auf. Mit der höhersteigenden Sonne legte der Wind zu und dem Schiff wuchsen Flügel. Die See bevölkerte sich mit weißmähnigen Rossen, die nach Nordwesten stürmten. Am Fockmast schlugen wir ein Oberbramsegel an und setzten es anschließend. Es besaß Reffnitzel und war früher einmal das Untermarssegel der *Star of England* gewesen, die der Reederei „Alaska Packers" gehört hatte. Auf dem Fußliek stand die Jahreszahl 1922, vermutlich aber war die Leinwand viel älter. Ich hatte den Auftrag, die Blöcke an den Jackstagen so zu verfahren, daß sie mit den Gordingen dieses fremden Segels übereinstimmten. Da hatte ich endlich einmal einen erfreulichen Job erwischt. Mit mir und der ganzen Welt zufrieden, hockte ich in luftiger Höhe, hatte mir eine Rolle Draht um den Hals gehängt und am Gürtel eingehakt einen Dorn zum Öffnen der Schäkel und eine Drahtschere. Unter mir saßen Jansson und Taanila auf der Spitze der Stenge und debattierten munter über irgend etwas. Der Erste kam gerade aus dem Kartenhaus und rief den beiden einen Befehl zu, aber der Wind war so stark, daß sie glaubhaft vorgeben konnten, sie hätten ihn nicht gehört.
Leider wurde uns der ganze Tag durch das Mittagessen verdorben, das unter jeder Kritik war. „Wir sollten uns beschweren", sagte Sedelquist. „Wir sollten zum Kapitän gehen. Aber ihr Scheißer seid ja alle gleich. Hinter seinem Rücken schimpfen auf Teufel komm raus, und wenn ihr vor ihm steht, nichts als ‚Jawohl, Sir. Nein, Sir. O ja, Sir.'" Damit hatte er den Nagel so haargenau auf den Kopf getroffen, daß alle schwiegen.
Am Donnerstag, dem 8. Juli, stand *Moshulu* achtzig Meilen vor der Irischen Küste. Am Tage zuvor waren nur zwei Möwen dem Schiff gefolgt. Jetzt hingen mehr als ein Dutzend, die Schnäbel im Wind, regungslos über der Großrah, als seien sie an unsichtbaren Schnüren befestigt.
Für uns war es ein wundervoller Tag. Zum ersten Mal „rochen" wir das Land — einen Duft, gemischt aus dem des Buchenwaldes nach einem Regen, der Farnkräuter am frühen Morgen und des Ginsters auf hügligem Land.

Heute kann ich es selbst kaum noch glauben, und doch rochen wir das alles damals ganz deutlich, vielleicht weil unsere Sinne durch monatelange Seefahrt geschärft waren.

Das Wetter war herrlich, das Meer tiefblau und überall mit schneeweißen Wogenkämmen geschmückt. Freilich vergaßen wir nicht, daß wir unter Umständen bei dem herrschenden Nord- oder Nordostwind noch eine Woche vor der Küste kreuzen mußten. Als wir nachmittags an Deck kamen, hatte die Wache das Land bereits in Gestalt von schwach erkennbaren Bergumrissen ausgemacht. Beim Wachwechsel wurde gewendet, und nun brauste *Moshulu*, die eine hohe Bugsee aufwarf, nach Osten. Als ich mir vom Rad aus das Schiff nachdenklich betrachtete, wurde mir klar, daß ich trotz allem traurig sein würde, wenn ich es verließ.

Wir näherten uns über Steuerbordbug sehr schnell dem Land, wo lange Hügelwellen im Dunst verschwammen, die Hügel der Grafschaft Cork. An diesem schönen Abend schienen sie aus dem Wasser emporzuwachsen, hatten eine tiefbraune Färbung und tanzten in der diesigen Abendluft. Bei Sonnenuntergang taten sich zwischen ihnen langgestreckte Schattenschluchten auf.

Um zwanzig Uhr machten wir nordöstlich von uns in etwa fünfzehn Seemeilen Entfernung Fastnet Rock aus. Bei Dunkelheit schlief der Wind wieder ein, und das Feuer von Fastnet blinkte uns alle fünf Sekunden spöttisch zu. Die Begeisterung, die uns den Tag über erfaßt hatte, war verflogen. Geblieben war nur die vollständige Ungewißheit. Wohl konnte die uns von Queenstown trennende Strecke bei günstigem Wind in einem halben Tag durchsegelt werden. Im anderen Fall aber konnte es noch eine Woche dauern, bis wir im Hafen lagen.

Am folgenden Morgen immer noch Flaute. Wir standen dem Lande erheblich näher und wurden stark nach Lee abgetrieben. Es war ungewöhnlich diesig. Was wir zunächst für einen Bagger mit weißem Schornstein gehalten hatten, entpuppte sich als die Umrisse von Fastnet Rock aus einer ganz ungewohnten Perspektive, überragt von dem weißen Leuchtturm. Nach See zu sahen wir mehrere Logger, deren lange Rauchfahnen faul zum Himmel kräuselten. Nach Land zu aber leuchteten die Segel einer Yacht, von der Sonne angestrahlt, in blendendem Weiß. Dahinter erblickten wir die wunderschönen grünen und braunen Farbtönungen Irlands. Äcker unter dem Pflug zeichneten sich wie eine Aneinanderreihung vielfarbiger Flicken ab, zwischen denen hier und da ein klassisch schlichtes, weißes Bauernhaus zu erkennen war. Weit in der Ferne schimmerte bläulich ein großer, oben abgeflachter Berg.

Um neun Uhr waren wir bis auf vier Seemeilen an Fastnet herangetrieben. Wir versuchten zu halsen, gaben es aber auf, weil sich das Schiff nicht steuern ließ. Den ganzen Tag über schwabberten wir dicht beim

Leuchtturm. Am späten Nachmittag kam ein mit fünf Mann besetztes Ruderboot vom Festland auf uns zu. Gleichzeitig tauchte ein Motorfischkutter auf, der ebenfalls Kurs auf uns nahm.

Während unserer Kaffeepause machten die Ruderer unter vielem Geschrei längsseits der *Moshulu* fest. Sie waren sehr erschöpft, hatten sie doch von einem Dorf Crookhaven auf der Landzunge von Mizen Head nicht weniger als neun Seemeilen gerojt. Am Heck saß ein alter Mann, der genauso aussah, wie man sich Coleridges „Ancient Mariner" vorstellt. Dichte schneeweiße Haarsträhnen quollen unter der Schiffermütze hervor. Es fiel ihm schwer, die Jakobsleiter hinaufzuklettern. Nach ihm kamen seine Begleiter zu uns an Bord. Wir gaben ihnen Wasser zu trinken und jedem einen Priem sehr starken Tabak. Beides nahmen sie dankbar an.

Beim Kaffee erzählte mir einer der Männer ein wenig von seinem Leben, und was er sagte, wird wohl für viele Iren zutreffen. Er übte den Fischerberuf aus, war aber zugleich Besitzer der Dorfkneipe und hatte auch etwas Land unter dem Pflug. Seit er 1932 enttäuscht aus den Vereinigten Staaten zurückgekehrt war, lebte er mit seiner Frau und vier Kindern friedlich in Crookhaven.

„Sind Sie nun mit Ihrem Dasein zufrieden?", fragte ich ihn.

„Keineswegs."

„Und wie steht's mit der Ernte?"

„Kümmerlich. Seit sechs Wochen verdammt wenig Regen."

Ein anderer der Männer fiel mir auf, ein junger Bursche mit rotem Haar, hoher Stirn und einem energischen Kinn. Er sah wie ein Double von T. E. Lawrence aus. Alle fünf waren recht schweigsam und verrieten eine angeborene Würde. Bereits nach einer Viertelstunde brachen sie wieder auf; denn der Wind hatte schon ganz erheblich aufgefrischt. Als letzter ging der Patriarch von Bord. Als er mit einer Flasche Rum im Arm, die ihm der Kapitän geschenkt hatte, die Jakobsleiter hinunterkletterte, meinte der Segelmacher: „Seht euch vor mit dem Zeug. Das ist lausig stark."

„Ja, ja", schnaufte der Alte, der von hochprozentigem Alkohol wenig wußte, sich aber sehr wohl mit gutem Rum auskannte, „Vier Prozent. Vier Prozent."

Inzwischen war auch der Fischkutter an Steuerbord längsseits gekommen, der uns Hummern brachte. Wir hingen über der Verschanzung und sahen auf die Männer an Bord herab. Einer von ihnen sagte: „Die letzte Bark, zu der wir hinfuhren, war die *C. B. Pedersen*, aber die gibt's ja nicht mehr. Soviel ich gehört habe, ist sie bei den Azoren gerammt worden und gesunken."

Sehr bald legten auch die Fischer, mit Rum versorgt, von der *Moshulu* wieder ab, als diese bereits durchs Wasser zu rauschen begann. Noch einmal sichteten wir das Ruderboot auf Kurs in die sinkende Sonne hinein. Kerzengerade und reichlich betrunken saß der „Ancient Mariner" am Heck, während die Ruderer eine Alkoholbö kleineren Ausmaßes abzuwettern schienen.

Ganz melancholisch sagte später Kroner zu mir: „Etwas habe ich heute gelernt. Nie werden mich die Leute für einen Engländer halten, und wenn ich ihre Sprache noch so gut spreche. Sie merken sofort, daß ich Ausländer bin."

„Seit wann wünscht du dir denn, Engländer zu sein? Das ist ja ein höchst merkwürdiger Ehrgeiz, besonders auf diesem Schiff." Auch ich sann über das Zusammentreffen mit den ersten Gästen an Bord nach. Wie schwer war es einem doch gefallen, sich nach neunzig Tagen auf einem ausländischen Schiff mit Fremden zu unterhalten.

Endlich hatten wir Kap Clear hinter uns und das Irische Festland querab. Ein großer Dampfer der Royal Mail kam aus dem Westen heran und lief mit siebzehn Knoten hinter unserem Heck durch. Aber wieviel eindrucksvoller mußte doch unsere *Moshulu* ausgesehen haben, als sie sechzehn Knoten lief. Der Dampfer hatte eine unheilkündende Deckladung. Es handelte sich um acht große Flugzeuge, offenbar Truppentransporter. Die flügellosen Rümpfe zeigten an den Seiten das dreifarbige Abzeichen der Luftwaffe des Irischen Freistaates — orange, weiß und rot. Von den Promenadendecks winkten uns Frauen zu.

„Nicht mehr lange", meinte Sedelquist vergnügt. Sandell dagegen rief: „Freudenfeuer zur Begrüßung." Und wirklich. Während wir unter der Küste entlangsegelten, erblickten wir überall oben auf den Steilabhängen Rauchfahnen von Torffeuern. Fast war es, als wollten sie unsere Ankunft weitermelden: „Ein Schiff kommt — *Moshulu* kommt!"

Beim Sonnenuntergang lag die See in goldenem Schimmer getaucht. An Land schienen Hügel und Täler kein Ende zu nehmen. Die Feuer und die verfallenen Ruinen alter Forts und Kapellen weckten Gedanken an längst vergangene Zeiten. Das Gold wandelte sich in Rot, aus den Tälern stieg Nebel, der seine Färbung der sterbenden Sonne verdankte. Jetzt machten Forts und Kapellen einen fast grimmigen Eindruck; denn ihre Umrisse drohten dunkler als die Küstenlinie. Im ganzen Schiff roch es nach brennendem Torf. Die Feuer von Galley Head und vom Leuchtturm Old Head of Kinsale weiter östlich begannen zu blitzen. Das letzte Goldglühen des Sonnenuntergangs wurde schließlich vom Nachtblau des Himmels aufgesogen. Sterne funkelten, und gedämpfter klang der Anprall der See gegen die Bordwand. Bald herrschte eine so völlige Stille, daß man sie zu hören meinte. Eine derart paradoxe Aussage kann wirklich nur die Nähe Irlands rechtfertigen.

Sonnabend, der 10. Juni, begann, abgesehen davon, daß wir nun Land an Backbord hatten, wie jeder vorangegangene Tag mit dem Nachfüllen der Wassertanks und der letzten Wäsche Augusts, der bald darauf geschlachtet wurde. Das Old Head of Kinsale mit seinem schwarz-weiß gestreiften Leuchtturm auf dem höchsten Punkt der Klippe war ganz deutlich zu sehen. Um fünf Uhr drehte der Wind über NNW auf W und schließlich auf WSW. Günstiger konnten wir es uns gar nicht wünschen. „Mit Backstagsbrise nach Queenstown", lief es durch Schiff. Unsere Wache ging unter Deck, aber nicht um zu schlafen, wußten wir doch, daß man uns sehr bald brauchen werde. An diesem Morgen ertappte mich der Kapitän, nachdem ich ihm neun Monate lang erfolgreich entschlüpft war, im Kartenhaus beim Studium des Logbuchs. Nun war es ihm jedoch gleichgültig, genau wie mir. Statt dessen warnte er: „Sei vorsichtig, wenn du an Land gehst, sonst fressen sie dich auf. Die können nämlich euch Engländer gar nicht leiden."

Und dann hing er schnell noch eine kleine Bosheit an: „Nicht, daß ich dich dort an Land lassen werde."

„Und weshalb können sie uns nicht leiden, Sir?"

„Weil ihr so verdammt schlapp und dämlich seid. Ihnen Queenstown zu überlassen!" Er knurrte förmlich vor Empörung. „Niemand hält etwas von einer Nation, die solche Torheiten begeht. Denk' mal an mich: wenn dieser Krieg beginnt, werdet ihr den Hafen vermissen."

Um zehn Uhr wurden die gelb-blaue Lotsenflagge am Fockmast und die finnische Flagge an der Gaffel gesetzt. Bald tauchte der Lotsenkutter auf. In einem von ihm geschleppten Ruderboot saß der Lotse. Wir geiten die Untersegel am Groß- und Kreuzmast auf und braßten die Großrahen back. Darauf drehten wir bei, um den Lotsen überzunehmen. Der Kutter setzte sich vor uns, warf das Ruderboot los und ließ es auf uns zutreiben. Zwei verwegen aussehende Burschen bugsierten es bei uns längsseits, Der Lotse, ein Männlein mit einer Haut wie gegerbtes Leder, stieg an Bord. Er begrüßte unseren Kapitän mit den Worten: *Fastnet* hat Sie gemeldet, und seit neun Uhr haben wir Ihr Schiff im Auge behalten, wußten aber nicht, ob Sie einlaufen wollten." Wir besetzten die Fockbrassen und holten den Hals der Fock zublocks. Der Segelmacher und sein Gehilfe, die gemeinsam zwei Royals, ein Oberbram-, ein Obermars- und ein Gaffeltoppsegel zugeschnitten und gesäumt sowie ein Großsegel nahezu fertiggestellt hatten, Koch, Steward, Messejunge, „Timmer" und Duhnkie — alle griffen begeistert mit zu, weil nun wirklich die Reise so gut wie beendet war.

Es kam sogar noch einmal zu einem Wettstreit zwischen unserer Wache am Großmast und der den Kreuzmast bedienenden Steuerbordwache beim Auftuchen der Untersegel. Wir waren als erste mit dem Großsegel fertig. Überall bis hinauf zu den obersten Segeln hörte man den Ruf „Bräck gårdingarna". Anschließend wurde die Lose durchgeholt und alles belegt.

Obwohl der Lotse sehr schweigsam war, verbreitete sich auf irgendeinem Wege die Kunde im Schiff, daß wir als erste wieder daheim seien. *Viking* war am Äquator gesichtet worden und hatte vom Auslaufen aus Port Victoria bis dorthin neunzig Tage gebraucht. Derselbe jugoslawische Dampfer, der uns an Llodys gemeldet hatte, war auch Übermittler dieser Nachricht gewesen. Bislang war die *Viking* noch in keinem Hafen eingelaufen.

Moshulu lief unter einigen Mars- und Stagsegeln auf den Ankerplatz. An Deck wateten wir nachgerade zwischen Leinen herum — Geitauen, Bauchgordingen, Niederholern und Fallen. Gelegentlich fanden wir uns nicht mehr zurecht, dann mußten uns die Offiziere sagen, ob wir gerade an Geitauen oder an Gordingen holten. Und endlich der Ruf, auf den jeder an Bord gewartet hatte: „Styrman, låt gå babords ankaret!"

Wieder schlug der Erste den Vorstecker aus dem Slipstopper. Mit Getöse rauschte der Backbordanker auf den Grund.

Das geschah am 10. Juni 1939, einem Sonnabend, nach Bordzeit um zwölf Uhr mittags. *Moshulu* lag vor der Einfahrt nach Queenstown. Steil stiegen die Glacis der englischen Forts dicht neben dem schmalen Fahrwasser in die Höhe. Als erste waren wir wieder daheim und hatten von Port Victoria 91 Tage gebraucht. Zu jenem Zeitpunkt wußten wir es zwar noch nicht, aber es war geglückt:

Wir hatten das letzte Weizenrennen gewonnen.

*

Der Rest meiner Geschichte ist schnell genug erzählt. Neun Tage blieben wir auf Außenreede zu Anker. Irgendwie brachten Kroner und ich es fertig, zum Haarschneiden an Land zu gehen. Sonst geschah gar nichts. Im übrigen wurde weiter gepönt und geschrappt.

Während dieser Tage hörten wir Näheres von den übrigen Schiffen: *Pamir* traf am 12. Juni nach einer Reise von 96 Tagen in Falmouth ein. *Passat* erreichte Lizard nach 98 Tagen am 15. Juni zusammen mit *Viking*, die 119 Tage benötigt hatte. *Olivebank* lief am 17. Juli, ebenfalls nach einer Reise von 119 Tagen, in Queenstown ein und ging zum Löschen der Ladung nach Barry. Anschließend versegelte sie in die Ostsee und stieß am 12. September in einem deutschen Minenfeld südwestlich von Esbjerg auf eine Mine. Das Schiff sank sofort. Kapitän Granith und dreizehn Mann der Besatzung verloren ihr Leben. Unter ihnen war auch unser prachtvoller Steward, Arno Strömberg, der auf der *Moshulu* gefahren war, seit Erikson sie gekauft hatte.

Lawhill und *Archibald Russell* trafen beide am 2. August nach 140 bzw. 121 Tagen in Falmouth ein, wohin die gefürchtete *Pommern* 117 Tage benötigt hatte. *Kommodore Johnsen* brauchte 107, die *Killoran* sogar 139 Tage. Dieses Schiff erreichte die Heimat lange nach Kriegsausbruch. *Abraham Rydberg* war 115 Tage unterwegs.

Unser gefürchtetster Rivale aber war *Padua*. Sie machte eine der schnellsten Passagen von der Elbe zur Westküste Südamerikas, die je gesegelt wurde. Auch von Valparaiso zum Spencergolf brauchte das Schiff nur 53 Tage. Wenn irgendein Schiff *Moshulu* schlagen konnte, dann wäre es die *Padua* gewesen. Aber ihr blieb der Erfolg versagt; denn sie benötigte bis Falmouth 93 Tage. So also endete das Weizenrennen.

Am 19. Juni bekam *Moshulu* Order für Glasgow, und man schickte ihr einen Schlepper. Das schien kein sehr würdiges Ende für unsere Langreise zu sein. Am 21. kam der Schlepper, und jeder an Bord verkündete „Kommer bogserbåten". Er brachte uns in eine häßlich kabblige See, und bei Gegenwind machten wir nur fünf Knoten in der Stunde. In der Irischen See bei dunkler Nacht hinter einem Schlepper herzusteuern, war genauso schlimm, wie alles, was wir in der Zone der Westwinde erlebt hatten, nur war es weit gefährlicher.

Tagsüber wuschen wir Farbe und pönten bei Regen die Wanten. Ich litt viel zu sehr unter Heufieber, um mir große Sorge um das zu machen, was geschah. Es war wirklich ein beachtliches Kunststück, meilenweit vor der Küste ausgerechnet diese Krankheit zu bekommen.

Am 23., um vier Uhr morgens, lag Tuskar Rock zwei Seemeilen querab. Mittlerweile hatte uns der Schlepper signalisiert, daß seine Kohlen zu Ende gingen. Er müsse zum Bunkern nach Queenstown zurücklaufen und wolle dort auf günstigen Wind warten. Spöttisch winkten wir ihm zum Abschied zu und setzten sämtliche Schratsegel. Wir waren froh, den Burschen los zu sein. Am Nachmittag lagen wir schon wieder von Queenstown zu Anker. Um fünf Uhr früh am 24. versegelten wir aufs neue. Die Nacht zum 26. ankerten wir beim Tail of the Bank. Mich quälte immer noch das Heufieber.

„Das werden wir schnell kurieren", sagte der Kapitän. „Marsch in den Kettenkasten."

Dort tief unten im Schiff saß ich dann und schoß Glied für Glied die vom Spill her in den Kasten fallende Kette säuberlich auf. Der Grund des Flusses Clyde beim Tail of the Bank war, wie ich feststellte, gräßlich verschlickt.

Endlich am 27. Juni wurden wir unter großen Schwierigkeiten ins Queens-Dock verholt.

Ein paar Tage danach fragte mich der Kapitän, als er meine Abmusterung als Matrose in meine Papiere eintrug und mir die kümmerlichen Reste meiner Heuer auszahlte: „Fährst du nochmal mit? Dann werden wir schon noch einen Mann aus dir machen."

„Ich werd's mir überlegen", entgegnete ich.

Mein Vuitton wurde in ein Taxi verfrachtet. Auf einmal schienen mir die an Bord gebliebenen Kameraden ferngerückt und wiederum ganz fremd zu sein.

„Ich werde dir schreiben", sagte Kroner. „Laß uns doch versuchen, auf die Großen Bänke zu kommen."

Über einen solchen Plan hatten wir uns oft während der Heimreise unterhalten. Jetzt kam er mir gänzlich absurd vor.

„Hauptbahnhof", sagte ich zu dem Fahrer, der noch unerfreulicher aussah, als der Kerl damals in Belfast.

„Na, Sie werden sich gewiß freuen, von dieser Dreckskuh runter zu sein", meinte er und wies mit dem Daumen über seine Schulter auf die *Moshulu*.

„So? Glauben Sie das wirklich?"

„Aber ja."

„Dann, mein Lieber, haben Sie keine Ahnung, wovon Sie reden." Wir verließen die Werft und bogen in die Hauptstraße ein, durch die die Straßenbahnen ratterten und schwankten. Ich blickte noch einmal zur *Moshulu* zurück, deren Masten und Rahen, von der Juni-Sonne beschienen, über die Werftschuppen hinausstrebten.

Ich habe sie niemals wiedergesehen.

Weizenrennen 1939

<table>
<tr><th rowspan="2">Schiff (Kapt.)</th><th colspan="3">Ausreise 1938</th><th colspan="3">Heimreise 1939</th><th rowspan="2">Gelöscht</th></tr>
<tr><th>Versegelt</th><th>Ankunft</th><th>Tage</th><th>Versegelt</th><th>Ankunft</th><th>Tage</th></tr>
<tr><td>Moshulu 4MB*
(Sjögren)</td><td>Belfast
18. Okt.</td><td>Port Lincoln
8. Jan.</td><td>82</td><td>Port Victoria
11. März</td><td>Queenstown
10. Juni</td><td>91</td><td>Glasgow</td></tr>
<tr><td>Padua 4MB
(Wendt)</td><td>Valparaiso
14. Jan.</td><td>Port Lincoln
8. März</td><td>53</td><td>Port Lincoln
3. April</td><td>Fasmet
5. Juli</td><td>93</td><td>Glasgow</td></tr>
<tr><td>Pamir 4MB
(Björkfelt)</td><td>Gothenburg
24. Sept.</td><td>Port Victoria
24. Dez.</td><td>91</td><td>Port Victoria
8. März</td><td>Falmouth
12. Juni</td><td>96</td><td>South-
ampton</td></tr>
<tr><td>Passat 4MB
(Lindvall)</td><td>Kopenhagen
24. Sept.</td><td>Port Lincoln
24. Dez.</td><td>91</td><td>Port Lincoln
9. März</td><td>Lizard
15. Juni</td><td>98</td><td>Belfast</td></tr>
<tr><td>Pommern 4MB
(Broman)</td><td>Belfast
24. Sept.</td><td>Port Victoria
11. Dez.</td><td>78</td><td>Port Victoria
20. März</td><td>Falmouth
15. Juli</td><td>117</td><td>Hull</td></tr>
<tr><td>Olivebank
4MB
(Granith)</td><td>Greenock
28. Okt.</td><td>Port Victoria
2. Febr.</td><td>97</td><td>Port Victoria
20. März</td><td>Queenstown
17. Juli</td><td>119</td><td>Barry</td></tr>
<tr><td>Archibald
Russell 4MB
(Sömmarlund)</td><td>Falmouth
5. Nov.</td><td>Port Lincoln
2. Febr.</td><td>89</td><td>Port Germein
3. April</td><td>Falmouth
2. August</td><td>121</td><td>Hull</td></tr>
<tr><td>Viking 4MB
(Morn)</td><td>Kopenhagen
28. Sept.</td><td>Port Victoria
24. Dez.</td><td>87</td><td>Port Victoria
16. Febr.</td><td>Lizard
15. Juni</td><td>119</td><td>Cardiff</td></tr>
<tr><td>Winterhude
3MB
(Holm)</td><td>Gothenburg
21. Okt.</td><td>Port Lincoln
2. Febr.</td><td>104</td><td>Port Germein
22. März</td><td>Falmouth
3. August</td><td>134</td><td>Barrow</td></tr>
<tr><td>Lawhill 4MB
(Söderlund)</td><td>Liverpool
15. Okt.</td><td>Port Lincoln
8. Jan.</td><td>85</td><td>Port Lincoln
15. März</td><td>Falmouth
2. August</td><td>140</td><td>Glasgow</td></tr>
<tr><td>Killoran 3MB
(Leman)</td><td>Auckland
13. Mai</td><td>Port Lincoln
3. Juni</td><td>21</td><td>Port Lincoln
13. Juli</td><td>Queenstown
29. Nov. via
Kap d. G.
Hoffnung</td><td>139</td><td></td></tr>
<tr><td>Abraham
Rydberg 4MB
(Malmberg)</td><td>Rivofjord
24. August</td><td>Wallaroo
10. Dez.</td><td>108</td><td>Port Germein
18. Febr.</td><td>Lizard
15. Juni via
Kap d. G.
Hoffnung</td><td>115</td><td>Ipswich</td></tr>
<tr><td>Kommodore
Johnsen
4MBm.H.**

(Peters)
(Clausen)</td><td>Auckland

11. Febr.</td><td>Port Lincoln

2. März</td><td>
19</td><td>Port Lincoln

26. März</td><td>Queenstown

11. Juli</td><td>
107</td><td>

Cork</td></tr>
</table>

* 4MB = Viermastbark
** 4MBm.H. = Viermastbark mit Hilfsmotor

Segelschiffe, die am Weizenrennen 1939 teilnahmen

Schiff	BRT	Bauwerft, Bauj.	Erster Eigner	Eigner 1938
Passat st.4MB*	3137	Blohm u. Voss Hamburg 1911	Laeisz Hamburg	G. Erikson gekauft 1932
Pommern ex Mneme st.4MB	2376	Reid Glasgow 1903	B. Werke & Son bis 1906, dann Laeisz	G. Erikson gekauft 1923
Pamir st.4MB	2799	Blohm u. Voss Hamburg 1905	Laeisz Hamburg	G. Erikson gekauft 1931
Lawhill st.4MB	2816	Thompson Dundee 1892	Kpt. Barrie von Dundee	G. Erikson gekauft 1919
Viking st.4MB, FT**	2670	Burmeister u. Wein, Kopenhagen 1907	United Shipping Co. Kopenhagen, Schulschiff	G. Erikson gekauft 1929
Archibald Russell st.4MB	2354	Scott Greenock 1905	J. Hardie and Co., Glasgow	G. Erikson gekauft 1924
Winterhude ex Mabel Rickmers st.3MB	1980	Rickmers Bremerhaven 1898	Rickmers Bremerhaven	G. Erikson gekauft 1925
Abraham Rydberg ex Hawaiian Isles st.4MB, FT	2345	Connell Glasgow 1892	Hawaiischer Eigner	Abr. Rydberg Association gekauft 1929
Kommodore Johnsen ex Magdalene Vinnen st.4MB, FT Hilfsmotor	3572	Krupp Kiel 1921	F. A. Vinnen Bremen	Norddeutsch. Lloyd Bremen gekauft 1936
Padua st.4MB, FT	3064	Tecklenborg Wesermünde 1926	Laeisz Hamburg	Laeisz Hamburg
Olivebank ex Caledonia st.4MB	2795	Mackie and Thomsen Glasgow 1892	Andrew Weir Glasgow	G. Erikson gekauft 1924
Moshulu ex Kurt st.4MB	3116	Wm. Hamilton Port Glasgow 1904	G. H. J. Siemers und Co. Hamburg	G. Erikson gekauft 1935
Killoran st.3MB	1817	Ailsa Shipbuilding Co., Troon 1900	Brown Glasgow	G. Erikson gekauft 1924

* st.4MB = stählerne Viermastbark
** FT = Funkentelegrafie

Was aus der „Moshulu" wurde

Versegelte Glasgow am 27. Juli 1939. Eintreffen Gothenburg am 11. August.

Versegelte Gothenburg am 7. Oktober 1939 zum Rio de la Plata. Eintreffen Buenos Aires am 7. Dezember 1939. Getreide geladen.

Versegelte Buenos Aires am 26. Januar 1940. Eintreffen Farsund am 10. April 1940.

Beim Einlaufen in Farsund von den Deutschen gekapert. Zum Löschen der Ladung nach Christiansand geschickt.

Masten und Rahen aus dem Schiff genommen und an Land gelagert, wo sie durch Bomben vernichtet wurden.

Am 18. September 1947 brachen die Festmacher, und das Schiff strandete. Anschließend an Gidsken Jakobsen und J. P. Skotnes in Andenes verkauft.

Im Mai 1948 durch die Bergungsschiffe *Uller* und *Traust* flottgemacht und nach Narvik geschleppt.

Am 13. Juni nach Bergen geschleppt, um leichter mit etwaigen Käufern in Verbindung zu kommen. Von Trygve Sommerfelt gekauft und nach Stockholm geschleppt, um als Getreidehulk zu dienen.

Eintreffen Stockholm am 4. November 1948. Als Getreidehulk in Stockholm bis 1952.

Gekauft von Heinz Schliewen, Hamburg, zwecks Umwandlung in ein Segel-Schul- und Frachtschiff.

Etwa am 30. August 1952 Eintreffen im Schlepp in Hamburg.

1953 als Getreidehulk verkauft an Svenska-Lautmanners Riksforsbund.

Eintreffen in Stockholm im Schlepp am 16. November 1953.

(Information aus Lloyd's
Schiffahrtsverzeichnis)

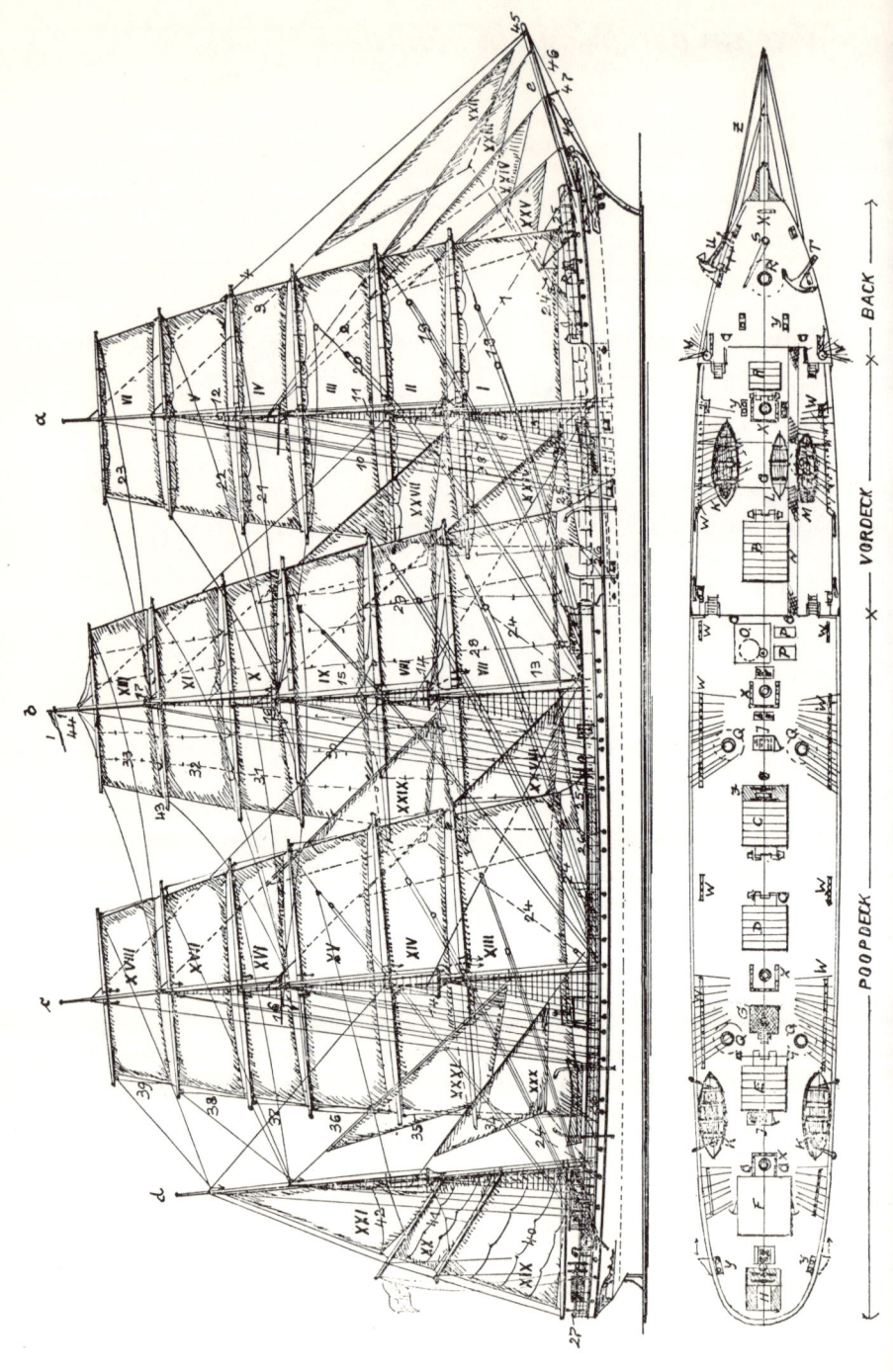

POOPDECK ← X → VORDECK ← X → BACK →

Erklärungen zur Zeichnung der Viermastbark MOSHULU

Segel- und Takelriß:

a Fockmast oder Vortopp
b Großmast oder Großtopp
c Kreuzmast oder Kreuztopp
d Besansmast
e Bugspriet oder Klüwerbaum
1 Fockstag
2 Vorstengestag und Klüwerleiter
3 Vorbramstag
4 Vorroyalstag
  an Groß-, Kreuz- und
  Besansmast analog; Großstag,
  Kreuzstag, Besansstag (für 1)
  Groß-, Kreuz- bzw.
  Besanstengestag (für 2)
  Groß-, Kreuz- bzw.
  Besanbramstengestag (für 3)
  Groß- und Kreuzroyalstag (für 4)
5 Unterwanten
6 Lenzpardunen
7 Stengepardunen
8 Toppardunen
9 Brampardunen
10 Royalpardunen
11 Stengewanten
12 Bramstengewanten
13 Großuntermast
14 Großmarssaling
15 Großmarsstenge
16 Großbramsaling
17 Großbramstenge
18 Fockbrassen
19 Untermarsbrassen
20 Obermarsbrassen
21 Unterbrambrassen
22 Oberbrambrassen
23 Royalbrassen
  Vor die Bezeichnung der Brassen wird
  noch der Name des betr. Mastes und
  der Schiffsseite gesetzt, wie z. B.
  Großsteuerbordobermarsbrasse
  oder Kreuzroyalbackbordbrasse
24 Stagsegelschoten
25 Halse
26 Schoten
27 Besanschot
28 Gordinge, (nur am Großmast
  gezeichnet) am Großsegel
29 Großuntermarsgordinge
30 Großobermarsgordinge
31 Großunterbramgordinge
32 Großoberbramgordinge
33 Großroyalgordinge
34 Geitaue (nur am Kreuzmast
  eingezeichnet) Bagingeitau
35 Kreuzuntermarsgeitau
36 Kreuzobermarsgeitau
37 Kreuzunterbramgeitau
38 Kreuzoberbramgeitau
39 Kreuzroyalgeitau
40 Unterbesangordinge
41 Oberbesangordinge
42 Besantoppsegeleinholer
43 Großoberbramrahnock
  (Nocken heißen die Enden der
  Rahen)
44 Großflaggenknopf mit Windflügel
45 Klüwerbaumnock
46 Wasserstag
47 Stampfstock
48 Stampfstag

Rahsegel:

I Fock
II Voruntermarssegel
III Vorobermarssegel
IV Vorunterbramsegel
V Voroberbramsegel
VI Vorroyalsegel
VII Großsegel
VIII Großuntermarssegel
IX Großobermarssegel
X Großunterbramsegel
XI Großoberbramsegel
XII Großroyalsegel
XIII Baginsegel
XIV Kreuzuntermarssegel
XV Kreuzobermarssegel
XVI Kreuzunterbramsegel
XVII Kreuzoberbramsegel
XVIII Kreuzroyalsegel

Baumsegel:

XIX Unterbesansegel
XX Oberbesansegel
XXI Besantoppsegel

Stagsegel:

XXII Außenklüver
XXIII Mittelklüver
XXIV Innenklüver
XXV Vorstengestagsegel
XXVI Großstengestagsegel
XXVII Großbramstagsegel
XXVIII Kreuzstengestagsegel
XXIX Kreuzbramstagsegel

XXX Besanstagsegel
XXXI Besanstengestagsegel

Decksplan:

A Luke 1
B Luke 2
C Luke 3
D Luke 4
E Luke 5
F Kartenhaus
G Peilkompaßstand
H Reserveruderstand
I Hauptruderstand
J Niedergänge in das Poopdeck
K Rettungsboote
L Arbeitsboot
M Motorboot
N Laufbrücke zwischen Poop- und
  Backdeck
O Kesselhaus mit Donkeykessel
  zur Erzeugung von Dampf für
  die Ladewinden
P Wassertanks
Q Gangspille
R Gangspill für das unter der
  Back liegende Ankerspill
S Ankerkran
T Anker in Seestellung
U Anker auf Schweinsrücken, klar
  zum Fallen
V Feuertürme für Positionslichter
W Seitennagelbänke
X Nagelbänke um die Masten
Y Poller
Z Vorgeschirr

SEGELN UND ABENTEUER

Karl Vettermann Hollingers Lagune
Geschichten aus der Südsee
Als Hafenkapitän und Lotse lebt Paul Hollinger an einer
Lagune in Polynesien. Diese Tätigkeit und seine große Hilfs-
bereitschaft lassen ihn mit Einheimischen, Yachties und
Touristen mancherlei Abenteuer erleben, die zu meistern er
ebenso viel Verständnis wie Humor braucht. Diese Südsee-
geschichten des bekannten Autors sind eine Wochenend-Ur-
laubs-Bord-Lektüre, wie man sie sich schöner nicht wünschen
kann.
288 Seiten mit 7 Zeichnungen, kart. DM 16,80

Dolf Straub und die WALROSS-Crew Nichts wie hinterher
Die härteste Regatta der Welt
Eine besonders lange und harte Regatta zu segeln ohne die
geringste Chance auf einen der ersten Plätze beim Zieldurch-
gang verlangt eine Menge Sportsgeist und viel Sinn für Abenteuer. Gestützt auf die Berichte der Crew erzählt der Autor
von der Teilnahme der Berliner WALROSS III am Whit-
bread-Rennen um die Welt, die trotz der fehlenden Erfolgs-
aussichten für alle Beteiligten ein Gewinn war.
260 Seiten mit 30 Farb- und 18 Schwarzweiß-Fotos, kart.
DM 16,80

John Rousmaniere Sturm Stärke 10
Der schwarze Tag von Fastnet
Eine der größten Katastrophen traf den internationalen Segel-
sport während eines der alle zwei Jahre ausgetragenen
Fastnet-Rennen. Ein unvorhergesehener Sturm gewaltigen
Ausmaßes wirbelte das Regattafeld durcheinander, forderte
Menschenleben und führte zum Untergang zahlreicher Yach-
ten. Aus eigenem Erleben und nach Gesprächen mit Besat-
zungen, Rettungsmannschaften und Meteorologen schrieb
der Autor diese packende Reportage über den schwärzesten
Tag des Regattasegelns.
272 Seiten mit 64 Fotos und 5 Skizzen, kart. DM 16,80

Preisänderungen vorbehalten!

DELIUS KLASING
VERLAG